बद्री नारायण

बद्री नारायण हिन्दी के महत्त्वपूर्ण कवि हैं। नवें दशक के कवियों में सर्वाधिक चर्चित। हिन्दी के प्रतिष्ठित कवि होने के साथ-साथ वे उत्तर भारत की आधारभूत राजनीतिक समझ और निर्मितियों की पहचान करनेवाले समाजविज्ञानी के रूप में भी जाने जाते हैं।

उनके प्रकाशित कविता-संग्रह हैं—'खुदाई में हिंसा', 'शब्दपदीयम', 'सच सुने कई दिन हुए', 'तुमड़ी के शब्द' और 'प्रतिनिधि कविताएँ'। उनकी कविताएँ अंग्रेज़ी, बांग्ला, उड़िया, मलयालम, उर्दू तथा अन्य भारतीय भाषाओं में अनूदित हो चुकी हैं। उन्होंने देश-विदेश के अनेक साहित्यिक मंचों पर काव्य-पाठ किया है। वे कविता लिखने के साथ-साथ उस पर हो रहे चिन्तन एवं विमर्श के एक प्रखर हस्ताक्षर के रूप में भी जाने जाते हैं। वैचारिक निबन्धों की उनकी कई पुस्तकें प्रकाशित हैं। हिन्दी तथा अंग्रेजी के शीर्षस्थ पत्र-पत्रिकाओं में राजनीतिक विशेषणों पर आधारित उनके कॉलम भी प्रकाशित होते रहे हैं।

उन्हें 'साहित्य अकादेमी पुरस्कार', 'भारतभूषण अग्रवाल पुरस्कार', 'बनारसी प्रसाद भोजपुरी सम्मान', 'केदार सम्मान', 'स्पंदन कृति पुरस्कार', 'राष्ट्रकवि दिनकर पुरस्कार', 'शमशेर सम्मान', 'मीरा स्मृति सम्मान' से सम्मानित किया जा चुका है।

ई-मेल : badrinarayan.gbpssi@gmail.com

हिन्दुत्व का मोहिनी मंत्र

बद्री नारायण

अनुवाद
युगांक धीर

राजकमल पेपरबैक्स

www.sagepublications.com
Los Angeles • London • NewDelhi • Singapore • Washington DC

First published in English in 2009 under the title *Fascinating Hindutva : Saffron Politics and Dalit Mobilisation* by SAGE Publication India Pvt Ltd, B-1/I -1 Mohan Cooperative Industrial Area, Mathura Road, New Delhi-110044

राजकमल पेपरबैक्स में
पहला संस्करण : 2014
दूसरा संस्करण : 2018
पहली आवृत्ति : 2023

राजकमल पेपरबैक्स : उत्कृष्ट साहित्य के जनसुलभ संस्करण

राजकमल प्रकाशन प्रा. लि.
1-बी, नेताजी सुभाष मार्ग, दरियागंज
नई दिल्ली-110 002
द्वारा प्रकाशित

शाखाएँ : अशोक राजपथ, साइंस कॉलेज के सामने, पटना-800 006
पहली मंजिल, दरबारी बिल्डिंग, महात्मा गांधी मार्ग, प्रयागराज-211 001

वेबसाइट : www.rajkamalprakashan.com
ई-मेल : info@rajkamalprakashan.com

बी.के. ऑफ़सेट
नवीन शाहदरा, दिल्ली-110 032
द्वारा मुद्रित

मूल्य : ₹ 250

HINDUTVA KA MOHINI MANTRA
by Badri Narayan

ISBN : 978-81-267-2693-6

यह पुस्तक सामाजिक बदलाव के लिए
संघर्ष में संलग्न मुक्तिकारी शक्तियों के लिए

लालमुनि चिड़िया

एक जंगल में एक पक्षी रहा करता था। यह जंगल एक राज्य का हिस्सा था। पक्षी का नाम लालमुनि चिड़िया था। लालमुनि चिड़िया जब भी गाती तो पूरा राज्य उसके साथ गाता। वह रोती तो सब लोग उसके साथ रोते। प्रजा पर उसका इतना ज्यादा प्रभाव देखकर राजा सोच में पड़ गया। लोगों को खुश करने के लिए उसे सड़कें बनवाने या कुएँ खुदवाने की क्या जरूरत थी, जबकि लालमुनि चिड़िया को अपने नियंत्रण में करके वह आसानी से उन सब पर राज कर सकता था। उसने दरबार के पंडितों, मंत्रियों और अन्य सभी दरबारियों को बुलाया और उनसे पूछा कि प्रजा के दिलों पर राज करने वाली इस चिड़िया को अपने नियंत्रण में लाने का क्या उपाय है?

दुर्भाग्यवश, उनके द्वारा सुझाए गए सभी उपाय, जैसा कि जाल बिछाना, पिंजरा लगाना और पक्षी पकड़ने वाले की सेवाएँ लेना इत्यादि—लालमुनि को राजा के नियंत्रण में लाने में असफल रहे। राजा को बड़ी बौखलाहट हुई। एक दिन वह इसी समस्या में उलझा अपने रथ पर जंगल से गुजर रहा था कि उसे एक योगी मिला। राजा को परेशान देखकर योगी ने पूछा, "महाराज, आप किस चिन्ता में डूबे हैं?" राजा ने कहा, "स्वामीजी, मैं एक पक्षी को अपने काबू में करने के लिए छटपटा रहा हूँ। लेकिन मेरे सारे मंत्री, सैनिक और धन-दौलत के अम्बार बेकार साबित हो रहे हैं। आप ही बताइए कि मैं क्या करूँ?"

योगी सोच में पड़ गया और कुछ देर बाद बोला, "महाराज, आप इस तरीके से पक्षी को काबू में नहीं कर सकते। मेरा सुझाव है कि आप उसके अन्दर एक पक्षी होने की यादें पैदा करने की कोशिश कीजिए। इन यादों में इस बात पर जोर दिया जाना चाहिए कि यह जंगल राजा के राज्य का हिस्सा है और राजा की भलाई में ही उसकी भलाई निहित है। इस काम के लिए आपको अन्य पक्षियों की मदद लेनी होगी, जो

उसे कहानियाँ सुना–सुनाकर यह विश्वास दिला सकें कि उसकी जिन्दगी राजा की जिन्दगी से जुड़ी हुई है।''

योगी की सलाह मानकर राजा ने पक्षियों का एक ऐसा झुंड तैयार किया जो लालमुनि चिड़िया को कहानियाँ सुनाने का काम करेंगे। ये कहानियाँ उसके अतीत पर केन्द्रित होंगी और इस तरह से सुनाई जाएँगी कि लालमुनि चिड़िया की पहचान और अस्तित्व को राजा की पहचान और अस्तित्व के साथ जोड़ा जा सके और उसे यह विश्वास दिलाया जा सके कि राजा की ताकत में ही उसकी अपनी ताकत निहित है।

लेकिन जब लालमुनि चिड़िया को राजा के कथावाचक पक्षियों द्वारा ये कहानियाँ सुनाई गईं तो वह उनकी चाल को भाँप गई और उनकी बातों में नहीं आई। फिर भी कथावाचक पक्षियों ने धैर्य नहीं छोड़ा। वे उसी तरह से उसे वैसी ही कहानियाँ सुनाते रहे जैसी राजा चाहता था। कहानियाँ सुनाने का यह सिलसिला आज भी जारी है। आज भी जंगलों में राजा के कथावाचकों और लालमुनि चिड़या के बीच यह संघर्ष जारी है।

—उत्तर प्रदेश के शहाबपुर गाँव की एक लोककथा

हिन्दी संस्करण की प्रस्तावना

'फैसिनेटिंग हिन्दुत्व : सैफरन् पॉलिटिक्स एंड दलित मोबिलाइजेशन 2009' में अंग्रेजी में प्रकाशित हुई थी। इसे अंग्रेजी के अत्यन्त प्रसिद्ध अन्तर्राष्ट्रीय प्रकाशन 'सेज' प्रकाशन ने प्रकाशित किया था। इसे अकादमिक जगत, मीडिया जगत, राजनीतिक जगत तथा सामान्य पाठकों ने काफी सराहा, थोड़े ही दिनों में इसके कई रिप्रिंट बिक गए। हिन्दी के पाठक वर्ग की तरफ से लगातार दबाव आ रहा था कि इसका हिन्दी अनुवाद प्रकाशित किया जाए। हमारे दलित समूह के साथी भी इसके लिए लगातार आग्रह कर रहे थे। हमारे संस्थान के निदेशक प्रोफेसर प्रदीप भार्गव भी प्राय: इसे हिन्दी में लाए जाने की जरूरत रेखांकित करते रहते थे। आज जब इस पुस्तक का हिन्दी संस्करण 'हिन्दुत्व का मोहिनी-मंत्र' के नाम से प्रकाशित हो रहा है तो मैं उपरोक्त सभी के प्रति आभार व्यक्त करना चाहता हूँ, जिन्होंने इसके अंग्रेजी पाठ को सराहा एवं हिन्दी में लाए जाने की जरूरत महसूस की एवं कराई। राजकमल प्रकाशन के प्रबन्ध निदेशक श्री अशोक महेश्वरी के प्रति विशेष आभार जिन्होंने इस पुस्तक को हिन्दी में अनुवाद कराकर छापना चाहा। उन्होंने ही अनुवादक चुना एवं अनुवाद कराया। मैं अनुवादक युगांक धीर के प्रति भी आभार व्यक्त करना चाहता हूँ जिन्होंने इसका सरल अनुवाद प्रस्तुत किया। अनूदित पाठ देखने के लिए निवेदिता के प्रति आभार एवं उन सबके लिए भी जिन्होंने जब-तब इस क्रम में कोई भी सहयोग दिया।

विश्वास है कि हिन्दी पाठक वर्ग इसे पसन्द करेगा तथा इसे और बेहतर बनाने के लिए अपने सुझाव भी देगा। 2014 के चुनाव परिणाम ने इस पुस्तक के शोध के परिणाम की ओर इशारा कर इस पुस्तक की ऐसी प्रासंगिकता बढ़ा दी है जो शायद मैं नहीं चाहता था। वस्तुत: जिस खतरे की ओर इशारा करने के उद्देश्य से यह पुस्तक लिखी गई थी, उस खतरे को टाला न जा सका। किन्तु, हमारा राजनीतिक वर्ग इस खतरे के प्रति सजग हो दलित समूह के एक वर्ग के भगवाकरण को रोक पाता, ऐसा नहीं हुआ। इस पुस्तक की जो प्रासंगिकता मैं चाहता था, वह न होकर उलटा हुआ और हिन्दुत्ववादी शक्तियों के सतत् एवं सघन वर्षों के प्रयास

से 2014 के चुनाव में दलित समूह के एक वर्ग भाजपा की ओर उन्मुख होता दिखा। यहीं पर लगता है कि अकादमिक शोध सिर्फ खतरे की तरफ इशारा कर सकता है, उसे सीधे रोक नहीं सकता। जिन्हें जगाना चाहते हैं वे न जगें तो कोई क्या करें। इसी भाव के साथ यह पुस्तक आपको समर्पित है।

बद्री नारायण

गोविन्द बल्लभ पंत सामाजिक विज्ञान संस्थान
इलाहाबाद

प्राक्कथन

देहातों में एक ठग का किस्सा काफी मशहूर है, जो किसी भी नवविवाहिता की नथ उतार लिया करता था और उसे आभास तक नहीं होता था। ठीक इसी तरह राजनीतिक इरादों से प्रेरित साम्प्रदायिक ताकतें गुपचुप लेकिन चालाकी भरे तरीकों से आम लोगों के बीच रहकर समाज में मौजूद एकता की भावना को भंग करने का कुचक्र चला रही हैं। इसके लिए वे विभिन्न समुदायों की पहचान को साम्प्रदायिक रंग देते हुए उन्हें एक-दूसरे के शत्रु के रूप में दिखाने का प्रयास कर रही हैं। अपनी विशिष्ट पहचान को लेकर समुदायों में मौजूद गर्व की भावना को धीरे-धीरे अन्य समुदायों के प्रति घृणा की भावना में बदला जा रहा है। आत्म-सम्मान से जुड़े उनके किस्से-कहानियों को अन्य समुदायों के प्रति हिंसा के किस्से-कहानियों का रूप दिया जा रहा है।

यह पुस्तक भारतीय समाज में कार्यरत इसी तरह के एक साम्प्रदायिक गुट—हिन्दुत्ववादी शक्तियों के अध्ययन का प्रयास है, जो ज्यादा-से-ज्यादा समुदायों को अपने प्रभाव में लाने के लिए पूरा जोर लगा रही हैं। इनका उद्देश्य अपने राजनीतिक हित साधने के साथ-साथ राष्ट्र (सांस्कृतिक रूप से) के निर्माण से जुड़े अपने सैद्धान्तिक लक्ष्य को साकार करना है। शुरू में इन ताकतों ने देश-भर के हिन्दुओं को एकजुट करने के लिए भगवान राम के प्रतीक का इस्तेमाल किया था, जिन्हें सभी उच्च वर्ण हिन्दुओं में श्रद्धा की दृष्टि से देखा जाता है। आज जब बहुत सारे दलित समुदाय, जो मुख्यत: ग्रामीण क्षेत्रों में सिमटे हुए हैं, राजनीतिक मंच के केन्द्र में आ खड़े हुए हैं, तो हिन्दुत्ववादी ताकतें अपना सुर और अपनी रणनीति बदल रही हैं, और अपने-अपने लोक-नायकों और अपने-अपने इतिहास वाली विभिन्न दलित जातियों को अपने प्रभाव में लाने की पुरजोर कोशिशें कर रही हैं।

इन ताकतों के थिंक-टैंकों से जुड़े बुद्धिजीवी विभिन्न दलित जातियों के स्थानीय मिथकों और किन्वदन्तियों को ढूँढ़-ढूँढ़कर निकाल रहे हैं और उनका हिन्दूकरण करके नए सिरे से उनकी व्याख्या करने को काम कर रहे हैं। इन मिथकों के नायकों को मध्ययुगीन मुस्लिम हमलावरों के खिलाफ हिन्दू धर्म और संस्कृति की रक्षा करने वाले वीर योद्धाओं के रूप में या भगवान राम के अवतारों के रूप में चित्रित किया जा रहा है, ताकि उन्हें भगवान राम के नाम पर हिन्दू धर्म की एक समरूपी छवि से जोड़ा जा सके। हिन्दुत्ववादी

कार्यकर्ता जमीनी स्तर पर धीरे–धीरे लेकिन एक निरन्तर प्रक्रिया के माध्यम से विभिन्न जातियों के बीच साम्प्रदायिक दीवारें खड़ी करने की कोशिश कर रहे हैं, जो स्थानीय और मिली–जुली संस्कृति के सूत्र में बँधी हुई हैं। हालाँकि बहुत सी जातियों की लोककथाओं में साम्प्रदायिक भावना के तत्त्व दिखाई देते हैं, जिनमें मुसलमानों समेत कई अन्य जातियों को शत्रुओं के रूप में चित्रित किया जाता है, फिर भी दलित और मुस्लिम समुदाय पिछली कई सदियों से परस्पर मिल–जुलकर और शान्तिपूर्वक साथ–साथ रहते रहे हैं। आज साम्प्रदायिक ताकतें इन्हीं साम्प्रदायिक तत्त्वों का इस्तेमाल करके दलितों में मुस्लिमों के प्रति घृणा की भावना भरने और उन्हें एक सुदृढ़ीकृत हिन्दू पहचान से जोड़ने का काम कर रही हैं। वे जमीनी स्तर पर समाज को तोड़ने के अपने इरादों में तेजी से आगे बढ़ रही हैं, अगर समाज की मूलगामी और मुक्तिदायिनी ताकतों द्वारा इन्हें समय रहते रोका नहीं गया, तो इस बात का बहुत बड़ा खतरा है कि ऊपर वर्णित ठग की लोककथा की तरह ये ताकतें अन्ततोगत्वा अपने उद्‌देश्य में सफल हो जाएँ।

मैंने इस पुस्तक में पाठकों को हिन्दुत्ववादी ताकतों की घृणा की राजनीति के सांस्कृतिक पहलुओं से अवगत करवाने का प्रयास किया है, जो देश के सामाजिक ढाँचे को तहस–नहस करने के अभियान में जुटी हुई हैं। इस प्रयास में मुझे आशीष नन्दी, क्रिस्टोफ जैफरलॉट (Jaffrelot), राजन हर्षे, ज्ञान पांडे, सुधा पई, साइमन चार्स ले और ज्योतिर्मय शर्मा जैसे विद्वानों की अन्तर्दृष्टि का भरपूर लाभ मिला है, जिन्होंने उत्तर भारत में खेले जा रहे इस नाटक की बारीकियों को समझने में मेरी काफी मदद की। मैं रवि श्रीवास्तव, भास्कर मजूमदार, विष्णु मोहापात्रा और सुज़ेन जेने के प्रति भी अपना आभार प्रकट करना चाहूँगा, जो कठिनाइयों के क्षणों में मुझे निरन्तर अपना नैतिक समर्थन प्रदान करते रहे। इस पुस्तक का एक बड़ा हिस्सा कैम्ब्रिज यूनिवर्सिटी में लिखा गया था, जहाँ मैं एक स्मट्स फेलो था। अपने लन्दन प्रवास के दौरान मुझे न सिर्फ कैम्ब्रिज यूनिवर्सिटी लाइब्रेरी के साथ–साथ कई अन्य लाइब्रेरियों का भी लाभ उठाने का अवसर मिला, बल्कि बहुत से विद्वानों के साथ विचारों के आदान–प्रदान का भी सौभाग्य प्राप्त हुआ। इससे मेरी स्कॉलरशिप को भरपूर लाभ पहुँचा। मैं कैथी व्हाइट और वुल्फसन कॉलेज, कैम्ब्रिज के स्टाफ का भी आभारी हूँ, जिन्होंने मुझे सभी सुविधाएँ उपलब्ध करवाकर मेरे लन्दन प्रवास को सरल और सुखद बनाए रखा। पुस्तक का एक अध्याय 'इकोनॉमिक एंड पॉलिटिकल वीकली' में प्रकाशित लेख और एक अध्याय सुधा पई द्वारा सम्पादित और पीयरसन, नई दिल्ली द्वारा प्रकाशित पुस्तक 'पॉलिटिकल प्रॉसेस इन उत्तर प्रदेश : आइडेंटिटी, इकोनॉमिक रिफॉर्म्स एंड गवर्नेंस' पर आधारित है। मैं इनके प्रकाशन के लिए 'ई. पी. डब्ल्यू' के सम्पादक और सुधा पई के प्रति अपनी कृतज्ञता व्यक्त करना चाहूँगा। अन्त में, मैं अपनी पत्नी, अपने पिता और अपनी बेटियों को धन्यवाद देना चाहूँगा, जो इस अध्ययन के दौरान मुझे निरन्तर प्रोत्साहित करते रहे।

अनुक्रम

भूमिका : अतीत और राजनीति

इस अध्ययन के लिए अपने फील्ड-वर्क के दौरान मुझे एक रात गाँव के एक किसान के घर में गुजारनी पड़ी। यह गाँव बहराइच और नेपाल की सीमा पर गिरवा नदी के किनारे स्थित था। परिवार के बूढ़े मुखिया के लगातार खाँसते रहने के कारण मुझे नींद नहीं आ रही थी। मैंने समय बिताने की गरज से उसे कोई कहानी सुनाने के लिए कहा। थोड़ी झिझक के बाद उस बूढ़े ने मुझे एक जादुई साँप की कहानी सुनाई, जो इस प्रकार थी—

एक किसान के चार बेटे थे। इनमें से तीन मनुष्य थे और एक साँप। किसी ने भी इस साँप बेटे को नहीं देखा था, क्योंकि वह खेतों में रेंगता रहता था। खेत में काम हो रहा होता तो वह मजदूरों की निगरानी करता रहता। अगर कोई मजदूर ढील दिखाता तो एक अदृश्य भारी सोंटा (डंडा) बड़े जोर से उसकी पीठ पर पड़ता।

भोजन परोसते समय माँ तीन मनुष्य बेटों के लिए तीन थालियाँ लगाती तो एक चौथी थाली न जाने कहाँ से अपने-आप प्रकट हो जाती। वह छह रोटियाँ बनाती तो वे जादू से आठ बन जातीं। साँप रात भर तीनों बेटों और माँ के सपनों में सोया रहता और दिन चढ़ते ही बाहर निकल जाता। किसी ने भी उसे देखा नहीं था, लेकिन कहा जाता था कि वह पृथ्वी से भी लम्बा था, हालाँकि जरूरत पड़ने पर वह सिकुड़कर सरसों के बीज जितना छोटा हो सकता था। कुछ लोगों को उसकी आवाज सुनाई देती थी। तो कुछ को उसकी फुफकार, जबकि कुछ लोग सिर्फ उसकी उपस्थिति को महसूस कर सकते थे। लेकिन कोई भी न तो उसे देख सकता था और न उसकी बात ही सुन सकता था।

मुझे ऐसा लगता है कि अतीत भी अदृश्य साँप की तरह होता है, जिसे सुना जा सकता है, जिसकी चर्चा की जा सकती है और जिसकी उपस्थिति को अपने आसपास महसूस किया जा सकता है; लेकिन जिसे न देखा जा सकता है और न छुआ जा सकता है। इसका कोई निश्चित आकार या ढाँचा नहीं होता है। इसमें जो भी तत्त्व होता है वह सिर्फ इसका अतीतपन या अतीतत्व (पास्टनेस) होता है, जिसकी सक्रिय उपस्थिति को कहानी के साँप की तरह हर कहीं महसूस किया जा सकता है। इसे हम अतीतानुभूति भी कह सकते हैं। यह किसी भी व्यक्ति की पहचान का स्रोत

होती है और उसके सपनों और आकांक्षाओं में बहुत गहराई से रसी-बसी होती है। यह अतीत का सत्य और कल्पना दोनों ही होती है। यह अतीत के स्मरण की प्रक्रिया के दौरान पैदा होती है। जब अतीत की किसी घटना का वर्णन किया जाता है या उसे सुना जाता है, तो वह अतीतानुभूति का रूप ले लेती है। यह किसी भी व्यक्ति की पहचान का आधारभूत तत्त्व होती है, और उसे चिन्ता और तनाव पैदा करने वाले रोजमर्रा के उतार-चढ़ावों का विश्वासपूर्वक सामना करने की शक्ति देती है। वास्तविक अतीत और अतीतानुभूति दोनों ही व्यक्ति के मनोवैज्ञानिक संसार का हिस्सा होते हैं और उसके अस्तित्व पर बहुत गहरा असर डालते हैं। उसके साथ व्यवहार के दौरान उसके इस मनोविज्ञान को समझना जरूरी होता है।

यह अतीतानुभूति समुदायों के अन्दर भी मौजूद होती है और उन्हें जीवन के अस्थायी स्वरूप से जुड़ी चिन्ताओं और असुरक्षाओं से लड़ने की शक्ति देती है। अस्थायीपन की यह भावना पूरी तरह से स्थापित समुदायों में भी देखी जा सकती है, जो आमतौर से राज्य, आधुनिकता, भूमंडलीकरण और मार्केट के बदलते स्वरूपों के साथ उनके बढ़ते टकरावों का परिणाम होती है। अतीतानुभूति उनमें स्थायित्व का भ्रम पैदा करती है, जिससे उन्हें इन चिन्ताओं और असुरक्षाओं से लड़ने की शक्ति मिलती है। 'स्थायित्व' के इस भ्रम से पैदा होने वाली सामाजिक आत्म-विश्वास की भावना की बढ़ती जरूरत ही लोगों को संकुचित सीमाओं में सिकुड़ने की प्रेरणा देती है। उदाहरण के लिए—एक राष्ट्रीय पहचान की बजाय वे अपने-आपको एक क्षेत्रीय, भाषायी या जातिगत पहचान के साथ जोड़कर देखने लगते हैं। इन संकुचित पहचानों को हर व्यक्ति के मनोवैज्ञानिक संसार में मौजूद अतीतानुभूति से आकार और बल मिलता है। कई बार ऐसा लगता है कि वर्तमान में अतीत जैसा कुछ भी नहीं होता, सिर्फ एक अतीतानुभूति होती है, जो गुणात्मक, परिवर्तनशील और स्पर्द्धात्मक है, लेकिन व्यक्ति और समुदाय दोनों ही इसे अपनी अमूल्य धरोहर मानकर सख्ती से जकड़े रहते हैं।

हालाँकि व्यक्ति और समुदाय की अतीतानुभूति कई बार साथ-साथ या एक-दूसरे के साथ 'ओवरलैपिंग' या परस्पर आदान-प्रदान करते हुए काम करती है, लेकिन ये दोनों अलग-अलग तरीके से काम करती हैं। दलितों के मामलों में, व्यक्ति की अतीतानुभूति आमतौर से आत्मकथात्मक माध्यमों से प्रतिबिम्बित होती है—दुखों और अत्याचारों की स्मृति के रूप में, वर्तमान और अतीत से जुड़े तरह-तरह के तिरस्कार, पीड़ा और करुणा के रूप में, गरिमा और आत्म-सम्मान के साथ जीने के संघर्ष के रूप में।

लेकिन समुदायों में मौजूद अतीतानुभूति, खासकर दलितों के मामले में, 'लोककथाओं', लोक-इतिहास, मिथकों, रस्मों-रिवाजों और 'स्मरणोत्सवों इत्यादि के माध्यम से प्रकट होती है। इनमें न सिर्फ उनके गौरवशाली अतीत और दयनीय

वर्तमान की कथाएँ होती हैं, बल्कि उनके निरन्तर जारी अस्तित्व के संघर्ष को भी चित्रित किया जाता है। व्यक्ति और समुदाय की अतीतानुभूति में कभी-कभी बदलाव भी आ सकता है, जो उनकी स्मृतियों के सन्दर्भों पर निर्भर करता है। ये दोनों भावनाएँ कभी सर्वव्यापी प्रतीत होती हैं, तो कभी गुणात्मक और विभाजित दिखाई देती हैं, हर व्यक्ति में अलग-अलग नजर आती हैं। अपनी गुणात्मकता (बहुलता) के बावजूद ये व्यक्तियों और समुदायों दोनों में ही निरन्तर ओवरलैप करती रहती हैं।

एक दिलचस्प तथ्य यह है कि कभी-कभी दलित, वैयक्तिक स्तर पर, अतीत की पीड़ा को सचेत रूप से प्रोजेक्ट करने का प्रयास करते हैं, ताकि दूसरों, खासकर उन्नत समुदायों में अपराध-बोध पैदा किया जा सके। इसी तरह, कई अन्य अवसरों पर वे अपनी पीड़ाजनक अतीतानुभूति से मुक्त होने की भी कोशिश करते हैं, खासकर उन्नत जातियों के दबदबे वाले कार्य क्षेत्रों में। सामाजिक-आर्थिक स्तर पर ठीक-ठाक या अच्छे दर्जे पर पहुँच चुके दलित अपनी रोजमर्रा की जिन्दगी में अतीत की पीड़ाजनक स्मृतियों का जिक्र करने से बचते हैं। उदाहरण के लिए—गाँवों के ऊँची जाति के जमींदार परिवारों की जूठन खाने से जुड़ी स्मृतियाँ। फिर भी ओमप्रकाश वाल्मीकि ('जूठन', 1999) और के. नाथ ('तिरस्कार', 1999) जैसे दलित लेखकों ने अपनी आत्मकथाओं में अपने बचपन से जुड़ी ऐसी स्मृतियों का खुलकर जिक्र किया है। कभी-कभी कानों सुनीं या कहीं देखी-पढ़ी बातें और तरह-तरह के माध्यमों के साथ सम्पर्क से जुड़े अनुभव भी व्यक्ति की स्मृतियों और बोलचाल का हिस्सा बन जाते हैं। ये वैयक्तिक अनुभव सामूहिक स्मृतियों का रूप तभी लेते हैं जब इन्हें व्यक्ति से अलग करके मिथकों और लोककथाओं का रूप दिया जाता है। स्कूल, चर्च, मठ, मन्दिर और इसी तरह के अन्य मंच भी वैयक्तिक अनुभवों को सामूहिक स्मृतियों में बदलने का काम करते हैं। यह सामूहिक अतीत विचारधाराओं, भाषा, सहज बुद्धि और संस्थाओं का रूप लेकर समुदाय की अतीतानुभूति बन जाता है, जिसके साथ उन सबकी पहचान को जोड़कर देखा जाने लगता है (पोर्टेली 1997, 157)।

सभी समुदायों में अपनी अतीतानुभूति के आधार पर अपनी एक अलग पहचान कायम करने की बहुत तीव्र इच्छा होती है, जिसे राजनीतिक पार्टियाँ और अन्य एजेंसियाँ भुनाने की कोशिश करती हैं। ये सभी समुदाय अपनी एक अलग पहचान के माध्यम से अपनी मतदान-शक्ति का प्रयोग करना चाहते हैं। सत्ता और विकास में अपनी हिस्सेदारी के लिए राजनीतिक पार्टियों और सरकार पर दबाव बनाना चाहते हैं। वहीं राजनीतियाँ पार्टियाँ प्रजातंत्र की बाध्यताओं को देखते हुए इन्हें अपने-अपने खेमे में खींचने का हर सम्भव प्रयास करती हैं। समुदायों की सामूहिक पहचान में अतीत और अतीतानुभूति के सम्बन्धों के महत्त्व को देखते हुए ये पार्टियाँ अब इन सम्बन्धों का खुलकर इस्तेमाल कर रही हैं। ये समुदाय खुद भी अपनी एक अलग

पहचान की स्थापना के लिए उतने ही उत्सुक दिखाई देते हैं। इसलिए अतीतानुभूति के इर्द–गिर्द विभिन्न समुदायों की पहचान गढ़ने की इस समूची प्रक्रिया को एक राजनीतिक परियोजना के रूप में देखा जा सकता है, जिसके सूत्र देश के प्रजातान्त्रिक ढाँचे से जुड़े हुए हैं।

राजनीति की यह रणनीतिक लामबन्दी पुरानी रणनीति में एक बड़े बदलाव का संकेत है। यह वायदों और प्रलोभनों के बल पर देश के प्रजातांत्रिक हाशिए पर पड़ी इस अशिक्षित और भोली–भाली जनता को तरह–तरह के सब्जबाग दिखाती रही थी। यह बदलाव 1980 के दशक में आना शुरू हुआ, जब छोटी–छोटी और हाशियों में सिमटी दलित जातियाँ प्रजातान्त्रिक मंच पर एक बड़ी ताकत के रूप में उभरने लगीं, और सत्ता के मौजूदा सन्तुलन को छिन्न–भिन्न करने का खतरा पैदा करने लगीं। यह प्रक्रिया अब भी जारी है। हाशिए पर पड़ी ये जातियाँ धीरे–धीरे प्रजातंत्र के दंगल में प्रवेश कर रही हैं, और सरकार की विभिन्न कल्याणकारी योजनाओं में अपनी हिस्सेदारी की माँग कर रही हैं। इन छोटी–छोटी जातियों और समुदायों के प्रवेश के कारण राजनीतिक मंच का निरन्तर विस्तार हो रहा है। इन समुदायों की अन्तर्निहित शक्ति को देखते हुए राजनीतिक पार्टियाँ इन्हें अपने चुनावी अभियानों में पर्याप्त जगह देकर अपनी राजनीतिक छत्रच्छाया में लाने के लिए बाध्य हो गई हैं। वे इन्हें आकर्षित करने के लिए नई–नई और लुभावनी रणनीतियाँ बनाकर इनकी अतीतानुभूतियों को उभारने की कोशिश कर रही हैं। दूसरी तरफ, ये समुदाय खुद भी अपनी पहचान की स्थापना की तीव्र इच्छा महसूस कर रहे हैं। इन दोनों शक्तियों की अन्तर्क्रियाओं ने एक ऐसी राजनीतिक रणनीति को जन्म दिया है, जो अतीतानुभूति के 'एक्सप्लॉयटेशन' पर आधारित है।

इस समूची परियोजना में इतिहास और अतीत अनिवार्य अंग बन गए हैं। इन समुदायों की अतीतानुभूति को जगाने के लिए इनके मिथकों और इतिहास से जुड़े नायकों में ऐसी समानताएँ ढूँढ़ने की कोशिश की जा रही है, जो इन राजनीतिक पार्टियों की विचारधारा से मेल खाती हों और जिनके साथ समुदाय के सदस्य आसानी से अपनी पहचान स्थापित कर सकें। इन जातियों की मौखिक संस्कृति में मौजूद मिथकों, इतिहासों और किंवदन्तियों से उठाए गए नायकों की पार्टी की राजनीतिक विचारधारा के अनुसार पुनर्व्याख्या और पुनर्संरचना की जाती है, और फिर इन्हें जाति की पहचान के प्रतीकों के रूप में जाति को वापस परोस दिया जाता है। इन पार्टियों के थिंक–टैंकों से जुड़े राजनीतिज्ञ और बुद्धिजीवी अपने टार्गेट और वोट–बैंक आबादी के भिन्न–भिन्न वर्गों की भाषा, प्रतीक चिह्नों, भावनाओं, आकांक्षाओं और अन्य पहचान–स्रोतों की बड़ी मेहनत से छानबीन करते हैं, और ऐसे नायक चुनते हैं जो उनके उद्‌देश्य पर खरे उतरते हों। इसके बाद पार्टी की विचारधारा के अनुरूप इन नायकों की कथाओं की पुनर्व्याख्या करके समारोहों, जनसभाओं, मूर्ति–

स्थापनाओं, पुस्तिकाओं और पैम्फलेटों और अन्य माध्यमों से इन्हें सम्बन्धित समुदायों को परोस दिया जाता है, ताकि उन्हें अपने वोट-बैंकों में बदला जा सके। इन तरीकों से समुदायों की जो पहचान गढ़ी जाती है, वह उन्हें पार्टी की तरफ आकर्षित करने में अक्सर सफल रहती है। लेकिन यह पहचान लचीली होती है और निरन्तर बदलाव और संशोधन की प्रक्रिया से गुजरती रहती है। यही कारण है कि माडर्निस्टों का यह दावा कि अतीत एक सच्चाई है, इस पहचान-निर्माण और संशोधन की प्रक्रिया के माध्यम से निरन्तर ध्वस्त होता रहता है। इस प्रक्रिया के कारण इतिहास और समुदायों की पहचान का राजनीतिक वर्जन नित्य और निरन्तर घटने वाले फिनोमिना का रूप ले लेता है।

उत्तर भारत में उत्तर प्रदेश और बिहार दो ऐसे राज्य हैं जहाँ यह राजनीतिक रणनीति सबसे ज्यादा सफलतापूर्वक काम कर रही है। इस सफलता के पीछे इन दोनों राज्यों के कुछ अनूठे पहलू हैं, जिनके कारण जाति और पहचान की राजनीति में उलझी राजनीतिक पार्टियों को भरपूर प्रोत्साहन मिल रहा है। इनमें सबसे प्रमुख पहलू है जाति और संस्कृतियों के आधार पर बहुत गहराई से और स्पष्ट रूप से विभाजित समाज और साथ ही लोगों के सांस्कृतिक और नैतिक व्यवहार पर ब्राह्मणवादी आचार-संहिता का गहरा प्रभाव। आजादी के 60 वर्ष बाद भी इन राज्यों के अधिकांश लोगों के लिए जाति और उपजाति बहुत महत्त्वपूर्ण प्रतीक चिह्न बने हुए हैं। जाति और उपजाति से जुड़ी वंश-परम्परा, जिससे कुछ जातियों के लोगों को उनके विशेषाधिकार और अन्य जातियों के लोगों पर दबदबा स्थापित करने की शक्ति प्राप्त होती है, भारत में युगों-युगों से चली आ रही है। जहाँ देश के अधिकांश क्षेत्रों में इसका प्रभाव बहुत कम हो चुका है, वहीं इन दो राज्यों में यह अब भी बहुत गहराई से पाँव जमाए हुए है। जातिगत आधार पर समाज के इस विभाजन के कारण ही जाति और पहचान की राजनीति करने वाली पार्टियों को इतनी सफलता मिल रही है। विभिन्न राजनीतिक पार्टियाँ इस विभाजन का पोषण करके इसे और ज्यादा मुखर कर रही हैं। अपनी पहचान को लेकर भिन्न-भिन्न समुदायों की आकांक्षाओं को देखते हुए, और अपनी राजनीतिक विचारधारा के साथ उनका तालमेल बिठाते हुए, विभिन्न राजनीतिक पार्टियाँ इस विभाजन में निरन्तर संशोधन और बदलाव करने का काम कर रही हैं, ताकि इन समुदायों को अपने वोट-बैंकों में बदला जा सके।

जन-राजनीति की संरचना

उत्तर प्रदेश में पहचान की इस राजनीति में दो पार्टियाँ प्रमुख रूप से संलग्न हैं—बहुजन समाज पार्टी (बसपा) और भारतीय जनता पार्टी (भाजपा)। यूँ समाजवादी पार्टी (सपा) और कांग्रेस जैसी अन्य पार्टियाँ भी इस खेल में शामिल हैं, लेकिन वे खुलकर इसे अपनी रणनीति घोषित नहीं करतीं। बहुजन समाज पार्टी 'बहुजन समाज'

के झंडे तले गठित दलितों और अन्य निम्न और पिछड़े वर्गों की पार्टी है, जबकि भाजपा ऊँची जाति के हिन्दुओं की पार्टी है, जो संख्या में कम होने पर भी आर्थिक और सांस्कृतिक दृष्टि से बहुत ज्यादा शक्तिशाली है। बहुजन समाज पार्टी का गठन दलितों के सशक्तीकरण के उद्देश्य से किया गया था, जो सदियों से उच्च जातियों द्वारा शोषण, दमन और उपेक्षा के शिकार रहे हैं। उत्तर प्रदेश में प्राचीन हिन्दू धर्मग्रन्थों और पुराणों में निर्दिष्ट नैतिक और सांस्कृतिक आचार-संहिता आज भी जारी है। इसलिए दलितों को देश की प्रजातांत्रिक प्रक्रियाओं से जोड़कर उनका सशक्तीकरण करना बहुजन समाज पार्टी का प्रमुख लक्ष्य रहा है।

दूसरी तरफ, भाजपा की विचारधारा हिन्दुत्व के झंडे तले एक हिन्दू सांस्कृतिक राष्ट्रवाद की धारणा के प्रचार-प्रसार से जुड़ी हुई है, जो 'रामायण' और 'महाभारत' जैसे प्राचीन हिन्दू धर्मग्रन्थों और प्राचीन हिन्दू विधि-ग्रन्थ 'मनु संहिता' में वर्णित नैतिक और सांस्कृतिक आचार-संहिता पर आधारित है। दोनों ही पार्टियाँ अपने-अपने मतदाताओं को लुभाने के लिए पहचान की राजनीति का इस्तेमाल कर रही हैं। लेकिन चुनावी राजनीति की बाध्यताओं को देखते हुए वे अपने पुराने वोट-बैंकों की सीमाओं को लाँघकर अन्य समुदायों तक पहुँचने की भी कोशिश कर रही हैं। इसलिए, जहाँ बहुजन समाज पार्टी दलितों के साथ-साथ अब ऊँची जातियों को भी अपने साथ लेकर चलने की कोशिश कर रही है, जिन्हें दलित अपने घोर शत्रुओं के रूप में देखते रहे थे, वहीं भाजपा समाज के सबसे निचले वर्गों तक पहुँचने की कोशिश कर रही है जिन्हें उच्च जाति हिन्दू मलिन और अशुद्ध मानकर अब तक त्याज्य समझते रहे थे। इन वर्गों को बहुजन समाज पार्टी भी लुभाने की कोशिश कर रही है, क्योंकि इन पर सभी राजनीतिक पार्टियों की नजरें हैं और बहुजन समाज पार्टी के लिए इन्हें अपने खेमे में रखना बेहद जरूरी है। इस उद्देश्य को ध्यान में रखकर बहुजन समाज पार्टी भी उन्हीं स्थानीय मिथकों का इस्तेमाल कर रही है जिन्हें भाजपा उठा रही है, और बहुजन समाज पार्टी की विचारधारा के अनुरूप उनकी पुनर्व्याख्या और पुनर्रचना कर रही है। दोनों पार्टियाँ पहचान की राजनीति के अन्तर्गत इन मिथकों और किंवदन्तियों की अलग-अलग और अपने-अपने तरीके से पुनर्व्याख्या कर रही हैं। जहाँ भाजपा इन्हें हिन्दुओं के अतीत, इतिहास और मुसलमानों के खिलाफ उनके संघर्ष में दलितों के योगदान के रूप में पुनर्चित्रित कर रही है, वहीं बहुजन समाज पार्टी इन्हें दलितों के बेहतर प्रशासन, राष्ट्र-निर्माण की प्रक्रिया में उनके योगदान और सबसे बढ़कर ब्राह्मणवादी और उच्च वर्ग शक्तियों द्वारा दलितों के दमन और उन्हें समाज की मुख्य धारा से बाहर और वंचित रखने की याद दिलाने वाले प्रतीक चिह्नों के रूप में इस्तेमाल कर रही है। अतीत के इन मिथकों और किंवदन्तियों की मदद से बहुजन समाज पार्टी दलित सत्ता, विकास और जन-कल्याणकारी परियोजनाओं में बेहतर हिस्सेदारी प्राप्त करने की कोशिश कर रही है। इस तरह, बहुजन समाज पार्टी

दलित समुदायों के सशक्तीकरण के लिए और उनमें आत्म-सम्मान और आत्म-विश्वास पैदा करने के लिए अतीत का इस्तेमाल कर रही है, जिसे अन्ततः शासनिक और प्रजातान्त्रिक शक्ति के लिए संघर्ष का रूप दिया जा सकता है। दूसरी तरफ, भाजपा दलितों की पहचान को हिन्दू अतीत और पहचान से जोड़कर दिखाने का प्रयास कर रही है, ताकि उन्हें अपने खेमे में खींचकर सत्ता प्राप्त की जा सके। भाजपा विभिन्न दलित जातियों के मिथकों, नायकों और जातिगत इतिहासों के माध्यम से उनकी स्मृतियों की पुनर्रचना का प्रयास कर रही है। बहुजन समाज पार्टी और भाजपा द्वारा दलित मिथकों के इस्तेमाल में एक अन्तर यह भी है कि बहुजन समाज पार्टी ज्यादातर 1857 के विद्रोह से जुड़ी दलित महिलाओं के मिथकों को उठा रही है—उदाहरण के लिए झलकारी बाई, ऊदादेवी, महावीर देवी, अवंति बाई और पन्नाधाय से जुड़े मिथकों को ताकि पार्टी की नेता मायावती की छवि को निर्मित किया जा सके (देखें, नारायण 2006)। दूसरी तरफ, भाजपा के अभियान में दलित महिलाओं के मिथक बहुत कम या न के बराबर दिखाई देते हैं। यह बहुजन समाज पार्टी की तरह राष्ट्रवादी आन्दोलन या 1857 के विद्रोह के नायक-नायिकाओं के मिथकों को उठाने की बजाय वैदिक या पूर्व-मध्ययुगीन अतीत के दलित नायकों के मिथकों का इस्तेमाल कर रही है।

भाजपा द्वारा विभिन्न दलित समुदायों के अपने-अपने मिथकों, किंवदन्तियों और जातिगत नायकों का इस्तेमाल करके उन्हें हिन्दुत्व के दायरे में लाने की यह प्रक्रिया सचमुच बहुत दिलचस्प और सम्मोहक है। आमतौर से हर चुने गए दलित नायक को लेकर बड़ी धूमधाम से एक समारोह का आयोजन किया जाता है। ऐसे समारोहों में इन मिथकों के हिन्दूकरण की प्रक्रिया भी बहुत दिलचस्प होती है। समारोहों से पहले इन दलित पुरुष-नायकों के चित्रों से युक्त बैज, स्टिकर, कार्ड इत्यादि छापे और बाँटे जाते हैं। ये सभी खूब रंग-बिरंगे और सजावटी होते हैं और इन दलित नायकों को महाराणा प्रताप जैसे हिन्दू मिथक नायकों की तरह एक शूरवीर और पराक्रमी योद्धा के रूप में चित्रित करते हैं। बहुजन समाज पार्टी भी अपनी महासभाओं में बैजों, स्टिकरों इत्यादि का वितरण करती है, लेकिन इन पर बी.आर. अम्बेडकर, शाहूजी महाराज और दलितों की महिला-नायकों झलकारी बाई और ऊदादेवी इत्यादि के चित्र होते हैं। ये भाजपा के बैजों और स्टिकरों जितने भड़कीले और सजावटी भी नहीं होते। बहुजन समाज पार्टी के समारोह भी छोटे और सादगीपूर्ण होते हैं (नारायण, 2006)। हालाँकि हर मिथक के आसपास कई जगह समारोह आयोजित किए जाते हैं।

उत्तर प्रदेश में भिन्न-भिन्न दलित जातियों को लुभाने के लिए किसी सामूहिक रणनीति की बजाय उनके अपने-अपने जाति-नायकों, मिथकों और किंवदन्तियों के प्रयोग की रणनीति इसलिए अपनाई जा रही है क्योंकि पूरा प्रदेश जाति के आधार पर

बँटा हुआ है। कोई भी चुनाव जीतने के लिए सड़कों, अस्पतालों, स्कूलों और सभी लोगों के कल्याण की बात करने की बजाय अधिक-से-अधिक दलित जातियों को अपने खेमे में खींचना जरूरी है। भाजपा 1991 के विधानसभा चुनावों में विजयी हुई थी, क्योंकि वह हिन्दुओं के एक महत्त्वपूर्ण प्रतीक और रामायण के नायक भगवान राम को एक सांस्कृतिक प्रतीक के रूप में इस्तेमाल करके हिन्दुओं, खासकर उच्च वर्ण हिन्दुओं को एकजुट करने में सफल रही थी। इस प्रतीक का प्रयोग उन्हें राष्ट्रीय स्तर पर जोड़ने में सफल रहा था और 16-31 मई, 1996 को केन्द्र में पहली बार भाजपा सरकार की स्थापना हुई थी। अटल बिहारी वाजपेयी देश के प्रधानमंत्री बने थे। इसके बाद भाजपा दो बार केन्द्र में सरकार बनाने में सफल रही, लेकिन जाति की राजनीति में फँसे उत्तर प्रदेश में वह 1991 के बाद दोबारा सत्ता में नहीं आ सकी। 2002 के चुनावों में राज्य की विधानसभा में उसकी सीटों की संख्या 88 से घटकर सिर्फ 51 रह गई। वह तब हिन्दुत्व के नाम पर सभी दलितों को एक संघटित हिन्दू-पहचान के साथ जोड़ने का प्रयास कर रही थी। इसके बाद ही उसने भिन्न-भिन्न दलित जातियों को अलग-अलग पहचान-चिह्नों के माध्यम से लुभाने की रणनीति अपनाई। हालाँकि उत्तर प्रदेश में दलित एक विशाल वोट बैंक का प्रतिनिधित्व करते हैं, लेकिन वे कई जातियों में बँटे और बिखरे हुए हैं। हर जाति के अपने-अपने मिथक, नायक और किंवदन्तियाँ हैं।

दूसरी तरफ बहुजन समाज पार्टी भी भाजपा जैसी ही रणनीति अपनाकर दलितों को लुभाने की कोशिश कर रही है। 2007 के विधानसभा चुनावों में उसने 208 सीटों का प्रचंड बहुमत हासिल करके हर किसी को आश्चर्य में डाल दिया। बहुजन समाज पार्टी की इस अप्रत्याशित विजय का श्रेय उसकी नेता मायावती को दिया जाता है। उन्होंने 'सोशल इंजीनियरिंग' की अनूठी रणनीति अपनाते हुए अपने परम्परागत शत्रुओं यानी ब्राह्मणों के साथ-साथ कांग्रेस और समाजवादी पार्टी का वोट-बैंक समझे जाने वाले मुस्लिम वर्गों और अन्य पिछड़े वर्गों (ओबीसी) को मिलाकर एक नया गठजोड़ स्थापित करने की कोशिश की, जिसमें उन्हें अभूतपूर्व सफलता मिली। दलितों और ब्राह्मणों का यह सामाजिक गठजोड़ एक नई तरह का प्रयोग था और ऊँची-जातियों पर कटु प्रहारों की उनकी पुरानी रणनीति से बिल्कुल अलग था।

हालाँकि दोनों पार्टियों के मूल वोट-बैंक सामाजिक स्तर पर एक-दूसरे के घोर विरोधी हैं, लेकिन दिलचस्प बात यह है कि दोनों एक जैसे राजनीतिक एजेंडों का अनुसरण करते हुए प्रदेश की सभी जातियों और समुदायों को अपने खेमे में खींचने की कोशिश में लगी हुई हैं। फर्क सिर्फ यह है कि जहाँ बहुजन समाज पार्टी ऊँची जातियों के साथ गठजोड़ करके दलितों के सशक्तीकरण के अभियान में जुटी है, वहीं भाजपा ब्राह्मणवादी हिन्दू आचार-संहिता के आधार पर सभी जातियों में एकता स्थापित करके उन्हें एकजुट करने का प्रयास कर रही है। 2007 में मायावती की

चुनावी रणनीति के विश्लेषण से पता चलता है कि वे विभिन्न जातियों के नेताओं को अपने खेमे में लाने की कोशिश में लगी हैं, ताकि वे अपने-अपने समुदाय के वोटरों को आकर्षित कर सकें। उदाहरण के लिए, जहाँ एस.सी. मिश्रा ने ब्राह्मणों को लुभाने का काम किया, वहीं नसीमुद्दीन सिद्दकी ने मुस्लिमों और बी.एस. कुशवाहा ने अन्य पिछड़े वर्गों को पार्टी की तरफ आकर्षित करने का काम किया। लेकिन इन नए गुटों के जुड़ाव के बावजूद बहुजन समाज पार्टी ने एक दलित पार्टी की अपनी मूल पहचान को नहीं खोया है। अन्य जातियों को अपने साथ लेकर चलने का वास्तविक उद्देश्य दलितों की राजनीतिक स्थिति को मजबूत करना था, न कि उन्हें जाति पर आधारित हिन्दू सामाजिक ढाँचे में फिट करना। अन्य जातियों के साथ राजनीतिक सूत्र स्थापित करने के लिए जातिगत सम्मेलनों का आयोजन किया गया, उदाहरण के लिए—ब्राह्मण सम्मेलन, बनिया सम्मेलन, और पाल एवं कुशवाहा सम्मेलन। ये सम्मेलन राज्य के कई हिस्सों में आयोजित किए गए। बहुजन समाज पार्टी विभिन्न जातीय गुटों की पहचान का तुष्टीकरण और सुदृढ़ीकरण करके उसे अपनी विचारधारा के अनुरूप नया ढाँचा या स्वरूप देने की रणनीति अपना रही थी। उसकी अब भी यही रणनीति है। मायावती हर जाति सम्मेलन में सम्बन्धित जाति को सत्ता में भागेदारी देने की बात करती थीं। उनका नारा था—'जिसकी जितनी संख्या भारी, उसकी उतनी हिस्सेदारी'। जातियों के साथ सूत्र स्थापित करने के लिए उनकी पहचान के प्रतीक-चिह्नों के आधार पर नारे गढ़े जाते थे। शुरू में, जब वे उच्च और मध्य जातियों के खिलाफ थीं तो उनका नारा था—'तिलक, तराजू और तलवार, इनको मारो जूते चार'। 2007 में उन्हें अपने साथ लेकर चलने की रणनीति को देखते हुए यह नारा बदलकर 'हाथी नहीं गणेश है, ब्रह्मा, विष्णु, महेश है' हो गया। बहुजन समाज पार्टी का चुनाव-चिह्न हाथी है। एक अन्य नारा था—'पंडित शंख बजाएगा, हाथी आगे बढ़ता जाएगा'। इस तरह, विभिन्न जातियों की पहचान के तुष्टीकरण से जुड़ी यह राजनीति अब भी जारी है। यह बात ध्यान देने योग्य है कि इन चुनावों में मायावती की प्रचंड विजय और भाजपा के निराशाजनक प्रदर्शन के बाद राष्ट्रीय स्वयंसेवक संघ ने मायावती की प्रशंसा करते हुए कहा था कि वे भाजपा के उच्च वर्ण हिन्दू वोट-बैंक को लुभाने के लिए 'नरम' हिन्दुत्व का इस्तेमाल कर रही थीं (पुरी, 2007)। इसका कारण यह है कि भाजपा भी उन्हीं मतदाताओं को लुभाने की कोशिश कर रही है और बहुजन समाज पार्टी जैसी ही 'सोशल इंजीनियरिंग' का इस्तेमाल कर रही है। जहाँ मायावती बहुजन समाज के निरन्तर सशक्तीकरण के लिए ऊँची जातियों को साथ लेकर चलना चाहती हैं, वहीं राष्ट्रीय स्वयंसेवक संघ और भाजपा हिन्दू पहचान के लिए सामाजिक एकता और सद्भावना को जरूरी समझते हैं।

अपनी पिछली पुस्तक 'विमेन हीरोज एंड दलित अजर्शन इन नॉर्थ इंडिया :

कल्चर, आइडेंटिटी एंड पॉलिटिक्स' (नारायण, 2006) में मैंने उत्तर प्रदेश में बहुजन समाज पार्टी की राजनीतिक बिसात को समझने की कोशिश की थी, जिसके अन्तर्गत दलितों को लुभाने के लिए 1857 के विद्रोह से जुड़े दलित नायकों, मिथकों और किंवदन्तियों का इस्तेमाल किया जा रहा था। ये नायक और मिथक इतिहास की मुख्यधारा में भले ही हाशिए पर पड़े रह गए थे, लेकिन दलितों की पहचान के प्रतीकों के रूप में आज भी उनकी मौखिक स्मृतियों में बसे हुए थे। मायावती अपनी छवि के निर्माण के लिए इन प्रतीकों का इस्तेमाल करती रही हैं। प्रस्तुत पुस्तक उत्तर प्रदेश की इन्हीं दलित जातियों की लामबन्दी के लिए भाजपा की राजनीतिक चालबाजियों पर केन्द्रित है। वह अपने राजनीतिक एजेंडे के तहत ऐसी रणनीतियाँ अपना रही हैं, जिनसे इन दलित मिथकों और किंवदन्तियों को साम्प्रदायिक रंग दिया जा सके और उनमें और अन्य समुदायों में विभाजन पैदा किया जा सके, दूसरे, दलितों के कुछ मिथकों और किंवदन्तियों को एक संघटित हिन्दू संस्कृति की धारणा के साथ जोड़ा जा सके, और इस उद्देश्य के लिए भगवान राम को हिन्दू पहचान के प्रतीक-चिह्न के रूप में इस्तेमाल किया जा सके। पुस्तक के कई अध्यायों में भिन्न-भिन्न दलित जातियों की सामाजिक-सांस्कृतिक पहचान को उभारने और उन्हें राष्ट्रीय पार्टी की विचारधारा के अनुरूप हिन्दुत्व के झंडे तले लाने के लिए अपनाए जा रहे राजनीतिक दाँव-पेचों का अध्ययन किया गया है। हर जाति के लिए अलग-अलग हथकंडों का इस्तेमाल किया जाता है, जो उनके नायक की प्रकृति पर निर्भर करता है। लेकिन अन्तिम उद्देश्य हमेशा एक जैसा रहता है—उन्हें एक वृहत् हिन्दू पहचान के साथ जोड़ना और उनकी साम्प्रदायिक भावनाओं को भड़काकर उन्हें मुसलमानों से अलग करना, जिन्हें वैदिक काल से चली आ रही पवित्र हिन्दू संस्कृति को अशुद्ध करने वाले विदेशी हमलावरों के रूप में चित्रित किया जाता है।

आशा है कि यह पुस्तक आम पाठक के लिए दिलचस्प साबित होने के साथ-साथ लोगों को हिन्दुत्ववादी ताकतों की गतिविधियों के प्रति सचेत करेगी, जो गाँवों में रहने वाले विभिन्न समुदायों को विभाजित करने की कोशिशों में लगी हुई हैं।

ये समुदाय सदियों से भाईचारे की भावना के साथ शान्तिपूर्वक साथ-साथ रहते रहे हैं और जीवनयापन के लिए एक-दूसरे पर निर्भर हैं। यह सच है कि इनमें से अधिकांश समुदायों के लोक-साहित्य में ऐसी बहुत सी सम्भावनाएँ हैं जिन्हें साम्प्रदायिक ताकतें अपने उद्देश्य के लिए इस्तेमाल कर सकती हैं। पुस्तक में आगे चलकर हम इन सम्भावनाओं का भी अध्ययन करेंगे। लेकिन इस सबके बावजूद ये समुदाय साथ-साथ जीते रहे हैं। आशा है, साम्प्रदायिक ताकतों द्वारा जाति और धर्म के नाम पर जमीनी स्तर पर समाज के विभाजन के प्रयासों के प्रति जागरूकता समाज को और ज्यादा टूटने से बचा सकेगी।

हिन्दुत्ववादी राजनीति की परिधियाँ

भारतीय जनता पार्टी की स्थापना 5 अप्रैल, 1980 को हुई थी। यह पुरानी जनसंघ का नया रूप था, जो 1977 के लोकसभा चुनावों में जनता पार्टी नामक एक नए गठबन्धन में शामिल हो गई थी और केन्द्र में पहली गैर-कांग्रेसी सरकार का हिस्सा रही थी। जनसंघ समाज के उन वर्गों का प्रतिनिधित्व करती थी जिनके भौतिक हित केन्द्र और राज्यों में कांग्रेस सरकार के कारण खतरे में पड़ गए थे। इसके प्रमुख शहरी समर्थकों में छोटे उद्योगपति, व्यापारी और निचली श्रेणी के पेशेवर और सरकारी कर्मचारी शामिल थे। गाँवों में यह बड़े किसानों और जमींदारों की बजाय छोटे किसानों और व्यापारियों का प्रतिनिधित्व करती थी।

चूँकि भाजपा का गठन जनता पार्टी में शामिल धड़े ने किया था, इसलिए उस पार्टी से आने वाले नेताओं को नई पार्टी में काफी ऊँचे ओहदे दिए गए, उदाहरण के लिए—राम जेठमलानी, शान्तिभूषण और सिकंदर बख्त। अटल बिहारी वाजपेयी को पार्टी का अध्यक्ष बनाया गया, जो जनसंघ के भी सदस्य थे। जेठमलानी और बख्त पार्टी के उपाध्यक्ष नियुक्त किए गए। पार्टी के अन्य महत्त्वपूर्ण नेताओं में विजयाराजे सिंधिया, लालकृष्ण आडवाणी और मुरलीमनोहर जोशी शामिल थे (जैफरलॉट, 1993, 5)।

पार्टी धर्म पर आधारित एक सनातनी राजनीतिक संस्था है, जो अपने आपको स्वदेशी संस्कृति और भारतीय धर्मों की रक्षक के रूप में देखती है। इन धर्मों में हिन्दू, जैन, सिख और बौद्ध धर्म शामिल हैं। यह एक उच्च वर्ण हिन्दू-प्राचीन पार्टी है, जिसका अन्तिम लक्ष्य एक हिन्दू (सांस्कृतिक रूप से) राष्ट्र की स्थापना करना और सभी हिन्दुओं को एक विशिष्ट हिन्दू पहचान—जिसे 'हिन्दुत्व' कहा जाता है—के तहत एकजुट करना है। इस पार्टी की राजनीति को भगवा राजनीति कहा जाता है, क्योंकि इसका चुनाव-चिह्न एक भगवा कमल है। अपने जन्म से ही यह पार्टी साम्प्रदायिक राजनीति के लिए जानी जाती है और मुसलमानों को विदेशी हमलावरों के रूप में देखती है, जिन्होंने मध्ययुग में भारत पर चढ़ाइयाँ करके वैदिक काल से चली आ रही सामाजिक व्यवस्था को छिन्न-भिन्न कर दिया था। पार्टी की धारणा है कि इस्लामी आक्रमणों का युग मानव इतिहास का सबसे रक्त-रंजित युग था, और मुगल बादशाहों की क्रूरता की ऐसी अन्य कोई मिसाल नहीं मिलती। भाजपा के अनुसार, मुगल शासन के दौरान हिन्दुओं को धर्म-परिवर्तन या मृत्यु में से किसी एक को चुनने के लिए बाध्य होना पड़ा। इसके बावजूद उन्होंने अपनी धार्मिक सहिष्णुता, धर्म-निरपेक्षता और समय के साथ बदलने की क्षमता को नहीं खोया, जो हिन्दू धर्म के आधारभूत तत्त्व हैं। पार्टी का कहना है कि मुसलमान इन तत्त्वों का दुरुपयोग करते रहे हैं, हालाँकि भारत सरकार हमेशा अल्पसंख्यकों के तुष्टीकरण की नीतियाँ अपनाती रही है। पार्टी का प्रमुख लक्ष्य 'एक आधुनिक, प्रगतिशील और जागरूक राष्ट्र' का

निर्माण करना है, जो भारत की प्राचीन हिन्दू संस्कृति और मूल्यों से प्रेरणा ग्रहण करता हो।

पार्टी की स्थापना हुई तो उसके मार्ग-दर्शक सिद्धान्त वेदों और रामायण, महाभारत, पुराणों, उपनिषदों, भागवत, गीता और मनु संहिता जैसे प्राचीन हिन्दू और भारतीय ग्रन्थों पर आधारित थे, जो उच्च वर्ण हिन्दुओं के धार्मिक और सांस्कृतिक स्रोत माने जाते हैं। लेकिन भाजपा ने जनसंघ की लीक से हटते हुए अपनी एक अलग छवि बनाने का प्रयास किया। जनसंघ 1930 के दशक में स्थापित राष्ट्रवादी संस्था राष्ट्रीय स्वयंसेवक संघ (आर.एस.एस.) की राजनीतिक शाखा थी, जबकि भाजपा ने अपने-आपको संघ से दूर रखने का प्रयास किया। यही कारण था कि उसने जनता पार्टी से आए कई नेताओं को महत्त्वपूर्ण पदों पर बिठाया, जिनका संघ के साथ कुछ भी सम्बन्ध नहीं रहा था (जैफरलॉट, 1993, 315)। भाजपा ने स्वयं को जनता पार्टी की उत्तराधिकारी के रूप में प्रस्तुत करते हुए अप्रैल 1980 में यह घोषणा भी कि जून में होने जा रहे विधानसभा चुनावों के लिए उसका घोषणा-पत्र वही रहेगा जो 1977 में जनता पार्टी का था। 'हिन्दू' शब्द के प्रयोग से बचा गया और राष्ट्रीय स्वयंसेवक संघ से दूरी बनाते हुए एक संयमित और सन्तुलित रणनीति अपनाई गई। इसके पीछे पार्टी की एक ऐसी छवि बनाने का उद्देश्य था जो आम लोगों और जनता पार्टी से आए अन्य गुटों को अधिक स्वीकार्य हो।

लेकिन संघ के साथ अपने सम्बन्धों का खंडन करते रहने के बावजूद भाजपा को संघ से भरपूर सैद्धान्तिक मदद मिल रही थी। राष्ट्रीय स्वयंसेवक संघ की स्थापना 1925 में केशव बी. हेडगेवार के हाथों हुई थी। इसके पीछे एक राष्ट्रवादी विचारधारा के तहत हिन्दुओं को एकजुट करने का उद्देश्य था। संघ की विचारधारा सावरकर के हिन्दुत्व के सिद्धान्त से बहुत ज्यादा प्रभावित थी। उन्होंने 1923 में प्रकाशित 'हिन्दुत्व' नामक पुस्तक में इसकी विस्तार से व्याख्या की थी। इस पुस्तक में सावरकर ने हिन्दूवाद और हिन्दुत्व के अन्तर को स्पष्ट किया था। उनका तर्क था कि हिन्दुत्व एक नस्ली धारणा थी। अगर किसी भारतीय की रगों में हिन्दू रक्त दौड़ रहा है तो वह हिन्दू नस्ल का व्यक्ति है, भले ही उसका कर्म कुछ भी हो। इसलिए सावरकर की दृष्टि में "हिन्दुत्व एक शब्द नहीं बल्कि एक इतिहास है। यह हमारे लोगों का सिर्फ आध्यात्मिक और धार्मिक इतिहास नहीं है, बल्कि एक सम्पूर्ण इतिहास है। हिन्दूवाद हिन्दुत्व का एक रूप, एक अंश, एक हिस्सा मात्र है।" (सावरकर, 1949, V)।[1] सावरकर के हिन्दुत्व में निष्ठा के अलावा दो अन्य चीजें भी संस्था की सैद्धान्तिक खोज को दर्शाती थीं—प्रार्थना और प्रतिज्ञा। प्रार्थना हिन्दू राष्ट्र की वन्दना थी, जबकि प्रतिज्ञा तन-मन-धन से संघ की सेवा करने का संकल्प था, क्योंकि हिन्दुओं और राष्ट्र की भलाई इसी में निहित थी (सावरकर और जोशी, 1967,1)। हालाँकि संघ के शुरुआती सदस्यों में अधिकांशत: ब्राह्मण थे, लेकिन संस्था में एक जातिविहीन हिन्दू

समाज पर जोर दिया गया। संस्था की एक महत्त्वपूर्ण विशिष्टता इसकी स्थानीय शाखाएँ थीं, जहाँ लगभग 50 बालक और वयस्क पुरुष प्रतिदिन शारीरिक व्यायाम और सैद्धान्तिक प्रशिक्षण के लिए मिलते थे। इन शाखाओं में पिछड़ी और अछूत जातियों की भागीदारी को प्रोत्साहन दिया जाता था। इसके पीछे यह विचार था कि—

"...मनोवैज्ञानिक और सामाजिक सुधारों के माध्यम से हिन्दू राष्ट्र को मजबूत किया जाए, जिसमें कई अन्य समतावादी मूल्यों को भी सम्मिलित किया गया था।...इसके पीछे एक निःस्वार्थ व्यक्तित्व के निर्माण का प्रयास था, जो हिन्दू राष्ट्रवाद के एक अधिक व्यापक और ठोस ढाँचे का आधार बन सके। इस तरह, राष्ट्रीय स्वयंसेवक संघ को वैयक्तिक एकता पर आधारित हिन्दू राष्ट्रवाद के अग्रदूत के रूप में देखा जा रहा था। इसका 'सिंक्रीटिज्म' (यूरोपीय राष्ट्रवाद और मुस्लिम सामुदायिक सद्भाव से जुड़े मूल्यों का आयात) एक रणनीति का हिस्सा था, जिसके पीछे एक शक्तिशाली हिन्दू राष्ट्र के निर्माण का उद्देश्य तो था ही—एक ऐसा राष्ट्र जिसमें इन 'विदेशियों' का प्रतिरोध करने की क्षमता हो—साथ ही इसमें एक जानी-पहचानी देसी साम्प्रदायिक सोच भी झलकती थी" (जैफरलॉट, 1993, 521)।

भाजपा पर संघ का हमेशा यह दबाव रहता है कि वह उग्र हिन्दुत्व अपनाकर अपना जन-आधार बढ़ाए। भाजपा को जनसंघ से विरासत के रूप में जो जन-आधार प्राप्त हुआ था, वह मुख्यतः ग्रामीण कस्बों के दुकानदारों, लघु उद्योगों, व्यापारियों और अन्य खुदरा धन्धों में लगे लोगों तक सीमित था। शहरी क्षेत्रों में इसके मतदाताओं में दो महत्त्वपूर्ण वर्ग शामिल थे—सफेद कॉलर कर्मचारी और औद्योगिक श्रमिक। इनके अलावा इसे पाकिस्तान से आने वाले शरणार्थियों का समर्थन भी प्राप्त था, जो मुख्यतः उत्तर भारत के कस्बों और शहरों में बसे हुए थे (ग्राहम, 1997, 274)। ग्रामीण क्षेत्रों में इसका बहुत कम प्रभाव था, जो किसी राजनीतिक पार्टी की हार-जीत में बहुत अहम भूमिका निभाते थे। 1980 के दशक के मध्य और अन्तिम वर्षों में भाजपा ने अपना जन-आधार बढ़ाने का अभियान शुरू किया तो उसने हिन्दू आबादी के सभी वर्गों तक पहुँचने के लिए भगवान राम के प्रतीक का इस्तेमाल किया। इन वर्गों में दलित और मध्य जातियाँ भी शामिल थीं। यह इसलिए सम्भव हो सका क्योंकि तुलसीदास रचित 'रामचरितमानस' के नायक भगवान राम उत्तर भारत के हर गाँव में श्रद्धा के पात्र हैं। वे इस क्षेत्र के सभी हिन्दुओं के हृदय में बसे हुए हैं। उन्हें मर्यादा पुरुषोत्तम कहा जाता है, क्योंकि वे सभी श्रेष्ठतम मानवीय गुणों के प्रतीक हैं। 1987-88 में राष्ट्रीय चैनल दूरदर्शन पर 'रामायण' धारावाहिक के 78 साप्ताहिक तक प्रसारण के बाद 1989 में इस मिथक को अपनाने का फैसला किया गया (जैफरलॉट, 1993, 389)। भगवान राम को सभी वर्गों के हिन्दुओं के नायक और सम्पूर्ण भारत के शासक के रूप में प्रस्तुत किया गया, न कि

सिर्फ उत्तर भारत के एक राजा के रूप में (वही, 389)।

'रामायण' धारावाहिक की लोकप्रियता ने जनता को विश्व हिन्दू परिषद, राष्ट्रीय स्वयंसेवक संघ और भारतीय जनता पार्टी के हिन्दू राष्ट्रवादी अभियान के लिए भावनात्मक और मानसिक रूप से तैयार कर दिया था। ये तीनों राम को एक ऐतिहासिक नायक के साथ-साथ हिन्दुओं के सर्वोच्च देवता के रूप में प्रस्तुत कर रहे थे। उन्हें अच्छी तरह से मालूम था कि शहरों और गाँवों में मन-मन में बसे राम को एक ईश्वर, एक आदर्श और एक नायक के रूप में प्रस्तुत करके जनता को एकजुट करने की अपार सम्भावनाएँ थीं। उनका मुख्य लक्ष्य ग्रामीण आबादी थी, क्योंकि वे इस धारणा को हमेशा के लिए खत्म कर देना चाहते थे कि भाजपा मुख्य रूप से एक शहरी और उच्च वर्ण पार्टी थी। और उसी वर्ग के हितों के बारे में ज्यादा सोचती थी। राम को सभी हिन्दुओं का महानायक बनाकर प्रस्तुत किया जा रहा था, वे शहरी हों या ग्रामीण, ऊँची जाति के हों या नीची जाति के।

लेकिन भाजपा भगवान राम की एक आक्रामक छवि की तलाश में थी, जिसे वह अपने प्रतीक-चिह्न के रूप में इस्तेमाल कर सके और सभी जातियों के हिन्दुओं को एक साझे शत्रु अर्थात् मुसलमानों के खिलाफ एकजुट कर सके। 'रामचरितमानस' में भगवान राम के प्रतीक के भिन्न-भिन्न अर्थ हैं, लेकिन वे सब-के-सब अहिंसक और गैर-आक्रामक हैं। पूरी रामायण में सिर्फ एक ऐसा प्रसंग है जहाँ राम आक्रामक प्रतीत होते हैं। यह वह प्रसंग है जब सीता को बचाने के लिए लंका का पुल बनाने के दौरान रामेश्वरम के समुद्र को शान्त करने के लिए राम अपना धनुष-बाण तान लेते हैं। हिन्दुत्ववादी ताकतों ने राम की इस एकमात्र आक्रामक मुद्रा को झट से उठा लिया और इसे उनकी भिन्न-भिन्न गैर-आक्रामक छवियों के साथ मिश्रित कर दिया। साथ ही उन्होंने कई सांस्कृतिक गतिविधियों को राजनीतिक रंग देना शुरू कर दिया। इसके लिए बहुत से तरीके अपनाए गए। इनमें आडवाणी की रथयात्रा, गाँवों में दीप प्रज्वलन और शिला-पूजन जैसी गतिविधियाँ शामिल थीं। इनके अलावा, विश्व हिन्दू परिषद के साथ मिलकर भाजपा समय-समय पर कैलेंडर, चित्र, बिन्दियाँ और रामनामी वस्त्र बाँटने के कार्यक्रम भी चलाती रही (नारायण, 2007)।

राम के प्रतीक को अपनाना इसलिए भी जरूरी हो गया, क्योंकि ग्रामीण क्षेत्रों में बसी निम्न और मध्य जातियाँ धीरे-धीरे कांग्रेस में अपनी निष्ठा खोने लगी थीं और बहुजन समाज पार्टी एवं समाजवादी पार्टी की तरफ मुड़ने लगी थीं। ये दोनों पार्टियाँ पूरे उत्तर प्रदेश में बड़ी तेजी से उभर रही थीं। इस प्रदेश के मतदाताओं को रिझाने के लिए सभी पार्टियों में जबर्दस्त होड़ लगी हुई थी, क्योंकि सबसे ज्यादा निर्वाचन क्षेत्र इसी प्रदेश में थे। हर पार्टी मध्य जातियों और अनगिनत उपेक्षित समुदायों को अपनी तरफ खींचने के लिए नई-नई रणनीतियाँ अपना रही थी। आबादी के इन भिन्न-भिन्न वर्गों तक पहुँचने के लिए एक ऐसी भाषा का प्रयोग

जरूरी था जो हर किसी के मन को छू सके। भाजपा द्वारा अपनाई गई यह रणनीति इतनी ज्यादा सफल रही कि 1991 से पहले उत्तर प्रदेश में कभी एक-चौथाई सीटें भी न जीत पाने वाली पार्टी एकाएक कांग्रेस की राष्ट्रीय प्रतिद्वन्द्वी बन गई।

कांग्रेस के पतन का सबसे बड़ा कारण यह था कि वह अपने परम्परागत जन-आधार को अपने साथ रखने में असफल रही थी, जो जाति, वर्ग या समुदाय की सीमाओं से ऊपर उठा हुआ था। और फिर, अयोध्या की बाबरी मसजिद के विवादित ढाँचे को लेकर कांग्रेस के रवैए ने श्रद्धालु हिन्दुओं और मुसलमानों दोनों को ही उससे दूर कर दिया था। साथ ही जनता दल के नेतृत्व वाली केन्द्रीय सरकार ने मंडल कमीशन के सुझावों को अपनाकर हिन्दू समाज के अन्दरूनी विभाजन को राष्ट्रीय स्तर पर एक नई हवा दे दी थी। ऐसी परिस्थितियों में भाजपा को विश्व हिन्दू परिषद का दामन पकड़कर रामजन्मभूमि का आन्दोलन छेड़ने के लिए प्रोत्साहन मिला—ताकि राम के नाम पर और मसजिद की जगह राम मन्दिर के निर्माण की धार्मिक अपील के माध्यम से निम्न जातियों को फिर से हिन्दू समाज के साथ जोड़ा जा सके और सभी हिन्दुओं को एकजुट किया जा सके। भाजपा की इस साम्प्रदायिक राजनीति ने और हिन्दुओं को एक परम्परागत और वंशागत सामाजिक व्यवस्था के अन्तर्गत एकजुट करने के उसके प्रयासों ने न सिर्फ एक राष्ट्रीय पार्टी के रूप में उभरने में उसकी मदद की, बल्कि 1990 के दशक के मध्य तक वह केन्द्र में सत्ता की बागडोर भी सँभाल चुकी थी। लेकिन 1990 के दशक में इतना सफल सिद्ध होने वाला उसका चुनावी घोषणा-पत्र अगले संसदीय चुनावों में कुछ भी कमाल नहीं दिखा पाया। फलत: 2004 के आम चुनावों में उसे यूपीए से मात खानी पड़ी।

लोकसभा चुनावों में भाजपा की अप्रत्याशित हार ने—जब वह बड़ी आसानी से फिर से सत्ता में लौटने की उम्मीद कर रही थी—पार्टी और राष्ट्रीय स्वयंसेवक संघ और विश्व हिन्दू परिषद (वी.एच.पी.) जैसे इसके भाई-बन्धुओं को यह अहसास करवा दिया कि भगवान राम का मिथक मतदाताओं को लुभाने की क्षमता खो चुका है। एक ही मिथक के कई सन्दर्भों में और बार-बार प्रयोग के कारण इसकी चमक और धार क्षीण पड़ गई है। संघ परिवार की समझ में आ गया कि देश के विभिन्न राज्यों के मतदाताओं को लुभाने के लिए यह मिथक अब काफी नहीं है—खासकर हर राज्य के भिन्न-भिन्न समुदायों को जमीनी स्तर पर एकजुट करने के लिए। हर राज्य की अपनी अलग राजनीति है, अपने-अपने विशिष्ट स्थानीय और क्षेत्रीय मसले हैं, और अपनी तरह की विशिष्ट गुटबन्दियाँ और सामाजिक शक्तियाँ हैं। भाषा, संस्कृति और इतिहास हर क्षेत्र की सीमाओं को एक अलग अर्थ दे देते हैं। जहाँ ऊपरी स्तर पर राष्ट्रीय वर्चस्व और सत्ता जैसे भारतीय राष्ट्रवाद को परिभाषित करने वाले मुद्दे काम करते हैं, वहीं निचले स्तर पर स्थानीय मुद्दों और लोगों की बहुत अहम भूमिका होती है। इसलिए अब भाजपा आंचलिक भारत में

ऊपर से नीचे और नीचे से ऊपर देखने की नीति अपनाते हुए और दोनों दृष्टियों का आपस में सामंजस्य बिठाते हुए हिन्दू एकता को प्रोत्साहन देने और हिन्दू पहचान को पार्टी के साथ जोड़ने का प्रयास कर रही है (लुडेन, 2007, XVII)।

इस रणनीति के तहत अब पार्टी दलितों को हिन्दुत्व शक्तियों से जोड़ने के लिए स्थानीय मिथकों, स्थानीय इतिहास, स्थानीय अतीत और स्थानीय मुद्दों को ढूँढ-ढूँढ़कर निकाल रही है। स्थानीय सन्दर्भों, स्थानीय इतिहास और स्थानीय अतीत के हिन्दूकरण के माध्यम से गाँवों में हिन्दुत्व की राजनीति अब भाजपा की राजनीति की प्रमुख रणनीति बन चुकी है। यह रणनीति ग्रामीण क्षेत्रों में भिन्न-भिन्न स्तरों पर काम कर रही है। अब पार्टी राष्ट्रीय मुद्दे उठाने की बजाय स्थानीय मुद्दों पर अधिक ध्यान दे रही है। लेकिन इन स्थानीय मुद्दों को एक ऐसी प्रतीकात्मक पृष्ठभूमि दे दी जाती है, जिसके आधार पर मुसलमानों या ईसाइयों को शत्रुओं के रूप में प्रस्तुत किया जा सके और समुदायों में हिन्दू पहचान की एक सामूहिक भावना पैदा की जा सके। इस तरह स्थानीय मसलों को एक साम्प्रदायिक रंग देकर इस धारणा का प्रचार किया जाता है कि हिन्दू अपनी मातृभूमि भारत का शुद्धिकरण करने में अब तक सफल नहीं हो पाए हैं (लुडेन, 2007, XVII)।

दलित सेना और स्थानीय संस्कृतियों की नई राजनीति

भाजपा राष्ट्रीय स्वयंसेवक संघ और विश्व हिन्दू परिषद जैसी हिन्दुत्ववादी ताकतों के साथ मिलकर जो राजनीतिक रणनीति अपना रही है, उसके पीछे दो लक्ष्य हैं। पहला लक्ष्य है प्रान्तीय और राष्ट्रीय राजनीति में दलित समुदायों के नेताओं को पर्याप्त प्रतिनिधित्व देकर सत्ता की राजनीति में भागीदारी की उनकी आकांक्षा को सन्तुष्ट करना। दूसरा लक्ष्य है इन समुदायों की मौखिक परम्पराओं में मौजूद लोकप्रिय सांस्कृतिक प्रतीकों और लोक-नायकों को भगवा रंग देकर उत्तर भारत के स्थानीय समाजों को पुनर्परिभाषित करना। अब पार्टी की राजनीतिक गतिविधियाँ हिन्दुत्व के वैश्विक और राष्ट्रीय दायरे की बजाय स्थानीय दायरों में सिमट गई हैं, और स्थानीय पहचानों और दायरों को एक वैश्विक दायरे के साथ जोड़ने का प्रयास किया जा रहा है। इस उद्देश्य के लिए भिन्न-भिन्न जातियों के स्थानीय नायकों का चुनाव किया जा रहा है—देश के विभिन्न क्षेत्रों में बसी दलित जातियों के नायकों का—और उन्हें हिन्दुत्व की एक संघटित पहचान के साथ जोड़ा जा रहा है। स्थानीय मिथकों और किंवदन्तियों की नए सिरे से रचना और व्याख्या की जा रही है, और उनका भगवाकरण करके उन्हें पार्टी की राजनीतिक विचारधारा के खाँचे में ढाला जा रहा है।

कुछ जगह, स्थानीय मिथकों की प्रकृति को देखते हुए, स्थानीय नायकों को ऐसे योद्धाओं की छवि दी जा रही है जो हिन्दू और इसके पर्यायवाची भारतीय धर्म

और संस्कृति को नष्ट करने वाले मुस्लिम हमलावरों के खिलाफ लड़े थे। कुछ अन्य क्षेत्रों में उन्हें हिन्दू पौराणिक कथाओं के साथ जोड़ते हुए उनकी पुनर्रचना और पुनर्व्याख्या की जा रही है, ताकि उन्हें हिन्दुत्व या भगवान राम के कथानक के खाँचे में फिट किया जा सके। स्थानीय मिथकों के नायकों को भगवान राम के अवतारों के रूप में प्रस्तुत करने का एक उदाहरण बिहार से सटे उत्तर प्रदेश के कुछ क्षेत्रों में देखा जा सकता है। वहाँ मुसहर जाति की अच्छी-खासी आबादी है। इस जाति के दो लोकप्रिय नायकों—दीना-भदरी नामक दो भाइयों को राम और लक्ष्मण के अवतारों के रूप में प्रस्तुत किया जा रहा है। इसी तरह, उत्तर प्रदेश और बिहार की दुसाध जाति के एक लोकप्रिय स्थानीय नायक सलहेस को भी भगवान राम के अवतार के रूप में प्रस्तुत किया जा रहा है।

दलित नायकों को भगवान राम से जोड़ने के उदाहरण उत्तर प्रदेश के एक अन्य क्षेत्र में भी देखे जा सकते हैं, जहाँ रामायण की एक लघु पात्र शबरी का इस्तेमाल किया जा रहा है। उसे मुसहर जाति की माना जाता है और इस जाति को लुभाने के लिए उसके मिथक को नए सिरे से प्रस्तुत किया जा रहा है। इसी तरह रामायण के एक अन्य छोटे पात्र गुह का भी इस्तेमाल किया जा रहा है। वे निषाद जाति के राजा थे, इसलिए इलाहाबाद और इसके आसपास के क्षेत्रों के निषादों को एकजुट करने के लिए उनके मिथक को भुनाया जा रहा है। इस तरह, भगवान राम के प्रतीक को स्थानीय प्रभाव देने के लिए या तो किसी दलित नायक को उनके अवतार के रूप में चित्रित किया जा रहा है या रामायण की कथा के साथ जोड़ा जा रहा है। दूसरे शब्दों में कहें तो, भाजपा द्वारा स्थानीय मिथकों और नायकों का 'रामकरण' किया जा रहा है, और हिन्दुत्ववादी राजनीति की राष्ट्रवादी धारा को एक स्थानीय स्तर दिया जा रहा है।

दिलचस्प तथ्य यह है कि एक-दूसरे स्तर पर आप्रवासी (एन.आर.आई.) भारतीयों पर विश्व हिन्दू परिषद के प्रभाव के कारण भगवान राम के मिथक को एक वैश्विक विस्तार भी दिया जा रहा है, जहाँ से यह राष्ट्रीय और स्थानीय स्तरों पर स्थानान्तरित हो रहा है। इसका एक उदाहरण हाल ही में राम सेतु से जुड़े विवाद के दौरान देखा गया। विवाद यह था कि भारत और श्रीलंका के बीच छोटी-छोटी चट्टानों से बना यह 30 कि.मी. लम्बा सेतु (पुल) क्या सचमुच ही भगवान राम और उनकी वानर-सेना द्वारा बनाया गया था—जैसा कि हिन्दुओं द्वारा माना जाता है—या यह पुल प्रकृति-निर्मित था? कुछ आप्रवासी भारतीय एक अमेरिकी संस्था 'नासा' (नेशनल एयरोनॉटिक्स एंड स्पेस एडमिनिस्ट्रेशन) द्वारा उपग्रह से खींचे गए चित्रों के आधार पर यह दावा कर रहे हैं कि यह पुल मानव-निर्मित है। अगर यह दावा सही साबित हो जाता है तो इसे भगवान राम के अस्तित्व का ऐतिहासिक प्रमाण माना जा सकता है। इससे हिन्दुत्ववादी शक्तियों की इस धारणा को बल मिल सकता है कि

भगवान राम एक ऐतिहासिक पात्र हैं, न कि मात्र एक पौराणिक कथा के नायक। ये शक्तियाँ इस दावे को सही साबित करने में इसलिए भी जुटी हुई हैं क्योंकि दलितों को आकर्षित करने की उनकी रणनीति इसके साथ बहुत गहराई से जुड़ी हुई है। इस रणनीति का आधार यह धारणा है कि भगवान राम सचमुच ही एक ऐतिहासिक चरित्र थे और शबरी और गुह जैसे दलित पात्रों के साथ उनके सम्बन्ध ऐतिहासिक सच्चाई हैं। मुसहर और निषाद जातियाँ इन पात्रों को अपनी पहचान के प्रतीक-चिह्नों के रूप में देखती हैं।

'नासा' ने यह कहकर अपने-आपको इस दावे से अलग कर लिया है कि उसने सिर्फ पुल के चित्र खींचे थे और इसके प्राकृतिक या मानव-निर्मित होने का पता नहीं लगाया था। उसने अक्टूबर 2002 में अपनी वेबसाइट पर सिर्फ यह दावा किया था कि यह पुल 17.5 लाख वर्ष पुराना था। उसने यह भी कहा कि यह अनुमान करना बहुत मुश्किल था कि यह पुल प्राकृतिक था या मानव-निर्मित (कुमार, 2007)। संयोगवश, भारतीय भू-गर्भ सर्वेक्षण के एक भूतपूर्व निदेशक ने 'नासा' के चित्र देखने के बाद यह व्याख्या की कि यह पुल प्रकृति-निर्मित नहीं था ('हिन्दुस्तान', 2007)। उनके इस वक्तव्य से भाजपा की धारणा को बल मिला और वह जुलूसों और सभाओं के माध्यम से उत्तर भारत के गाँवों-कस्बों में इसका जमकर प्रचार करने लगी।

भिन्न-भिन्न समुदायों को स्थानीय स्तर पर एकजुट व आकर्षित करते हुए भाजपा हिन्दुत्व की बजाय स्थानीय हितों पर जोर देने की सावधानी बरत रही है। वह स्थानीय मिथकों को स्थानीय सन्दर्भों के साथ जोड़कर प्रस्तुत कर रही है, भले ही यह सब उसकी हिन्दुत्व की राजनीति के साथ बहुत गहराई से जुड़ा हुआ हो। इस तरह, पार्टी की गतिविधियों का दायरा निरन्तर बदलता रहा—कभी वैश्विक और राष्ट्रीय से स्थानीय तो कभी स्थानीय से राष्ट्रीय और वैश्विक। अर्जुन अप्पादुरई के अनुसार, हिन्दू रूढ़िवाद को अक्षेत्रीयकरण की प्रक्रिया से सक्रिय मदद और प्रोत्साहन मिलता रहा है। विदेशों में बसे भारतीयों का भिन्न-भिन्न हितों द्वारा इस्तेमाल किया जा रहा है, भारत में भी और भारत से बाहर भी। परिणामस्वरूप भारी-भरकम फंडों और धार्मिक पहचानों का एक ऐसा जटिल नेटवर्क तैयार हो गया, जिससे विदेशों में बसे हिन्दुओं की सांस्कृतिक समस्याएँ सीधे-सीधे घरेलू 'हिन्दू रूढ़िवाद' की राजनीति से जुड़ गईं (अप्पादुरई, 1996, 3)। सेटेलाइट टेलीविज़न और इंटरनेट जैसे इलेक्ट्रॉनिक माध्यमों के कारण विचारों और छवियों का बड़ी तेजी से आदान-प्रदान हो रहा है, और ग्रामीण समाजों-संस्कृतियों का अर्थ और स्वरूप बदल रहा है। हिन्दुत्ववादी ताकतें इस प्रक्रिया के माध्यम से एक संघटित राष्ट्रीय और वैश्विक हिन्दू पहचान का विकास करने की उम्मीद करती रही हैं, ताकि सभी हिन्दुओं को एक साझी संस्कृति के तहत एकजुट किया जा सके।

दलितों के मिथकों और नायकों का भगवाकरण करके उन्हें आकर्षित करने में हिन्दुत्ववादी ताकतों को इसलिए भी सफलता मिलाती रही है क्योंकि स्वयं दलितों में भी ऊँची जातियों द्वारा स्वीकार कर लिये जाने की तीव्र आकांक्षा दिखाई देती है, उन्हीं ऊँची जातियों द्वारा जो सदियों से सांस्कृतिक और सामाजिक तौर पर उनका बहिष्कार करती रही हैं। बहुत सी निचली जातियों की मौखिक संस्कृति के अध्ययन से पता चलता है कि वे ऊँची जातियों के सामाजिक-सांस्कृतिक और धार्मिक परिवेश का हिस्सा बनने की आकांक्षा रखती हैं और अपने-आपको उनके रस्मों-रिवाजों, मन्दिरों और देवी-देवताओं के साथ जोड़कर देखना चाहती हैं (कारंथ, 2004)। अपना दमन और बहिष्कार करने वालों के सांस्कृतिक स्रोतों को अपनाकर वे उनकी नजरों में ऊँचा उठने की चाह रखती हैं। लेकिन ऊँची जातियों द्वारा अपना लिये जाने की इस चाह के बावजूद उनके भीतर विद्रोह की एक भावना भी मौजूद है। उनकी मौखिक संस्कृति में यह भावना भी बखूबी दिखाई देती है, जिसका जिक्र हम आगे चलकर करेंगे।

बहुजन समाज पार्टी ने दलितों की राजनीतिक लामबन्दी के अपने पहले चरण में विद्रोह की इसी भावना का उपयोग किया था, और उन्हें एक ठोस दलित पहचान देने के लिए इसी तरह के विद्रोहात्मक सांस्कृतिक स्रोतों को अपना आधार बनाया था (नारायण, 2006)। दूसरी तरफ, भाजपा ने इस विद्रोह भावना को दबाने के लिए ऊँची जातियों द्वारा अपना लिये जाने की उनकी आकांक्षा का उपयोग किया था, जो कहीं ज्यादा गहरी थी। यह बड़ा दिलचस्प तथ्य है कि आज, अपने दूसरे चरण में, बहुजन समाज पार्टी इसी दिशा में आगे बढ़ रही है और एक 'सर्वजन' पहचान के अन्तर्गत दलितों और ऊँची जातियों में एकता स्थापित करने की कोशिश कर रही है। पिछले (2007 के) विधानसभा चुनावों में उत्तर प्रदेश में यही दिलचस्प नजारा देखने को मिला।

ऊँची जातियों के सांस्कृतिक प्रतीकों के माध्यम से समाज में ऊपर उठने और उनके द्वारा स्वीकार किए जाने की दलितों की आकांक्षा को इतिहास के आईने में भी देखा जा सकता है। औपनिवेशिक काल में आर्यसमाज नामक हिन्दू धार्मिक संस्था ने दलितों में आत्म-सम्मान और सामाजिक व्यवस्था में ऊपर उठने की आकांक्षा पैदा करने के प्रयास किए थे। आर्यसमाज दलितों को ऊँची जातियों के सांस्कृतिक प्रतीकों के प्रयोग का अधिकार देकर उन्हें हिन्दू समाज का अभिन्न अंग बनाने के पक्ष में था। इन सांस्कृतिक प्रतीकों में जनेऊ-धारण और धर्मग्रन्थों का पाठ इत्यादि शामिल थे। लेकिन बाद में दलितों ने इन प्रयासों को अस्वीकार कर दिया, क्योंकि इससे जात-पाँत पर आधारित हिन्दू सामाजिक व्यवस्था और ज्यादा पुष्ट हो रही थी। इस काल में कई आर्यसमाजी विद्वानों ने मध्य और निचली जातियों के इतिहास लिखकर उनके लिए ब्राह्मणवादी समाज-व्यवस्था में जगह

बनाने की कोशिशें कीं। बल्कि ब्रिटिश काल में बहुत सी निचली जातियों के इतिहास खुद उनके द्वारा न लिखे जाकर आर्यसमाजी कार्यकर्ताओं और विद्वानों द्वारा ही लिखे गए, जिन्होंने उन्हें एक पहचान देने की कोशिश की। बहुत सी ऐसी किताबें भी छपीं जिनमें ब्राह्मण या क्षत्रिय जातियों से सम्बन्ध रखने वाले व्यक्तियों के गुण बताए जाते थे, ताकि निचली जातियों के लोगों के लिए ब्राह्मण या क्षत्रिय का दर्जा पाने का रास्ता खोला जा सके। इसलिए पिछड़ी जातियों के इतिहास में भी ऊँची जातियों के गुणों की छाप दिखाई देती थी।

औपनिवेशिक काल के दौरान प्रकाशित कुछ जातीय इतिहासों में 1899 में मेरठ के पंडित हरदयाल शर्मा द्वारा अनूदित 'क्षत्रिय वर्ग कोष', 1898 में काशी से प्रकाशित 'पंडित' और 1907 में श्री देवी प्रसाद द्वारा लिखित 'निषाद वंशावली' (निषाद जाति का पौराणिक इतिहास) शामिल थे। 1912 में 'कल्वार संहिता' प्रकाशित हुई, जिसमें कल्वारों को क्षत्रियों के रूप में प्रस्तुत किया गया था। इसी शृंखला के अन्तर्गत, 1912 में ही, नागपुर से 'महा लोदी विवेचना' का प्रकाशन हुआ, जिसमें आर्यसमाजी मथुरा प्रसाद शर्मा का हाथ था। इटावा के दिलीप सिंह यादव ने 1914 में 'अहीर इतिहास की झलक' नामक पुस्तक लिखी, जबकि 1924 में अलीगढ़ और इलाहाबाद से अहीर जाति पर ही बलदेव चौधरी उपदेशक द्वारा लिखित एक अन्य पुस्तक 'अहीर राज कुल' का प्रकाशन हुआ। इस बीच, 1917 में, श्री भोलानाथ ने 'वेदम वंशी दर्जियों की वंशावली' की रचना की, जो बदायूँ से प्रकाशित हुई थी। इस पुस्तक में वामकुल वंशी दर्जियों का सम्बन्ध यदुवंश के क्षत्रियों के साथ बताया गया। 1918 में फर्रुखाबाद के नजदीक सिकन्दरपुर के प्रसिद्ध आर्यसमाजी श्री सत्यव्रत शर्मा द्विवेदी ने इलाहाबाद से 'तेली वर्ण प्रकाश' का प्रकाशन किया, और तेलियों को वैश्य जाति का बताया। इसी तरह 1921 में बनारस से श्री गंगा प्रसाद गुप्ता लिखित एक पुस्तक का प्रकाशन हुआ, जिसमें कोइरी, काछी, मुराद और कुशवाहा जैसी जातियों का सम्बन्ध क्षत्रियों के साथ जोड़ा गया। 1927 में बनारस से एक अन्य पुस्तक 'कुर्मी क्षत्रिय इतिहास' का प्रकाशन हुआ। आर्यसमाजी श्री अभयानन्द सरस्वती द्वारा लिखित इस पुस्तक में खेतीबाड़ी से जुड़े कुर्मियों को क्षत्रिय जाति का बताया गया। 1935 में प्रकाशित एक अन्य पुस्तक 'माली जाति निर्णय' में बसैलिया पाली जाति की वंशावली स्थापित करने का प्रयास किया गया। इसी तरह 1936 में प्रकाशित एक अन्य पुस्तक 'लोदी राजपूत इतिहास' में लोदियों के कृषक समुदाय को राजपूत बताया गया। 1939 में अखिल भारतीय कोली राजपूत महासभा ने 'कोल राजपूत जाति का संक्षिप्त परिचय' नामक पुस्तक का प्रकाशन किया। इस पुस्तक की प्रस्तावना प्रसिद्ध आर्यसमाजी श्री नन्द कुमार शास्त्री ने लिखी थी। 1940 में श्री बैजनाथ प्रसाद अध्यापक ने 'राजभर जाति का इतिहास' नामक पुस्तक लिखी, जो उत्तर प्रदेश की इस जाति पर केन्द्रित थी। उन्होंने

राजभरों को एक शासक जाति बताते हुए उनका सम्बन्ध प्राचीन भर जनजाति के साथ जोड़ा (नारायण, 2004, 197)।

आर्यसमाज के प्रभाव के अन्तर्गत लिखे गए इन जातीय इतिहासों में इन समुदायों की प्रतिस्पर्द्धात्मक आकांक्षाओं की झलक दिखाई देती थी (डर्क्स, 1997, 121)। साथ ही, पिछड़ी और निचली जातियों को समाज में ऊँचे दर्जे का दावा करने का अवसर भी प्राप्त होता था। हिन्दुत्ववादी शक्तियाँ अब इसी तरीके का इस्तेमाल करते हुए निचली जातियों के राजनीतिक एकजुटीकरण में जुटी हैं। इस उद्देश्य के लिए, जैसा कि पहले कहा जा चुका है, स्थानीय स्तर पर दलितों के सांस्कृतिक स्रोतों का इस्तेमाल किया जा रहा है, जिनमें उनके जातीय इतिहास, किंवदन्तियाँ और मिथक, नायक इत्यादि शामिल हैं। इन्हें हिन्दुत्व का रंग देते हुए नए सिरे से गढ़ा और प्रस्तुत किया जा रहा है, ताकि दलितों की मानसिकता और स्मृतियों का भगवाकरण किया जा सके, और अन्ततः उन्हें अपने राजनीतिक प्रभाव में लिया जा सके।

भाजपा द्वारा स्थानीय मिथकों की पुनर्व्याख्या का एक उदाहरण—"जिसके अन्तर्गत दलित नायकों को हिन्दू पहचान देकर मुसलमानों के विरोधियों के रूप में चित्रित किया जाता है—बहराइच में प्रचलित सुहेलदेव के मिथक के इस्तेमाल में देखा जा सकता है। इस मिथक को एक अन्य प्रचलित मिथक गाज़ी मियाँ की टक्कर में प्रस्तुत किया जाता है। इससे न सिर्फ दो धार्मिक समुदायों में विभाजन पैदा हो रहा है, बल्कि दलितों को हिन्दू पहचान देकर उन्हें हिन्दुत्व के झंडे तले लाने में भी मदद मिल रही है। मिथकों की इस पुनर्व्याख्या के पीछे हिन्दुओं में मुसलमानों के प्रति तरह-तरह की आशंकाएँ पैदा करने और उन्हें हिन्दू संस्कृति और दबदबे के नष्ट हो जाने का भय दिखाने का उद्देश्य है। बहराइच क्षेत्र में मुस्लिम मदरसों की बढ़ती तादाद के कारण भी हिन्दुत्ववादी शक्तियाँ भय का वातावरण बनाने में सफल हो रही हैं। इस क्षेत्र में आतंकवाद के प्रसार को लेकर मीडिया की हाय-तौबा से उन्हें काफी मदद मिल रही है।

किसी विशेष समुदाय को शत्रु के रूप में चित्रित करने की भाजपा की रणनीति—जैसा कि इस मामले में मुसलमानों को लेकर हो रहा है—फासिस्ट और नाजी राजनीति से काफी मिलती-जुलती है। इन पार्टियों ने भी मिथकों और प्रतीकों को जनता को लुभाने की रणनीति के माध्यमों के रूप में इस्तेमाल किया था, और एक विशेष ग्रुप को बलि का बकरा बनाते हुए शत्रु के रूप में पेश किया था। इस चुने गए शत्रु के खिलाफ भय का वातावरण बनाने में कोई कसर नहीं छोड़ी गई थी। इसी तरह, इस खतरे से निपटने और जनता की रक्षा करने के लिए मिथक (हरक्युलिस शैली के) नायक भी गढ़े गए थे (कैसिलो, 1988, 237)। फासिस्ट सरकार ने देवी-देवताओं, सन्तों, साधु-संन्यासियों और लोक-नायकों का खुलकर राजनीतिक उपयोग किया था (जेंटिल, 1990, 229)। सरकार की इन मिथकों में सिर्फ राजनीतिक

दिलचस्पी थी और इन्हें सिर्फ 'मास मॉब्लिाइजेशन' के माध्यमों के रूप में इस्तेमाल किया गया था (वही, 230)। भाजपा द्वारा सुहेलदेव और अन्य दलित नायकों के मिथकों का राजनीतिक उपयोग फासिस्ट प्रतीकवाद की याद दिलाता है, जो रक्त और बलि के रहस्यवाद और नायकों और शहीदों की परम्परा पर आधारित था। फासिस्टों ने इन मिथकों के माध्यम से पराक्रम की अवधारणा का विकास किया था और समुदायों को शूरवीर और योद्धा समुदायों की पहचान दी थी। यह सब फासिस्टों की राजनीतिक रणनीति का महत्त्वपूर्ण हिस्सा था (वही, 237)। भाजपा द्वारा सुहेलदेव जैसे मिथकों के प्रयोग में भी एक शत्रु निर्मित करके उसे तरह-तरह के सांस्कृतिक उपायों से एक महादानव का रूप देने और फिर उसके खिलाफ दलित नायकों को बहादुर योद्धाओं के रूप में चित्रित करने का वैसा ही प्रयास दिखाई देता है।

स्थानीय स्तर पर कार्यरत हिन्दुत्ववादी शक्तियाँ एक-दूसरी तरह का 'स्थानीय बिम्ब' गढ़ने में व्यस्त हैं—स्थानीय समाज या अंचल का एक दूसरा इतिहास, मिथक और अतीत। इस अतीत के माध्यम से वे सम्बन्धित समुदायों की आकांक्षाओं, आशाओं और राजनीति को परिभाषित करने की कोशिश कर रही हैं। लोगों की सोच को इतिहास, मिथकों और अतीत से सम्बन्धित तरह-तरह की खोजों के साथ जोड़ा जा रहा है। उनकी स्मृतियों को मूर्तियों, कैलेंडरों जैसे कई दृश्य माध्यमों से नए चौखटों में फिट किया जा रहा है, और लोकप्रिय पुस्तिकाओं, पैम्फलेटों इत्यादि से इन्हें और पुष्ट किया जा रहा है। निरन्तर नए मिथक गढ़े जा रहे हैं, नए मिथक नायकों के नाम पर एक के बाद एक समारोह हो रहे हैं। इस प्रक्रिया के माध्यम से वे एक तरह से समाज के मौजूदा सार्वजनिक दायरे की जगह एक दूसरा सामाजिक दायरा तैयार कर रही हैं। किसी एक क्षेत्र में विकसित किए गए कथानकों को अन्य क्षेत्रों में भी प्रसारित किया जाता है, जहाँ अन्य समुदाय कभी राजनीतिक शक्तियों के इरादों के अनुरूप तो कभी अपने ढंग से इनकी पुनर्व्याख्या करते हैं। स्थानीय मिथकों का भगवाकरण करके भाजपा को दलितों की स्मृतियों को एक नया स्वरूप देने और उन्हें एक हिन्दू अतीत से जोड़ने में मदद मिल रही है। यह राष्ट्रीय राजनीतिक सोच का गाँवों, अंचलों और स्थानीय समाजों के स्तर पर प्रसार करने का ही एक तरीका है। स्मृतियों की पुनर्रचना के दौरान कुछ को शामिल करने और कुछ को हटा देने या भूल जाने की प्रक्रिया अपनाई जाती है। इस तरह विभिन्न जातियों की सामूहिक स्मृतियों को एक अलग छाप देकर उन पर अपना नियंत्रण स्थापित करने का प्रयास किया जाता है।[2] इसका अर्थ यह हुआ कि सामूहिक स्मृतियों और वर्णनों के अन्य सभी रूपों को नंजरअन्दाज करने या भुला देने का प्रयास किया जा रहा है। स्थानीय किस्सों और मिथकों में अपनी खुद की व्याख्याएँ जोड़कर, और उनके कुछ मूल तत्त्वों को हटाकर, उन्हें अपने ढंग से प्रस्तुत किया जा रहा है।

कई बार स्थानीय मिथकों और देवी-देवताओं के चयन में पार्टी के स्थानीय नेता और समितियाँ पहल करती हैं। इन्हें राष्ट्रीय नेताओं और समितियों का समर्थन प्राप्त होना जरूरी नहीं होता। कुछ वर्ष पहले राजस्थान की मुख्यमंत्री वसुन्धरा राजे, जो वहाँ भाजपा सरकार का नेतृत्व कर रही थीं, को अन्नपूर्णा के रूप में चित्रित किया गया, जो राजस्थान की एक लोकप्रिय देवी हैं। जोधपुर के भाजपा नेताओं ने उन्हें एक कैलेंडर में इसी रूप में प्रस्तुत किया। उनके इर्द-गिर्द पार्टी के कुछ वरिष्ठ नेता भी थे, जिन्हें हिन्दुओं के अन्य देवताओं के रूप में चित्रित किया गया था। इससे एक अच्छा-खासा विवाद उठ खड़ा हुआ और पार्टी के भीतर एक असन्तुष्ट गुट ने इन नेताओं की जमकर आलोचना की। उन्हें कुछ राष्ट्रीय नेताओं का भी समर्थन प्राप्त था। यह कैलेंडर जारी करते समय राजे के समर्थकों ने जोधपुर में काफी बड़ा समारोह आयोजित किया था (संडे टाइम्स, 2007)। इस घटना से पता चलता है कि स्थानीय मिथकों और प्रतीकों के प्रयोग को लेकर भाजपा की स्थानीय राजनीति के अलग-अलग स्तर और रूप हैं।

शुरू में भाजपा और बहुजन समाज पार्टी जैसी पार्टियों द्वारा शुरू की गई दलित राजनीति की धारा एकरूपी और समग्र प्रतीत होती थी। लेकिन दलित जातियों में स्थानीय स्तर पर बहुत सी असमानताएँ हैं। कुछ ही दलित जातियों में आपस में मधुर सामाजिक और राजनीतिक सम्बन्ध दिखाई देते हैं। अधिकांश जातियों में परस्पर प्रतिस्पर्द्धा और टकराव के सम्बन्ध हैं। इसलिए इन जातियों को लुभाने में संलग्न राजनीतिक पार्टियाँ अब एक ऐसी राजनीतिक धारा की जरूरत महसूस करने लगी हैं, जिसमें इन जातियों की भिन्न-भिन्न पहचानों को समेटा जा सके और साथ ही इन्हें एक संघटित और एकरूपी दलित पहचान भी दी जा सके। अनुसूचित जनजातियों, पूर्व-आपराधिक और घुमन्तू जनजातियों, ओ.बी.सी. और पिछड़े वर्गों को भी अपने साथ शामिल कर लेने के कारण अब दलित एक शक्तिशाली सामाजिक समूह और वोट-बैंक बन चुके हैं। कोई भी राजनीतिक पार्टी उनकी संख्या को नजरअन्दाज नहीं कर सकती! वे किसी भी पार्टी का भाग्य बना या बिगाड़ सकते हैं। जैसे-जैसे अपने वोट की शक्ति और प्रजातांत्रिक अधिकारों को लेकर उनकी जागरूकता निरन्तर बढ़ रही है, वैसे-वैसे उनका चुनावी महत्त्व और शक्ति भी बढ़ रही है। परिणामस्वरूप वे बड़ी तेजी से एक राजनीतिक शक्ति बनते जा रहे हैं।

इस नए घटनाक्रम को देखते हुए दलितों को अपने राजनीतिक एजेंडे के अनुरूप एकजुट करना भाजपा की शीर्ष प्राथमिकता बन चुकी है। उसके साथ राष्ट्रीय स्वयंसेवक संघ और विश्व हिन्दू परिषद जैसी उसकी अन्य शाखाएँ भी शामिल हैं। पिछले कुछ वर्षों की उसकी राजनीतिक रणनीतियों के विश्लेषण से यही निष्कर्ष सामने आते हैं लेकिन भाजपा 'दलित' शब्द की बजाय—जो अम्बेडकर अनुयायियों के आन्दोलन की उपज है—'वंचित' शब्द का प्रयोग करना पसन्द

करती है। 'वंचित' एक निरापद शब्द है, जिसके अर्थ में असक्रियता झलकती है। इसमें दमनकारी शक्तियों का विरोध न होकर दयनीयता की भावना है। दूसरी तरफ, 'दलित' शब्द का इंडो-आर्यन मूल 'दल' है, जिसका अर्थ है 'दलित या टूटा हुआ'। इसमें एक पहचान की भावना है, और ऊँची जातियों के अन्याय के खिलाफ लड़ने से जुड़ी गर्व की भावना भी। हिन्दुत्ववादी शक्तियाँ इस शब्द के प्रयोग से बचने की कोशिश करती हैं। कभी-कभी भाजपा 'अछूत' शब्द का भी प्रयोग करती है, जिसमें अम्बेडकरवादियों के विद्रोही तेवर न होकर असक्रियता और दयनीयता की झलक है। लेकिन प्रजातान्त्रिक राजनीति के दबाव को देखते हुए अब भाजपा 'दलित' शब्द के प्रयोग से भी परहेज नहीं करती। फिर भी वह इसके अर्थ में बदलाव करके दलितों को 'वंचित लोगों' के रूप में परिभाषित करने की कोशिश करती है—वे लोग जो कभी हिन्दू धर्म और संस्कृति के गौरवशाली रक्षक और संरक्षक हुआ करते थे, लेकिन समाज में मुस्लिमों की घुसपैठ के बाद 'वंचित' हो गए।

दलित पहचान का हिन्दुत्व अर्थ

दलितों को अपनी राजनीतिक छत्रच्छाया में लाने के लिए, और साथ ही उच्च वर्ण हिन्दू संहिता पर आधारित एक हिन्दू राष्ट्र की स्थापना के अपने राजनीतिक एजेंडे को ध्यान में रखते हुए, भाजपा ने रामराज्य की धारणा का प्रचार किया, जिसमें ऊँची और नीची जातियाँ आपस में मिल-जुलकर रहती थीं। राम और रामायण को दलितों और ऊँची जातियों के बीच एकता के प्रतीकों के रूप में प्रस्तुत किया गया। इस बात पर विशेष रूप से जोर दिया गया कि वंचित समुदायों के साथ राम के कितने गहरे सम्बन्ध थे और रामायण एक तरह से उन्हीं पर केन्द्रित है। पार्टी द्वारा प्रचारित धारणा के अनुसार दलितों ने राम के पूरे जीवन-काल में बहुत महत्त्वपूर्ण भूमिका निभाई थी। लंका की लड़ाई जीतने के लिए राम ने अयोध्या से सेना नहीं बुलवाई, बल्कि सुग्रीव, अंगद, जामवन्त, हनुमान और वानर सेना की मदद ली, जो आज की तथाकथित वंचित जातियों से सम्बन्ध रखते थे। इन सबकी मदद से ही राम भारत की आत्मा अर्थात् सीता को खोजने और छुड़ाने में सफल हुए थे। यही कारण था कि हर किसी को त्याग देने के बाद भी राम हनुमान को जीवन भर अपने साथ रखे रहे। इससे पता चलता है कि राम उन लोगों से कितना स्नेह करते थे जिन्होंने सीता को छुड़ाने, देश की रक्षा करने और बुराई पर भलाई की विजय में उनकी मदद की थी। हनुमान वास्तव में वंचितों और दमितों के ही प्रतीक थे। पार्टी ने इस धारणा को प्रचारित करने के लिए मुद्रित और दृश्य साहित्य का खुलकर प्रयोग किया। पार्टी के मुखपत्र 'पांचजन्य' ने 'सामाजिक न्याय' के नाम से एक विशेषांक निकाला, जिसमें दलितों की आत्म-सम्मान और समानता की लड़ाई में पार्टी की भूमिका और ब्राह्मणों के

प्रति उनके रोष को कम करने के लिए पार्टी के प्रयासों का उल्लेख किया गया। इन प्रयासों में दलितों के अतीत, इतिहास और पहचान की पुनर्व्याख्या करके उनकी नई-नई उभर रही दलित-बहुजन पहचान को एक हिन्दू पहचान के साथ जोड़ने के प्रयास शामिल थे (लक्ष्मण, 2004, 12)।

इस तरह, राष्ट्रीय स्वयंसेवक संघ और भाजपा ने दलितों को हिन्दू धर्म की रक्षक सेनाओं के रूप में चित्रित करना शुरू कर दिया। ऐसा कहा जाने लगा कि भारतवर्ष के लम्बे इतिहास में हिन्दुत्व की सांस्कृतिक धरोहर को जीवित रखने में दलितों और पिछड़े वर्गों का सबसे महत्त्वपूर्ण योगदान रहा था। इन्हीं लोगों की मदद से हिन्दू धर्म का सन्देश दुनिया भर में फैल सका था और उसकी परम्पराओं को सुरक्षित रखा जा सका था। दलितों और पिछड़े वर्गों के योगदानों के कारण ही भारत को सोने की चिड़िया के रूप में जाना जाता था। भाजपा-राष्ट्रीय स्वयंसेवक संघ युगल ने यह दावा भी किया कि जब मुगलों ने भारत पर आक्रमण किया था तो वनवासी, भील और आज की दलित जातियाँ ही महाराणा प्रताप की मदद के लिए आगे आई थीं, और वे अकबर के खिलाफ लड़े थे। तब कोई भी राजपूत राजा उनकी मदद के लिए तैयार नहीं हुआ था। शिवाजी के साथ भी युद्ध के मैदान में भावली, पहाड़ी और वनवासी जैसी दलित जातियाँ थीं। इन जातियों की मदद से ही वे दक्षिण में एक हिन्दू राज्य स्थापित कर सके थे और मुगल साम्राज्य की नींव हिला सके थे। इस तरह दलितों की मदद से ही देश में मुगल शासन का खात्मा करके हिन्दुत्व की स्थापना की जा सकी थी (थेंगड़ी, 2003, 28)।

भाजपा का यह भी कहना था कि पिछले पैंतालीस वर्षों में हुए साम्प्रदायिक दंगों में हिन्दुओं के लिए लड़ने और मरने वाले अधिकांश लोग आज की दलित और पिछड़ी जातियों से सम्बन्धित थे। उन्हीं के सबसे ज्यादा घर जलाए गए। इसका अर्थ है कि हिन्दुओं की रक्षा के लिए मुसलमानों से लड़ने वाले वही लोग थे। भाजपा यह दिखाने की कोशिश कर रही थी कि दलितों ने इसीलिए इस धर्म की रक्षा की थी क्योंकि वे इसे अपना धर्म समझते थे। कुछ ऐतिहासिक विकृतियों के कारण भले ही उन्हें समाज में वह सम्मान और दर्जा न मिल पाता हो जिसके वे अधिकारी हैं, लेकिन हिन्दू धर्म पर जब भी कोई आँच आई, दलित जी-जान से इसकी रक्षा के लिए लड़े। इसलिए हिन्दू धर्म उनकी बपौती है और वे हिन्दू धर्म के सच्चे संरक्षक हैं (पांचजन्य, 2003)। लेकिन दलितों को अपनी छत्रछाया में शामिल करने के दावों के बावजूद पार्टी को इस बात का अहसास था कि वह 1990 के दशक में अपने शासन-काल के दौरान उपेक्षित जातियों को सामाजिक न्याय दिलवाने में विफल रही थी। यह 2004 के लोकसभा चुनावों से ठीक पहले प्रकाशित 'दृष्टि-2004' से भी स्पष्ट था, जिसमें पार्टी ने सामाजिक न्याय के लिए ऐसे साधन अपनाने की वकालत की थी जो सामाजिक समरसता को भी प्रोत्साहन दे सकें।

पार्टी ने 1983 में महाराष्ट्र में शुरू किए गए सामाजिक समरसता अभियान के साथ इस योजना को लागू करना भी शुरू कर दिया था (पटांगे, 2006, 92)। इस अभियान का पहला उद्‌देश्य समाज के अन्दरूनी द्वन्द्वों और छुआछूत को दूर करना था। अभियान का दूसरा उद्‌देश्य विभिन्न ऐतिहासिक और सामाजिक कारणों से जाति-च्युत कर दिए गए दलितों को समाज की मुख्यधारा में वापस लाना था। इसके लिए उन्हें स्वास्थ्य और शिक्षा की सुविधाएँ उपलब्ध करवाने के साथ-साथ कामकाज सम्बन्धी प्रशिक्षण देने की भी व्यवस्था की जा रही थी (वही, 92)। इस अभियान के प्रेरणा-स्रोत डॉ. हेडगेवार थे। उन्हें दलितों के साथ जोड़ने के लिए उनमें और डॉ. बी.आर. अम्बेडकर में कई समानताएँ ढूँढ़ी जा रही थीं, जिन्हें 'पांचजन्य' में भी प्रकाशित किया गया था (2004, ए)। इस अभियान का आधार यह था कि ऊँची जातियों के हृदय-परिवर्तन से ही समाज में समानता लाई जा सकती थी। इस उद्‌देश्य की प्राप्ति के लिए महाराष्ट्र में कई कार्यक्रम चलाए गए। इनमें नासिक के कलराम (Kalaram) मन्दिर से एक यात्रा का आयोजन भी शामिल था। 1930 में डॉ. अम्बेडकर ने इसी मन्दिर के सामने एक विरोध-प्रदर्शन का आयोजन किया था, क्योंकि मन्दिर के मुख्य पुजारी ने उन्हें मन्दिर में प्रवेश की अनुमति नहीं दी थी। इस प्रदर्शन में कई दलितों को अपनी जान से हाथ धोना पड़ा था। जब मन्दिर के तत्कालीन पुजारी ने यात्रा के उद्‌देश्य के बारे में सुना तो उसने इस यात्रा को मन्दिर से ही शुरू करने का अनुरोध किया। मन्दिर में एक विशेष प्रार्थना का आयोजन किया गया, जिसमें बहुत से दलित शामिल हुए। इसके बाद भक्तों को भगवान राम की मूर्ति के दर्शन करवाए गए। पुजारी ने अपने दादा द्वारा डॉ. अम्बेडकर को मन्दिर-प्रवेश की अनुमति न देने की उनकी भारी भूल बताते हुए क्षमा-याचना भी की (वही, 101)।

अभियान की अन्य गतिविधियों में महाराष्ट्र के कई भागों में साहित्य मेलों का आयोजन भी शामिल था, जिनमें इस अभियान के उद्‌देश्यों को लेकर चर्चा और चिन्तन-मनन किया जाता था (वही, 104)। बहुत से कार्यक्रमों के दौरान 'समरसता भोज' का भी आयोजन किया जाता था, जिसमें ऊँची जातियाँ और दलित मिल-जुलकर खिचड़ी खाते थे। दलित बस्तियों में स्कूल खोलना और दलितों और उच्च वर्ण हिन्दुओं में परस्पर सद्‌भाव और सौहार्द पैदा करने के लिए जुलूसों का आयोजन करना भी इस अभियान का हिस्सा था। 1989 में डॉ. हेडगेवार की जन्मशताब्दी के दौरान राष्ट्रीय स्वयंसेवक संघ और भाजपा ने 'हेडगेवार सेवा-न्यास' के नाम से एक नेटवर्क का गठन किया। यह न्यास दलित गाँवों, कॉलोनियों और बस्तियों में काम करके उन्हें हिन्दू पहचान और राजनीति से जोड़ता था। इसी उद्‌देश्य के लिए दयानन्द शिक्षा केन्द्र, स्वामी विवेकानन्द शिक्षा केन्द्र और जय बाबा रामदेव केन्द्र इत्यादि संस्थाओं की भी स्थापना की गई (विज़न, 2004)।

1980 और 1990 के दशकों में भाजपा उपेक्षित जातियों को प्रेरित करने के लिए जो रणनीति अपना रही थी, वह दलितों को सामूहिक रूप से हिन्दू छत्रछाया में लाने पर केन्द्रित थी। लेकिन जब उसके ये प्रयास सफल नहीं हुए तो अगले दशक में उसने सांस्कृतिक राष्ट्रवाद के माध्यम से एक संघटित हिन्दू पहचान कायम करने के प्रयासों के साथ-साथ हर दलित जाति पर अलग से ध्यान देना और उनकी अलग-अलग जातीय पहचानों को उभारना शुरू कर दिया। 2004 के संसदीय चुनावों में उसने यही रणनीति अपनाई। विकास के एक राष्ट्रीय नारे के साथ-साथ उसने हर दलित जाति के अपने-अपने मिथकों, नायकों और जातिगत पेशों को गौरवान्वित करके उन तक पहुँचने का प्रयास किया। इस तरह, उच्च वर्णों द्वारा श्रद्धेय माने जाने वाले 'रामायण' और 'महाभारत' जैसे धर्मग्रन्थों को दलित जातियों के साथ जोड़ने के साथ-साथ उसने भिन्न-भिन्न दलित जातियों के स्थानीय मिथकों और नायकों को खोजना और उन्हें हिन्दुत्व की एक संघटित और समग्र धारा के साथ जोड़ना शुरू कर दिया। उत्तर भारत के कई ग्रामीण अंचलों में बसी उपेक्षित और निचली जातियाँ आज भी देश की राजनीति की मुख्यधारा से बाहर हैं, और ब्राह्मणवादी मूल्यों से जुड़ी इस तरह की धारणाओं के प्रसार के लिए एक उपजाऊ जमीन हैं।

भारत को हिन्दू राष्ट्र बनाने के अपने परम लक्ष्य को देखते हुए भाजपा ने देश भर में हिन्दुत्ववादी मानसिकता वाले लोगों को एकजुट करने के लिए एक विस्तृत रणनीति तैयार की है। यह रणनीति विशेष रूप से ग्रामीण अंचलों में लागू की जा रही है (भान, 1994, 19)। चूँकि 'दलित' शब्द के दायरे में बहुत सी छोटी-छोटी जातियाँ और समुदाय शामिल हैं, इसलिए भाजपा को अपनी चुनावी रणनीति का विस्तार करके इन सबको भी उसमें शामिल करने के लिए बाध्य होना पड़ा है। इसीलिए पार्टी ने वर्षों से आजमाए जा रहे राम और हिन्दू राष्ट्रवाद के मुद्दों के साथ विकास के मुद्दे को भी जोड़ने का फैसला किया। उसने एक प्रजातांत्रिक और सभ्य समाज की स्थापना में बहुत महत्त्वपूर्ण भूमिका निभाने का भी दावा किया। उपेक्षित समुदायों में अपने आत्म-सम्मान और पहचान को लेकर बढ़ती जागरूकता और सत्ता में अपनी भागीदारी को लेकर उनकी बढ़ती आकांक्षाओं को देखते हुए ही पार्टी को इस तरह की रणनीति तैयार करने के लिए बाध्य होना पड़ा।

साम्प्रदायिक परिकल्पनाएँ और स्मृतियों की राजनीति

दलित जातियों को साम्प्रदायिक और आक्रामक हिन्दू पहचान देने से जुड़ी भाजपा की रणनीति की सफलता का आधार इन जातियों की पिछली कई सदियों की सामूहिक स्मृतियाँ हैं। भाजपा इन स्मृतियों को भुनाकर उनकी भावनाओं को हिन्दुत्व के पक्ष में मोड़ने में सफल रही है। अपनी इस लड़ाकू पहचान के कारण दलितों को जी-जान से हिन्दुत्व की रक्षा करने और उन शक्तियों के खिलाफ लड़ने की प्रेरणा

मिलती है जिसे भाजपा शत्रुओं के रूप में चित्रित करती है। एक दलित समुदाय की सामूहिक स्मृतियों को भगवान राम के साथ जोड़ने और उन्हें हिन्दू विरोधी ताकतों के खिलाफ लड़ने की प्रेरणा देने का एक उदाहरण हाल ही में राम सेतु से जुड़े विवाद के दौरान देखने को मिला। इस विवाद का जिक्र हम पीछे भी कर चुके हैं। एक अछूत दलित जाति, जिसे भंगी या मेहतर जाति के रूप में जाना जाता है, अपने-आपको उच्च वर्ण हिन्दुओं से जोड़ते हुए यह दावा करती है कि 'रामायण' के लेखक वाल्मीकि भंगी समुदाय से सम्बन्ध रखते थे (नारायण, 2007, 45)। अब यह समुदाय 'वाल्मीकि' कहलाना पसन्द करता है और स्वयं को हिन्दुत्ववादी शक्तियों के साथ बहुत गहराई से जोड़कर देखता है। एक अखबारी रिपोर्ट के अनुसार, राम सेतु विवाद के दौरान जब कांग्रेस के नेतृत्व वाली केन्द्र सरकार ने भगवान राम के ऐतिहासिक अस्तित्व को मानने से इनकार कर दिया और यह दावा किया कि 'रामायण' में वर्णित राम-रावण युद्ध कभी नहीं हुआ था, तो वाल्मीकि समुदाय भड़क उठा। भारतीय वाल्मीकि धर्म समाज ने घोषणा की कि केन्द्र सरकार का यह वक्तव्य एक तरह से 'रामायण' के लेखक का अपमान था। संस्था ने केन्द्र सरकार से इस भूल के लिए क्षमा माँगने के लिए कहा और ऐसा न होने पर एक राष्ट्रव्यापी आन्दोलन छेड़ने की धमकी दी। भारतीय वाल्मीकि धर्म समाज के सर्वोच्च नेता डॉ. अद्वैती ने दावा किया कि उन्होंने 'रामायण' की सत्यता को प्रमाणित करने के लिए बहुत सा शोध-कार्य किया था और वे इस आधार पर केन्द्र सरकार के वक्तव्य को चुनौती देने के लिए तैयार थे (भारत, 2007, 73)।

इस घटना से पता चलता है कि हिन्दुत्ववादी शक्तियाँ दलित समुदाय की सामूहिक स्मृतियों का उपयोग करके उसे भगवान राम से जोड़ने और एक आक्रामक हिन्दू पहचान देने में किस हद तक सफल रही हैं। इसके बाद इस आक्रामक हिन्दू पहचान को हिन्दू-विरोधी समझी जाने वाली शक्तियों के खिलाफ लड़ने के लिए इस्तेमाल किया जाता है।

लेकिन किसी जाति की कई सदियों में विकसित हुई सामूहिक स्मृति कोई इकहरी या एकरूपी चीज नहीं होती। इसकी कई तहें और कई रूप होते हैं, जो उतने ही परिवर्तनशील और द्वन्द्वात्मक भी होते हैं। इन स्मृतियों में कई सुर घुले-मिले होते हैं। लम्बे ऐतिहासिक काल के दौरान इन स्मृतियों में कई परिदृश्य और स्वर जुड़ते रहते हैं बल्कि इस सामूहिक स्मृति को एक विभाजित स्मृति कहा जा सकता है। यह विभाजन सिर्फ आधिकारिक और सामुदायिक स्मृति के बीच ही नहीं, बल्कि सामुदायिक स्मृति के भीतर भी दिखाई देता है (पोर्टेली, 1997, 157)। समुदायों की सामूहिक स्मृतियों के विकास में राज्य और राजनीतिक शक्तियों जैसी संस्थाओं की बहुत महत्त्वपूर्ण भूमिका होती है। दूसरी तरफ, सामूहिक स्मृतियों की विभाजित प्रकृति के कारण विभिन्न राजनीतिक पार्टियों के लिए उन्हें अपने तरीके से इस्तेमाल

करने और उनकी पुनर्व्याख्या करने की गुंजाइश रहती है। विभिन्न राजनीतिक पार्टियाँ न सिर्फ एक ही मिथक के भिन्न-भिन्न रूप पेश कर रही हैं, बल्कि समुदायों की सामूहिक स्मृतियों को अपनी राजनीतिक विचारधारा के अनुरूप मोड़ दे रही हैं। हर मिथक की अलग-अलग राजनीतिक विचारधाराओं के हिसाब से पुनर्व्याख्या हो रही है। इस तरह, एक ही मिथक को लेकर विभाजित स्मृतियाँ गढ़ी जा रही हैं। इन विभाजित स्मृतियों की रचना और पुनर्रचना के कारण भिन्न-भिन्न पार्टियाँ एक ही समुदाय को अलग-अलग पहचान दे रही हैं। मिथक वही रहते हैं, लेकिन उनकी व्याख्याएँ बदल जाती हैं। इस प्रक्रिया से एक पूरे समुदाय में विभाजित स्मृतियों और संस्कृति का रोपण किया जा सकता है।[3]

एक दिलचस्प तथ्य यह है कि इन सामूहिक स्मृतियों को, खासकर समुदाय की पहचान से जुड़ी स्मृतियों को, सत्ता से जुड़े चुनावों से ठीक पहले भुनाया जाता है। अगर पार्टी चुनाव जीत जाती है तो इसके नेताओं को सत्ता और प्रतिष्ठा दोनों प्राप्त हो जाती है, और वे उन जातियों को फायदा पहुँचाने की कोशिश करते हैं जिन्होंने उनका समर्थन किया होता है। इस तरह उपेक्षित समुदायों की पहचान की भावना और उनकी आकांक्षाएँ प्रादेशिक राजनीति से सीधे-सीधे जुड़ी हुई हैं। परिणामस्वरूप, समुदायों के मिथक सत्ता प्राप्त करने के माध्यमों में बदल जाते हैं—राजनीतिक पार्टियों और समुदाय के अगुवाओं दोनों के लिए ही। इस तरह, अपने मिथकों के साथ समुदायों का सम्बन्ध पहले की तरह मात्र एक सामाजिक-सांस्कृतिक सम्बन्ध न रहकर एक राजनीतिक सम्बन्ध में बदल जाता है। जब राजनीतिक पार्टियाँ और समुदायों के नेता दोनों ही इन मिथकों को सत्ता के उपकरणों के रूप में इस्तेमाल करने लगते हैं तो समुदाय की भीतरी रचना-प्रक्रिया की टेक्नोलॉजी अपने-आप कुछ दिशाएँ खोजने लगती है, जो समुदाय की पहचान और स्मृतियों दोनों को प्रभावित करती है। इस तरह, पहले से ही विभाजित सामूहिक स्मृति में और ज्यादा जातिगत विभाजन, अन्तर और विखंडन दिखाई देने लगते हैं।

सामूहिक स्मृति की यह अस्पष्टता सत्ता की राजनीति के लिए विभिन्न जातियों की सामूहिक स्मृति के साथ छेड़छाड़ और उसकी पुनर्रचना के अवसर प्रदान करती है। यह बड़ा दिलचस्प तथ्य है कि बहुजन समाज पार्टी और अन्य अम्बेडकरवादी ग्रुपों द्वारा मुक्तिदायी दलित स्मृतियों की खोज और पुनर्व्याख्या के लिए उन्हीं तरीकों का इस्तेमाल किया जाता है जो भाजपा इस्तेमाल करती है। इनमें मेलों, उत्सवों, समारोहों का आयोजन, लोकप्रिय पुस्तिकाओं और कैलेंडरों का प्रकाशन और वितरण, और महत्त्वपूर्ण स्थलों पर प्रतिमाओं का स्थापन इत्यादि शामिल हैं। इन सभी को स्मरण और विस्मरण के माध्यमों के रूप में इस्तेमाल किया जाता है। दोनों पार्टियों की रणनीति में अन्य समुदायों के प्रति आशंकाएँ और भय पैदा करना भी शामिल है। लेकिन जहाँ तक इन रणनीतियों के परिणामों का सम्बन्ध है, तो इन दोनों

राजनीतिक शक्तियों में एक बड़ा अन्तर दिखाई देता है। जहाँ एक राजनीतिक शक्ति नस्लवादी साम्प्रदायिक राजनीति को बढ़ावा दे रही है और समाज के एक शक्तिशाली वर्ग का सशक्तीकरण कर रही है, वहीं दूसरी राजनीतिक शक्ति सत्ता और जन-कल्याण की राजनीति के माध्यम से शक्तिहीन दलितों को अवसर प्रदान करने का प्रयास कर रही है। इन दोनों पार्टियों द्वारा दलितों के आत्म-गौरव से जुड़े मिथकों और नायकों का इस्तेमाल खुद दलितों के लिए चुनावी राजनीति और प्रतिबद्धता से कहीं ज्यादा अर्थ रख सकता है, और उनकी समकालीन पहचान के लिए नए स्रोत प्रदान कर सकता है। हो सकता है कि हिन्दुत्ववादी शक्तियाँ इसे इस दृष्टि से न देख पा रही हों, लेकिन यह दलित जातियों के हित में जा सकता है। ये स्रोत धीरे-धीरे दीर्घकालीन स्मृतियों में बदल सकते हैं और एक नई दलित पहचान गढ़ने में मदद कर सकते हैं। इस प्रक्रिया के अल्पकालीन चुनावी प्रभाव से परे बहुत दूरगामी परिणाम हो सकते हैं।

दुर्भाग्यवश, उत्तर भारत में अभी तक एक मूलगामी क्रान्तिकारी दलित समुदाय का उदय नहीं हो पाया है, जो अपने सार्वजनिक दायरे की पुनर्रचना के प्रयासों का प्रतिरोध करके एक सचमुच के दलित सार्वजनिक दायरे का विकास कर सके। भविष्यवक्ता न होने के नाते यह कहना बहुत मुश्किल है कि दोनों पार्टियाँ—जिनका अन्तिम लक्ष्य सत्ता प्राप्त करना है—अपनी रणनीतियों से शक्तिहीनों के सशक्तीकरण में किस हद तक मदद कर रही हैं, खासकर यह देखते हुए कि शक्तिशाली और शक्तिहीन की प्रकृति में निरन्तर बदलाव आ रहा है। लेकिन समाजशास्त्री होने के नाते हम सामाजिक बदलाव की इस प्रक्रिया का समालोचनात्मक निरीक्षण, अध्ययन और डॉक्यूमेंटेशन कर सकते हैं और छानबीन तथा जाँच-पड़ताल के औजारों की मदद से इसमें हस्तक्षेप करके वशीभूतों की आवाजों को बचाने की कोशिश कर सकते हैं।

पुस्तक के पहले और दूसरे अध्याय में एक आदर्श गाँव को लेकर भाजपा की अवधारणा और सभी गाँवों को अपने सपनों के गाँव में बदलने की उसकी रणनीतियों की चर्चा की गई है। तीसरे अध्याय में हम 2004 के चुनावों से ठीक पहले भाजपा के चुनावी अभियान में किए गए परिवर्तनों की चर्चा करेंगे, जिनके अन्तर्गत विभिन्न दलित जातियों को अपने राजनीतिक प्रभाव के दायरे में समेटने के लिए उनके मिथकों, किंवदन्तियों, नायकों और जातिगत काम-धन्धों को गौरवान्वित करने और साथ ही उन्हें विकास और प्रगति के सपने दिखाने का फैसला किया गया था। चौथे अध्याय में पासियों के साथ-साथ बहराइच के उच्च वर्ण हिन्दुओं को लुभाने के लिए भाजपा द्वारा सुहेलदेव के मिथक के उपयोग का अध्ययन किया जाएगा।

सुहेलदेव का मिथक शुरू में बहुजन समाज पार्टी की राजनीतिक बपौती हुआ करता था, लेकिन इस मिथक में दलितों को हिन्दुत्व के एजेंडे के साथ जोड़ने की

अपार सम्भावनाओं को देखते हुए अब भाजपा–राष्ट्रीय स्वयंसेवक संघ–विश्व हिन्दू परिषद की तिकड़ी ने इसका खुलकर उपयोग करना शुरू कर दिया है। उन्हें इस मिथक का मुस्लिम–विरोधी पहलू सबसे ज्यादा आकर्षक प्रतीत होता है, इसलिए वे इस पर अपना वैध अधिकार समझने लगी हैं। अब सुहेलदेव और उनके मिथक का जन–आधार एक तरह से संघ परिवार की बपौती बन चुका है। यही कारण है कि चित्तोरा में सुहेलदेव की विजय के वार्षिक महोत्सव को उसने अपने हाथ में ले लिया है, जिसका आयोजन बड़ी धूमधाम के साथ किया जाता है। भाजपा ने उत्तर प्रदेश के कई भागों में उनकी मूर्तियों की भी स्थापना की है और राजभरों और पासियों के नेताओं को बहुजन समाज पार्टी से दूर करके अपनी तरफ खींचने की कोशिशों में जुटी हुई है। पाँचवें अध्याय में हम देखेंगे कि निषादों को आकर्षित करने के लिए भाजपा किस तरह उनके मिथकों द्वारा उन्हें राम कथा के साथ जोड़ने का प्रयास कर रही है। भाजपा भगवान राम के अपने मूल सांस्कृतिक स्रोतों में इस जाति के सांस्कृतिक स्रोतों का भी समावेश कर रही है, जिसके लिए वह निषाद जाति के ऐसे मिथकों, किंवदन्तियों और जाति–नायकों की खोज में लगी है जो सांस्कृतीकरण, वंशावली, धरोहरों और ब्राह्मणवादी प्रतीकों के माध्यम से उच्च वर्ण हिन्दुओं के

परिशिष्ट : अध्ययन क्षेत्र का नक्शा | स्रोत : अशोक सिद्धार्थ द्वारा अभिकल्पित

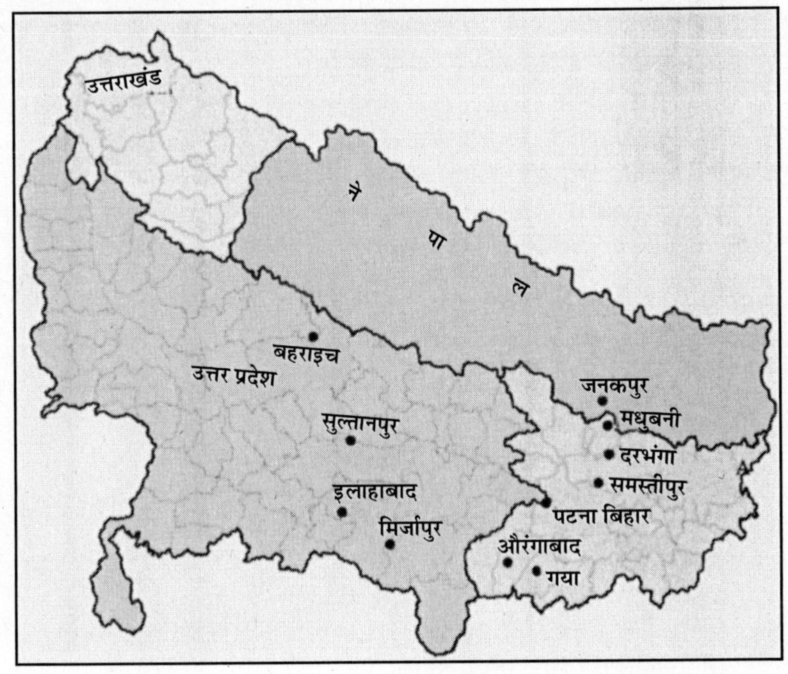

साथ उनके गहरे जुड़ाव को स्थापित कर सकें।

पार्टी के राजनीतिक एजेंडे पर खरा उतरने वाले एक अन्य मिथक का उदाहरण 'रामायण' के शबरी प्रसंग में देखा जा सकता है, जिसे निचली जातियों को लुभाने के लिए इस्तेमाल किया जा रहा है। पुस्तक के छठे अध्याय में हम उत्तर प्रदेश और बिहार की एक निचली और उपेक्षित जाति मुसहरों को लुभाने के लिए भाजपा द्वारा इस मिथक के उपयोग की चर्चा करेंगे।

सातवें अध्याय में हम बिहार की दुसाध दलित जाति के एक नायक की कथा की चर्चा करेंगे, जिसका 1970 के दशक में मिथिलांचल के ब्राह्मणों ने ब्राह्मणीकरण कर दिया था। वर्तमान दौर में यह कथा दुसाधों को लुभाने में भाजपा के लिए एक तैयारशुदा सामग्री का काम कर रही है। पुस्तक के आठवें और समापन अध्याय में हम इस अध्ययन की समीक्षा करने के साथ-साथ वे सभी प्रश्न भी उठाएँगे जो इस अध्ययन के बाद सामने आते हैं और जिनका भविष्य में अलग से अध्ययन करना जरूरी है।

टिप्पणियाँ

1. 'हिन्दुत्व' का प्रकाशन वी.वी. केलकर नामक नागपुर के एक वकील ने किया था। सावरकर तब जेल में थे, इसलिए उनके नाम का प्रयोग नहीं किया गया था। पुस्तक के लेखक के रूप में 'एक मराठा' के छद्मनाम का प्रयोग किया गया था।
2. चुनिन्दा स्मरणों और चुनिन्दा विस्मरणों पर अधिक जानकारी के लिए पॉल रिकयॉर (2004), वीणा दास (2001) और अर्जुन अप्पादुरई (1999) देखें।
3. अपनी पुस्तक 'डॉक्यूमेंटिंग डिसेंट : कॉन्टेस्टिंग फेबल्स, कॉन्टेस्टिड मैमोरीज एंड दलित पॉलिटिकल डिस्कोर्स' (2001) में मैंने चुहड़मल के मिथक के स्मरण की विस्तार से चर्चा की थी, जो पटना के पास मोकामा के इसी समाज की कई दलित और अन्य जातियों में प्रचलित है।

स्थानीय की भगवा परिकल्पना

एक भारतीय गाँव का साम्प्रदायिक मानचित्र

जो धर्म के नाम पर दुश्मनी पालता है
वह भगवान को अर्घ्य से वंचित करता है

—रवीन्द्रनाथ टैगोर

महात्मा गांधी द्वारा बांग्ला से अनूदित

यह किसका गाँव है? गांधी का, अम्बेडकर का या रामफलभाई का, जो भारतीय स्वयंसेवक संघ के कार्यकर्ता हैं? हम सभी गांधी को जानते हैं और पिछले कुछ वर्षों से अम्बेडकर के बारे में भी बहुत-कुछ सुनते रहे हैं। एक आम भारतीय गाँव के बारे में गांधी और अम्बेडकर की बिल्कुल अलग-अलग धारणाएँ थीं। गांधीजी गाँव की कल्पना एक 'रिपब्लिक' के रूप में करते थे, जिसे वे स्वर्ग की तरह देखते थे। यह एक ऐसी जगह थी जहाँ बाघ और बकरी एक ही घाट का पानी पीते थे और आपस में मिल-जुलकर और हँसी-खुशी से रहते थे। भू-स्वामी और भूमिहीन बिना किसी तनाव, झगड़े या हिंसा के प्रेमपूर्वक मिल-जुलकर काम करते थे। गाँव में मानवता और दयालुता का राज था। गांधीजी की सबसे बड़ी मनोकामना यह थी कि जिनके पास ज्यादा धन, जमीन और सम्पत्ति है उनका हृदय परिवर्तन होना चाहिए और उन्हें अपनी अतिरिक्त सम्पदा को गरीबों में बाँट देना चाहिए। गांधीजी ग्रामीणों को ज्ञानी, निर्भीक, परिश्रमी, प्रेममय और स्वच्छ बनाना चाहते थे (बनर्जी, 1999, 73)।

दूसरी तरफ, अम्बेडकर का दावा था कि इस तरह का गाँव उच्च वर्णों का उपनिवेश था और एक ऐसा कसाईखाना था जहाँ दलितों को हलाल किया जाता था। उनका कहना था—

> एक भारतीय हिन्दू गाँव को लोकशाही कहा जाता है और वे इसके अन्दरूनी ढाँचे पर गर्व महसूस करते हैं, जिसमें न प्रजातंत्र है न समानता, न स्वतंत्रता है और न भाईचारा। यह उच्च वर्ण के लिए उच्च वर्ण की लोकशाही है। अछूतों के लिए यह हिन्दुओं का साम्राज्यवाद है। यह अछूतों के शोषण का उपनिवेश है जहाँ उन्हें कोई भी अधिकार प्राप्त नहीं है। यह हिन्दू कसाईखाना कितना दूषित है...(अम्बेडकर, 2004)।

अब मैं आपको रामफलभाई से मिलवाता हूँ और बताता हूँ कि वे किस तरह का गाँव बनाना चाहते हैं। रामफलभाई का पूरा नाम रामफल सिंह रामजीभाई है। हर कोई उन्हें रामजीभाई के नाम से जानता है। वे विश्व हिन्दू परिषद के सचिव हैं और साथ ही राष्ट्रीय स्वयंसेवक संघ के कार्यकर्ता भी। पहले वे राष्ट्रीय स्वयंसेवक संघ में काफी महत्त्वपूर्ण पद पर थे, लेकिन विहिप का राष्ट्रीय सचिव बनने के बाद उन्होंने राष्ट्रीय स्वयंसेवक संघ के साथ अपने जुड़ाव को एक कार्यकर्ता की भूमिका तक सीमित कर दिया है। राष्ट्रीय स्वयंसेवक संघ से जुड़े उनके कर्तव्यों में संस्था की एक शाखा 'भारतीय सामाजिक इतिहास शोध संस्थान' की देखरेख शामिल है।

एक भारतीय गाँव के स्वरूप को लेकर रामजीभाई के बहुत स्पष्ट विचार हैं। वे एक ऐसा गाँव बनाना चाहते हैं जहाँ उच्च वर्ण हिन्दुओं का शासन हो और जहाँ अछूत दलित जातियों में ब्राह्मणवादी मूल्यों का संचार किया जा सके। उन्हें ऊँची जातियों के सैनिकों की भूमिका निभाने के लिए और उनके लिए लड़ने-मरने के लिए तैयार रहना चाहिए। वे एक ऐसा गाँव बनाना चाहते हैं जहाँ ऊँची और निचली जातियों के बीच बढ़ती खाई को कम किया जा सके, सामाजिक सद्भाव पैदा किया जा सके और दोनों को मिल-जुलकर हिन्दू-विरोधी मुसलमानों से लड़ने के लिए तैयार किया जा सके।

वे अपनी कल्पनाओं में, जो उनकी अतीत की स्मृतियों पर आधारित हैं, एक ऐसे गाँव का निर्माण करना चाहते हैं जो किसी युद्धभूमि से कम न हो और जहाँ उच्च जातियाँ दलितों की सेना का नेतृत्व कर रही हों। इस गाँव में ऊँची और निचली जातियों के बीच सद्भावपूर्ण सम्बन्ध अवश्य होंगे, लेकिन वे एक साझी मुस्लिम-विरोधी भावना पर आधारित होंगे। रामजीभाई के विचार राष्ट्रीय स्वयंसेवक संघ की राजनीतिक विचारधारा पर आधारित हैं और वे छोटी-छोटी पुस्तिकाएँ लिखकर इनका प्रचार कर रहे हैं। अपनी एक पुस्तिका 'छुआछूत गुलामी की देन है' में वे लिखते हैं, ''छोटी-छोटी पुस्तिकाओं द्वारा अपने विचारों का प्रचार करने का सुझाव मुझे मुख्य प्रचारक माननीय अनन्त रामचन्द्र गोखले ने दिया था। उनका यह सुझाव मेरे लिए एक आदेश भी था और प्रेरणा भी।'' (रामजीभाई, न. दि., 2)।

एक भारतीय गाँव के बारे में रामजीभाई के किस तरह के विचार हैं, इसे उनकी कुछ पुस्तिकाओं से लिये गए निम्नलिखित वृत्तान्तों से समझा जा सकता है।

वृत्तान्त-1

'भैया, गाँव में यह क्या तमाशा हो रहा है?' भाई साहब ने पूछा। गाँव की चौपाल में जुटी भीड़ ने जानना चाहा, 'क्या तमाशा हो रहा है?'

'सुक्खा तुर्क की नई बीवी पक्की मुसलमान है। दिन में पाँच बार नमाज पढ़ती है और एक दाढ़ी वाले को अपने साथ लेती आई है। यह दाढ़ी वाला सुक्खा तुर्क की बैठक में अजान भी देने लगा है,' भाई साहब ने बताया।

हर कोई भुल्ला की तरफ देखने लगा, जो गाँव का एक चमार था और चौपाल में उपस्थित था। कुछ देर के लिए एक खामोशी-सी छा गई। फिर भुल्ला ने इस खामोशी को तोड़ते हुए कहा, 'अगर आप कहें तो मैं अपनी लाठी के दो झटकों से उसे गाँव से चलता कर दूँ।' भाई साहब ने कहा, 'तुम कुछ भी करो, लेकिन अजान नहीं होनी चाहिए।' भुल्ला अपनी लाठी घुमाता हुआ वहाँ से चला गया। बाकी भीड़ भी धीरे-धीरे छँट गई। लेकिन माहौल में एक तनाव-सा व्याप्त हो गया था।

शाम को गाँव में शोर-शराबा सुनाई देने लगा, 'घेर लो... मारो...मारो...' कुछ ही मिनटों में दोनों तरफ से लोग हाथों में लाठियाँ, बरछे और छुरे लिये आते दिखाई दिए। दोनों पक्ष एक-दूसरे को कोसते हुए गालियों की बौछार कर रहे थे। मुस्लिम चिल्ला रहे थे, 'हमारे मुल्ला नमाज पढ़ रहे थे तो उसने उन्हें मारा। हम लोग आसपास नहीं थे इसलिए वे जान बचाकर भागे। उसने उन्हें गालियाँ दीं और मारने की धमकी भी। हमारी औरतों ने हमें यह सब बताया है। हम उसे जिन्दा नहीं छोड़ेंगे।' एक दूसरी आवाज आई, 'अगर किसी ने मुल्ला को हाथ भी लगाया तो लाशों का ढेर लग जाएगा।'

दोनों तरफ के बड़े-बूढ़े मामले पर बातचीत के लिए आगे आ गए। दोनों सेनाएँ अपने-अपने हथियार लहराते हुए वापस लौट गईं और मामला खत्म हो गया। लेकिन इसके बाद गाँव में दोबारा कभी अजान की आवाज नहीं सुनी गई।

वृत्तान्त-2

मैं उस समय तीसरी कक्षा में था। मैं स्कूल से लौट रहा था तो मैंने देखा कि हमारे गाँव के मेहतरों (भंगी, जिन्हें बहुत निचली श्रेणी की 'अछूत' दलित जाति माना जाता है) को मुसलमानों ने घेर रखा था। उन्हें उनके घरों से बाहर निकाला जा रहा था। पलक झपकते ही गाँव के सभी हिन्दू इकट्ठे हो गए और उन्होंने मुसलमानों को घेर लिया। जब उनसे पूछा गया कि वे मेहतरों को क्यों मार रहे थे तो उन्होंने कहा कि मेहतर सूअर पालते थे, जो मुसलमानों के घरों में घुसकर गन्दगी फैलाते थे। उन्होंने उन्हें अपने सूअरों को इधर-उधर न भटकने देने के लिए आगाह भी किया था, जिसे उन्होंने अनसुना कर दिया था। उस दिन उनके सूअर फिर मुसलमानों के घरों में घुस गए थे इसीलिए उन्होंने उन्हें सबक सिखाने का फैसला कर लिया था।

मेहतरों ने अपने बचाव में कहा, 'भैया, सूअरों की गर्दन में न तो रस्सी बँधी होती है और न उनकी नाक में नकेल ही होती है। हम उन्हें उनके बाड़े में रखने की कोशिश करते हैं, लेकिन वे फिर भी इधर-उधर खिसक जाते हैं। हम उन्हें जान-बूझकर खुला नहीं छोड़ते।' यह सुनकर मुसलमानों ने कहा कि मेहतरों को सूअर नहीं पालने चाहिए, क्योंकि वे बड़े गन्दे जानवर होते हैं। हिन्दुओं को अपने साथ देखकर मेहतरों की हिम्मत बढ़ गई थी। उन्होंने जवाब दिया कि उनके परिवार हमेशा से ही

सूअर पालते रहे थे। वे उनकी आजीविका का प्रमुख साधन थे, क्योंकि उनकी बिक्री से होने वाली कमाई से ही उनकी रोजी-रोटी चलती थी। शादियों और अन्य अवसरों पर वे उनका मांस भी खाते थे। उनके पास न तो खेतीबाड़ी के लिए जमीन थी और न कोई दूसरी सम्पत्ति। उनमें दूसरे जानवरों को खरीदने और पालने की क्षमता नहीं थी। मुसलमानों ने कहा कि वे यह सब नहीं सुनना चाहते। अगर कोई सूअर दोबारा उनके घरों में घुसा तो अच्छा नहीं होगा। जल्दी ही मामला बहुत बढ़ गया और दोनों पक्ष आपस में भिड़ गए। मेहतर भी कमजोर नहीं थे। वे मुसलमानों को मारने-पीटने लगे। उनके साथ हिन्दू भी मिल गए। कुछ देर बाद मामला शान्त हुआ तो पंचायत बुलाई गई। हरेक ने अपनी-अपनी बात कही। हिन्दुओं ने कहा कि अगर मेहतरों के जानवरों को मुसलमानों के घरों में घुसने से रोकना था तो मुसलमानों के जानवरों को भी हिन्दू इलाके में नहीं भटकना चाहिए था। पंचायत कोई फैसला लिये बिना ही खत्म हो गई।

वृत्तान्त-3

मैं जिस गाँव में पढ़ता था उसका नाम सिरसा था। वहाँ सैयद, शेख और धुनिया जैसे मुस्लिम समुदाय रहते थे। हिन्दुओं में दो बनिया परिवार थे और शेष सब चर्मकार (चमार) थे, जिनकी अच्छी-खासी आबादी थी। मुसलमान अक्सर गाँव में जुलूस निकालते हुए नारे लगाते थे—'लेके रहेंगे पाकिस्तान', या अपनी छातियाँ पीटते हुए चिल्लाते थे, 'हाय हुसैन, हम न हुए'। इस जुलूस को एक पीपल के पेड़ को पार करना पड़ता था, जो चमार बस्ती के नजदीक था और चमारों के लिए बहुत श्रद्धेय था।

पेड़ की टहनियाँ काफी नीची होने के कारण जुलूस के हाथों में पकड़े अलम के झंडे उन्हें पार नहीं कर पाते थे। एक बार ऐसा हुआ कि कुछ मुसलमान लड़के पेड़ पर चढ़ गए और उसकी टहनियों को काटने लगे। चमारों ने यह देखा तो वे सब एकजुट होकर इसका विरोध करने लगे। उन्होंने कहा कि वे इस पेड़ की पूजा करते थे और इसे काटने की अनुमति नहीं दे सकते थे। मुसलमानों को या तो अपने झंडे नीचे कर लेने चाहिए या पेड़ का चक्कर लगाकर आगे जाना चाहिए। यह सुनकर मुसलमान भड़क उठे। उन्होंने चिल्लाते हुए कहा कि वे न तो अपने झंडे नीचे करेंगे और न जुलूस अपना रास्ता बदलेगा। जुलूस के आगे बढ़ने के लिए पेड़ की टहनियों को काटना ही पड़ेगा।

देखते-ही-देखते दोनों समुदाय आपस में भिड़ गए। मुसलमानों ने चमार औरतों को भी घरों से बाहर निकाल-निकाल कर पीटा। कुछ चमार दौड़कर आसपास के गाँवों को इसकी सूचना दे आए। शीघ्र ही बहुत से हिन्दू इकट्ठे हो गए। उन्होंने मुसलमानों को चमारों को पीटने और उनके पवित्र पेड़ की टहनियाँ काटने के लिए

उनसे माफी माँगने का हुक्म दिया। उन्होंने कहा कि जब तक चमार उन्हें माफ नहीं करेंगे, तब तक वे भी उन्हें माफ नहीं करेंगे। मुस्लिम नेताओं द्वारा चमारों से माफी माँगने और उनके पेड़ों को दोबारा न काटने का वायदा करने के बाद ही जुलूस को आगे बढ़ने दिया गया।

वृत्तान्त-4

मैं अमरोहा के एक मिडिल स्कूल के हॉस्टल में रहता था। इसकी बगल में एक आर्यसमाज मन्दिर था। वहाँ कोई-न-कोई गतिविधि चलती रहती थी, जिसकी आवाज हॉस्टल तक पहुँचती रहती थी। चूँकि मेरे परिवार में आर्यसमाज का माहौल था, इसलिए मैं इस मन्दिर में जाने लगा। वहाँ मैंने कुछ परीक्षाएँ पास कीं, उनका साहित्य पढ़ा और उनके व्याख्यानों को सुना। मुझे आर्यसमाज की गतिविधियों के बारे में पता चला। मुझे यह भी पता चला कि महर्षि दयानन्द स्वामी श्रद्धानन्द की हत्या किसने की थी और क्यों और कैसे ? इस हत्या का मन्तव्य क्या था ? यह सब मुझे वहीं पता चला।

वृत्तान्त-5

हाई स्कूल में मैंने जगदीश शरण हिन्दू इंटर कॉलेज में दाखिला ले लिया। वहाँ मुझे पता चला कि जगदीश शरण ने अपनी सारी सम्पत्ति शिक्षा के मकसद पर न्योछावर कर दी थी, इसलिए कॉलेज का नाम उनके नाम पर रखा गया था। हर वर्ष श्री कृष्ण जन्माष्टमी के अवसर पर एक झाँकी निकाली जाती थी, जिसका नेतृत्व जगदीश शरण जी करते थे। अमरोहा के मुसलमान हर वर्ष इस जुलूस पर हमला किया करते थे। सेठजी आसपास की बस्तियों के सभी हिन्दुओं से झाँकी की रक्षा करने का आह्वान किया करते थे। इसीलिए समाज में उनका इतना सम्मान था। वहाँ मैं राष्ट्रीय स्वयंसेवक संघ के सम्पर्क में आया। संघ हर शाम कॉलेज के प्रांगण में मिला करता था। कॉलेज के प्रधानाचार्य चर्चा का नेतृत्व करते थे। मैं शाखा की सभाओं में भी जाने लगा। वहाँ 'हिन्दू-हिन्दू भाई-भाई' नामक एक खेल भी खेला जाता था। प्रचारकों के जीवन और स्वयंसेवकों की समर्पित भावना के प्रति मेरे मन में अत्यधिक प्रशंसा की भावना पैदा होती चली गई।

वृत्तान्तों का आख्यान

इन वृत्तान्तों से स्पष्ट है कि रामजीभाई की अतीत की स्मृतियाँ, जिन्हें वे अपनी पुस्तिकाओं में परोसते हैं, हिन्दुओं और मुसलमानों के बीच एक निरन्तर द्वन्द्व दिखाने के साथ-साथ दलितों को मुसलमानों के खिलाफ उच्च वर्ण हिन्दुओं के सैनिकों के रूप में चित्रित करती हैं।

वृत्तान्त-1 में दिखाया गया है कि भुल्ला नामक एक चमार को यह चिन्ता है कि कोई भी मुस्लिम मुल्ला गाँव में अजान न दे। मुसलमानों द्वारा अपने समुदाय के लोगों को इकट्ठा करने की प्रथा से धर्मोन्मादी हिन्दुओं में भय पैदा होता है। भुल्ला उनके प्रतिनिधि के रूप में हिन्दुओं के रक्षक की भूमिका निभाता दिखाई देता है। वह बेधड़क होकर मुसलमानों पर हमला करता है और जब मुसलमान उसे मारते हैं तो सवर्ण हिन्दू उसकी रक्षा में उतर पड़ते हैं।

वृत्तान्त-2 में दिखाया गया है कि मुसलमान, जिनके धर्म में सूअर एक वर्जित जानवर है, बड़ी सख्ती से सूअर-पालन का विरोध कर रहे हैं, जो भंगियों की आजीविका का प्रमुख आधार है। इस तरह इस वृत्तान्त में सूअरों को लेकर दोनों समुदायों के चरम और परस्पर विरोधी दृष्टिकोणों को दिखाया गया है। दलितों के समर्थन में उच्च वर्ण हिन्दुओं का हस्तक्षेप यह दिखाता है कि वे उनके प्रति कितने उदार हैं और वे किस तरह निचली जातियों की रक्षा और संरक्षण को अपने कर्तव्य की तरह देखते हैं।

वृत्तान्त-3 में चमारों की गहरी हिन्दू आस्था को दर्शाया गया है, जो बड़ी सख्ती से पीपल के पेड़ को काटे जाने का विरोध करते हैं। उच्च वर्ण हिन्दुओं द्वारा दलितों की मदद उनके बीच एकता का उदाहरण है—जो मुस्लिम-विरोधी भावनाओं पर आधारित है। यह वृत्तान्त मुसलमानों के खिलाफ दोनों समुदायों की पुरानी एकता की स्मृतियों को ताजा करने का काम करता है।

वृत्तान्त-4 में गोलमोल तरीके से इस तथ्य की तरफ इशारा किया गया है कि आर्यसमाज के सन्तों स्वामी ब्रह्मानन्द और स्वामी दयानन्द के हत्यारे मुसलमान थे। यह वृत्तान्त आर्यसमाज की याद दिलाता है, जिसने उपनिवेशीय काल में दलितों के उत्थान में महत्त्वपूर्ण भूमिका निभाई थी। आर्यसमाज वह मंच था, जहाँ उच्च वर्ण हिन्दू और निचली जातियाँ अपने साझे शत्रु अर्थात् मुसलमानों के खिलाफ एकजुट खड़ी दिखाई देती थीं।

वृत्तान्त-5 में यह दिखाया गया है कि किस तरह सभी हिन्दू किसी शत्रु द्वारा हमला किए जाने की स्थिति में मिल-जुलकर अपने धार्मिक प्रतीकों की रक्षा करना अपना कर्तव्य समझते हैं। यहाँ मुस्लिमों को ऐसे ही शत्रुओं के रूप में चित्रित किया गया है।

रामजीभाई के अतीत की ये घटनाएँ उनकी कल्पनाओं के एक आदर्श गाँव का ब्लू-प्रिंट प्रस्तुत करती हैं। रामजीभाई इस बात को स्वीकार करते हैं कि उनकी स्मृतियों को झकझोरने में राष्ट्रीय स्वयंसेवक संघ का हाथ रहा है। लेकिन वे इनके पोषण का श्रेय विश्व हिन्दू परिषद के प्रमुख अशोक सिंघल को देते हैं (रामजीभाई, एन.डी., 2)। इस तरह, रामजीभाई अपने अतीत को सहज ही याद नहीं कर रहे हैं, बल्कि एक विशिष्ट स्मृति परियोजना में जुटे हुए हैं और अपनी स्मृतियों का प्रयोग कुछ खास लक्ष्यों के लिए कर रहे हैं।

रिकोयर (2004) ने दो तरह की स्मृतियों की पहचान की है। एक तो वे स्मृतियाँ होती हैं जो किसी मिलते-जुलते परिवेश में सहज ही खयालों में उभर आती हैं, जबकि दूसरी तरह की स्मृतियाँ एक 'सचेतन शोध' का परिणाम होती हैं। यह एक तरह का कार्य होता है। उनका मानना है कि स्मरण करना सिर्फ अतीत की किसी छवि का स्वागत करना और लिवाना ही नहीं होता, यह 'कुछ करके' इसकी खोज करना भी होता है (वही, 56)।

रामजीभाई के मामले में देखें तो वे कुछ खास चीजें चुन-चुनकर याद करते हैं, जबकि कुछ अन्य चीजें अपनी स्मृतियों से पोंछ डालते हैं। वे दूसरों में भी अपनी जैसी स्मृतियाँ पैदा करना चाहते हैं। वे कुछ चीजों को सिर्फ अकेले बैठकर याद नहीं कर रहे, वे इन्हें समाज के सार्वजनिक दायरे का हिस्सा बना रहे हैं। वे अपने व्यक्तिगत वृत्तान्तों को सार्वजनिक वृत्तान्त बना रहे हैं, जिसके लिए वे लोकप्रिय पुस्तिकाओं और राष्ट्रीय स्वयंसेवक संघ विहिप और भाजपा के कार्यकर्ताओं के बीच अपने भाषणों का प्रयोग कर रहे हैं। साथ ही समरसता अभियानों के दौरान गाँवों की सामूहिक स्मृतियों में अपने योगदान के रूप में भी। उनकी इन गतिविधियों के पीछे हिन्दुत्व के ड्रीम-प्रोजेक्ट के अनुसार लोगों की संस्कृति और स्मृतियों को एक नया स्वरूप देने का उद्देश्य है। रामजीभाई एक आदर्श गाँव के बारे में अपने विचारों को छोटी-छोटी पुस्तिकाओं में व्यक्त करते हैं, जिन्हें जनसाधारण में वितरित किया जाता है। ऊपर उद्धरित वृत्तान्त हमने इन्हीं पुस्तिकाओं से लिये हैं। इसके अलावा वे अपने विचारों को महासभाओं में भी प्रचारित करते हैं, जो हर वर्ष इलाहाबाद में जुटने वाले माघ मेला के दौरान विश्व हिन्दू परिषद और राष्ट्रीय स्वयंसेवक संघ द्वारा आयोजित की जाती हैं। ऐसी ही एक सभा में उन्होंने कार्यकर्ताओं को सम्बोधित करते हुए कहा कि भारत गाँवों का देश है, जहाँ सभी हिन्दू भाइयों की तरह मिल-जुलकर रहते हैं। दलितों और उच्च वर्णों को मिल-जुलकर मुसलमानों का सामना करना चाहिए। उन्होंने कार्यकर्ताओं को निचली जातियों की सैन्य क्षमताओं को टटोलने की सलाह दी। इसके लिए उन्हें गाँवों में जाना होगा। उनके साथ भगवान राम का आशीर्वाद था। लेकिन उन्हें निचली जातियों के भगवानों, नायकों और मिथकों को भी नए अर्थ देने चाहिए और उन्हें उच्च वर्णों के साथ जोड़ना चाहिए।[1]

स्थानीय समाज, छुआछूत और हिन्दुत्व

रामजीभाई ही नहीं, राष्ट्रीय स्वयंसेवक संघ के अन्य सभी विचारक और ग्रामीण समितियों के प्रमुख भी, सचेतन या अचेतन स्तर पर, गाँवों को ब्राह्मणवादी मूल्यों और ताकतों के पोषण की जमीन के रूप में देख रहे हैं, जो उनकी हिन्दुत्ववादी की धारणा के मूल आधार हैं। एक महत्त्वपूर्ण संघ नेता श्री राजेन्द्र सिंह का कहना है कि सभी अछूत जातियाँ वे सेनाएँ हैं जो इस्लाम के खिलाफ हिन्दुत्व की रक्षा करेंगी,

क्योंकि मुगल काल के दौरान मुस्लिमों के अत्याचारों के कारण ही वे अपनी वर्तमान स्थिति में पहुँची हैं। उनके अनुसार, एक अछूत जाति जो अब वाल्मीकि के नाम से जानी जाती है, उन राजपूतों की वंशज है जो मुसलमानों के हाथों हार गए थे। उन्हें बन्दी बनाकर मल साफ करने का आदेश दिया गया था। जिन्होंने ऐसा करने से मना कर दिया, उन्हें अन्य तरह का कूड़ा-कचरा उठाने का काम सौंप दिया गया। उनकी गन्दी गतिविधियों के कारण उच्च जातियों ने उन्हें त्याग दिया और उन्हें जातिच्युत कर दिया। इसके बाद उनकी दशा और बिगड़ती चली गई, जिसे अब तक सुधारा नहीं जा सका है। इस तरह, उनकी वर्तमान दयनीय स्थिति के लिए मुसलमान ही जिम्मेदार हैं (सिंह, 1994, 60)।

अन्य पिछड़े वर्गों (ओबीसी) से सम्बन्धित नेता और भाजपा, राष्ट्रीय स्वयंसेवक संघ और विश्व हिन्दू परिषद से जुड़ी दलित जातियाँ भी हिन्दुत्व की रक्षा और संरक्षण में इन जातियों की लड़ाकू भूमिका की महिमा बघारते नहीं थकतीं। श्री बंगारू लक्ष्मण ने अपने एक लेख, जो 'पांचजन्य' के दलित विशेषांक में प्रकाशित हुआ था, में कहा है कि हिन्दुत्व की रक्षा और संरक्षण के लिए दलित और पिछड़ी जातियों ने सबसे अधिक बलिदान दिए हैं (लक्ष्मण, 1994, 32)।

लेकिन रामजीभाई का मानना है कि दलितों के लिए यह बहुत जरूरी है कि वे मुसलमानों के खिलाफ उग्रवादी हिन्दुओं के गठन की परियोजना में उच्च वर्णों का हाथ बटाएँ। इस उद्देश्य के लिए जो तर्कमूलक रणनीति तैयार की गई है, उसके अन्तर्गत सबसे पहले उच्च वर्ण हिन्दुओं को बार-बार यह याद दिलाया जाता है कि उनके तिरस्कार के पात्र रहने वाले अछूत हमेशा से उनकी तरफ से मुसलमानों से लड़ते रहे हैं। दूसरे, दलितों और अछूत जातियों को यह बताया जाता है कि उनकी अस्पृश्यता का कारण ब्राह्मणवादी व्यवस्था न होकर भारत में इस्लाम का आगमन है। इसलिए उनके दुखों और विपदाओं का कारण मुसलमान हैं। अशोक सिंघल, रामजीभाई और भाजपा, राष्ट्रीय स्वयं संघ और विश्व हिन्दू परिषद के अन्य विचारक इस धारणा का प्रचार कर रहे हैं कि मुसलमानों के आगमन से पहले हिन्दू समाज में छुआछूत का कोई अस्तित्व नहीं था। इस धारणा के समर्थन में वे यह तर्क देते हैं कि दलितों और उच्च वर्णों के लिए अलग-अलग घाटों की व्यवस्था नहीं थी। पवित्र त्योहारों के अवसरों पर इन घाटों पर कोई भी एक-दूसरे को छुए बिना नहीं सकता था। सभी लोग एक ही घाट पर स्नान करते थे। कोई भी यह जानने की कोशिश नहीं करता था कि दूसरा किस जाति का है। देश के प्रसिद्ध तीर्थस्थलों—उदाहरण के लिए—4 धामों, 12 ज्योतिर्मठों और 52 शक्तिपीठों—पर जाति के आधार पर किसी का भी प्रवेश वर्जित नहीं था, जैसा कि धर्मग्रन्थों का भी निर्देश था। हिन्दुओं में सन्त, स्वामी बनने की परम्परा में भी किसी पर कोई प्रतिबन्ध नहीं था (द टाइम्स ऑफ इंडिया, 2006)।

रामजीभाई लिखते हैं—

> मुस्लिम हमलावरों के आगमन से पहले पूरा समाज सभी हिन्दू परम्पराओं का पालन करता था। मुस्लिमों के आने के बाद हिन्दुओं ने अपने धर्म को बचाने के लिए मुस्लिमों को अछूत और अपवित्र घोषित कर दिया। चूँकि मुस्लिम जीत गए थे, इसलिए वे गन्दे काम नहीं करना चाहते थे। उन्होंने अपने सैनिकों को कुछ हिन्दुओं को पकड़ने का हुक्म दिया। इन बन्दी हिन्दुओं से इस्लाम अपना लेने या फिर लोगों के घरों का कूड़ा-कचरा उठाने के लिए कहा। जिन्होंने हिन्दू बने रहने का फैसला किया वे भंगी जाति बन गए (रामजीभाई, एन.डी., 6)।

भाजपा और संघ ने भी यही स्थापित करने का प्रयास किया कि मुसलमानों के आगमन से पहले कोई अछूत जाति नहीं थी, जैसे कि भंगी, क्योंकि मनुष्यों द्वारा सर पर मल उठाने का रिवाज ही नहीं था। हिन्दुओं के घरों में शौचालय नहीं होते थे। राजाओं और जमींदारों के महलों के भीतर भी शौचालय नहीं होते थे। इन कामों के लिए बगल के बगीचों या गहरे खड्ढों का प्रयोग किया जाता था (रामजीभाई, एन.डी., 8)। इन वृत्तान्तों के माध्यम से राष्ट्रीय स्वयंसेवक संघ-भाजपा-विश्व हिन्दू परिषद यह स्थापित करने का प्रयास कर रहे हैं कि आज के दलित ब्राह्मणवादी व्यवस्था के कारण नहीं बल्कि मुस्लिमों के आगमन के कारण दलित बने हैं। दूसरे, इन वृत्तान्तों के माध्यम से वे मुस्लिमों के दमन और अत्याचारों की स्मृतियाँ गढ़ने का प्रयास कर रहे हैं। साथ ही, ऐसा प्रभाव पैदा करने का भी प्रयास दिखाई देता है कि मुसलमानों के आगमन से पहले ऊँची और निचली जातियाँ मिल-जुलकर रहती थीं और हर जाति अपने जातिगत काम से जुड़ी हुई थी।

साम्प्रदायिक धर्म और प्रति-वृत्तान्त

लेकिन रामजीभाई की ग्रामीण परियोजना में सबसे बड़ी रुकावट आज की प्रजातांत्रिक चुनावी राजनीति है। यह तथ्य कि मुसलमान भारत के नागरिक हैं और उनके पास मतदान का अधिकार है, बहुत सी पार्टियों के लिए उनका समर्थन जुटाना जरूरी बना देता है, ताकि वे अपने चुनावी आधार को मजबूत कर सकें। यह बाध्यता कहीं-न-कहीं भाजपा के साथ भी जुड़ी हुई दिखाई देती है। यह इस तथ्य से स्पष्ट है कि माघ मेले में रामजीभाई के एक भाषण के दौरान पार्टी के एक कार्यकर्ता ने उन्हें टोकते हुए कहा कि इस प्रक्रिया से भाजपा मुसलमानों के वे थोड़े-से वोट भी खो बैठेगी जो इस समय उसके पास हैं। रामजीभाई ने उन्हें समझाते हुए कहा कि अगर उच्च वर्ण निचली जातियों के वोट जुटाने में सफल रहे तो मुसलमानों के वोटों की जरूरत ही नहीं रहेगी।[2] इस स्पष्टीकरण से पता चलता है कि भाजपा का प्रमुख एजेंडा दलितों को हिन्दुत्ववादी शक्तियों से जोड़ना है। फिर भी, चुनावी बाध्यताओं को देखते हुए समाज की विभिन्न जातियों और समुदायों में कई अन्य तरह के गठजोड़ स्थापित हो

रहे हैं, जो भाजपा और हिन्दुत्ववादी शक्तियों द्वारा फैलाई जा रही धारणाओं के घोर विरोध में हैं।

बहुजन समाज पार्टी जैसी पार्टियाँ, जो उत्तर प्रदेश में दलितों का प्रतिनिधित्व करती हैं और भिन्न-भिन्न दलित पहचानों को एक सामूहिक और संघटित दलित पहचान देने के प्रयास में जुटी हैं, यह प्रचार कर रही हैं कि दलितों की वर्तमान दयनीय स्थिति ब्राह्मणवादी आचार-संहिता के तहत सदियों से चले आ रहे दमन और शोषण का परिणाम है।[3] रिपब्लिकन पार्टी ऑफ इंडिया जैसी अन्य दलित पार्टियाँ 'हरिजन, मुस्लिम भाई-भाई, हिन्दू कौम कहाँ से आई' जैसे नारे गढ़ रही हैं। ये पार्टियाँ एक सद्भावपूर्ण हिन्दू समाज के उस मिथक को ध्वस्त करने का काम कर रही हैं जो भाजपा द्वारा रचा जा रहा है, और समाज में हमेशा से मौजूद अन्तर्जातीय शत्रुता से जुड़े किस्से-कहानियों का प्रचार कर रही हैं।

दूसरी तरफ, दलित बुद्धिजीवियों का मानना है कि ऊँची जातियों और दलितों के बीच जो टकराव है, वह दलितों के प्रति इन जातियों के रवैए का परिणाम है। यह बात एक कविता में संवादों के माध्यम से भी कही गई है। इस कविता के रचयिता उत्तर प्रदेश के कौशाम्बी जिले के अजुहा (Ajuha) नामक गाँव के एक दलित कवि हैं[4]—

वे कहते हैं
गाँव जल रहे हैं
जातिवाद की आँधियाँ
हर चौराहे और हर चौपाल पर चल रही हैं
हवा में बगावत है
जो गली-गली में नफरत फैला रही है
गालियाँ देती हुई एक भीड़ है
जिसे न देश का पता है, न धर्म का
यह भीड़ देश को तोड़ देगी
हिन्दू बिखर रहे हैं
हिन्दू बँट रहे हैं
प्रेम के धागे भी टूट रहे हैं
जिन्हें हमने सदियों तक पाला-पोसा
वह भाईचारा, वह संवेदना भी भंग हो रही है
हिन्दू से हिन्दू अलग नहीं थे
भाई-भाई की तरह हम रहते थे
अन्दर-बाहर, यहाँ-वहाँ
हम एक ही नाव में चलते थे।

बचा-खुचा खाकर, फटा-पुराना पहनकर
जो जिन्दा रहे
जिन्होंने बस हमारे पाँव छुए
और हमसे आशीर्वाद पाए
लेकिन अब यह कितना बुरा है
कि जो रास्ते पर पड़े रहते थे
अब सीना ताने खड़े हैं
जिनकी आँखें हमेशा नीची रहती थीं
आज भँवें सिकोड़े डटे हुए हैं
वे कहते हैं
कि गाँव जल रहे हैं
जातिवाद की आँधियाँ
हर चौराहे और चौपाल पर चल रही हैं
हवा में बगावत है।

दूसरी तरफ दलित कहते हैं :

हम कहते हैं
अपने भीतर झाँको
अपने सारे जवाब तुम्हें वहीं मिल जाएँगे
जो रहस्य तुमने इतनी सावधानी से पाले-पोसे हैं
जल्द ही उघड़ जाएँगे
नहीं नहीं, तुम बड़े जादूगर हो
हरफनमौला की तरह तुम बड़े करतबी हो
हमेशा अपने हाथ हिलाते हुए
तुम लगातार मुस्कुराते रहते हो मधुर-मधुर
और हमेशा यह गाना तुम्हारे होंठों पर रहता है
हम ऊँचे हैं हम ऊँचे हैं
तुम नीचे हो तुम नीचे हो
हमेशा तुम यही कहते हो
खुलकर कहते हो
हर सुबह हर शाम
लेकिन अब यह झूठ नहीं चलेगा
अब तुम्हारे इरादे सफल नहीं होंगे

तुम हमेशा इतने ही गंदे दिखते हो
तुम्हारा दिल बहुत काला है दोस्त

इसीलिए सब ओर अफरा-तफरी है
तुमने हमेशा उन्हें
उनके हकों से वंचित किया
यही कारण है कि सब तरफ अफरा-तफरी है
तुम्हारा स्वर्ग टूट रहा है
तुम्हारी कोमलता खत्म हो रही है
तुम्हारे बँधुआ मजदूर
अब तुम्हारी जंजीरें तोड़कर भाग रहे हैं
यही वजह है कि सब ओर अफरा-तफरी है
एक ही जगह पर बैठे हुए खाते हुए
अपने धर्मग्रंथों से तुमने
झूठ का एक जाल बुना
हमेशा तुम बेहद चालाक रहे
सारे विद्वत्तापूर्ण लिखित पाठ
जो छिपाकर रखे तुमने
हमने उनमें सेंध लगा ली है
हमने उनको निर्मूल कर दिया है
हमने उनको छानकर देखा है
हर परत उनकी जानी-समझी-आँकी है
वे सब शोषण के हथियार थे
इसीलिए सब ओर अफरा-तफरी है

—गुरु प्रसाद मदान

कविता के अंग्रेजी पाठ से अनूदित

एक प्रसिद्ध क्रान्तिकारी दलित कवि द्वारा रचित यह कविता दर्शाती है कि प्राचीन धर्मग्रन्थों द्वारा वैधीकृत और पवित्रीकृत ब्राह्मणवादी आचार-संहिता—जिसके अन्तर्गत ऊँची जातियाँ सदियों तक निचली जातियों का योजनाबद्ध शोषण और बहिष्कार करती रहीं—अब सुग्राहित और जागरूक दलितों द्वारा किस तरह उधेड़ी और बेपर्दा की जा रही हैं। यही कारण है कि राष्ट्रीय स्वयंसेवक संघ-भाजपा-विश्व हिन्दू परिषद की तिकड़ी और अन्य हिन्दुत्ववादी शक्तियाँ चीख-चीखकर पुराने दिनों की वापसी की बात कर रही हैं, जब दलित वर्ण हिन्दुओं की सेना की भूमिका

निभाया करते थे। लेकिन अधिकांश दलित अभी इस कवि की प्रबुद्धता के स्तर पर नहीं पहुँचे हैं। यही कारण है कि बहुत से गाँवों में रामजीभाई के विचारों को प्रयोग के रूप में आजमाया जा रहा है। भोपाल, पंजाब और बंगलुरु जैसे कई क्षेत्रों में हिन्दुत्ववादी शक्तियाँ दलितों के अधिकारों के लिए लड़ने की बात करके उन्हें अपने खेमे में समेटने की कोशिश कर रही हैं (गुप्ता, 2005)।

रामजीभाई के सपनों के गाँव के निर्माण में एक दूसरी अड़चन यह है कि दलितों के ईसाइयत में धर्मान्तरण का सिलसिला जोर पकड़ रहा है। यही कारण है कि रामजीभाई दलितों और गैर-दलित हिन्दुओं से उन ताकतों से लड़ने की बात कह रहे हैं जो उनका धर्म बदलने का प्रयास कर रही हैं। उत्तरी उत्तर प्रदेश के बहराइच, बस्ती, गोंडा, जौनपुर, सुल्तानपुर और गाजीपुर जैसे कई जिलों में भाजपा, राष्ट्रीय स्वयंसेवक संघ और विश्व हिन्दू परिषद उन दलितों को हिन्दू धर्म में वापस लाने की जी-तोड़ कोशिश कर रहे हैं जिन्होंने अपना धर्म बदल लिया है। सुल्तानपुर जिले के रामचन्द्रपुर गाँव में, जहाँ 36 दलितों ने ईसाई धर्म अपना लिया था, बजरंग दल के कार्यकर्ताओं ने उन्हें हिन्दू धर्म में वापस लाने के लिए 'घर वापसी' समारोह का आयोजन किया (द टाइम्स ऑफ इंडिया, 2006 ए)। एक दिलचस्प तथ्य यह है कि घर-वापसी के बाद ये दलित धार्मिक रस्मों का पहले से कहीं ज्यादा पालन करने लगे।[5] दलितों को ईसाई धर्म अपनाने से रोकने के लिए मुरलीमनोहर जोशी और लालकृष्ण आडवाणी जैसे भाजपा के शीर्ष नेताओं ने एक महासभा में कहा कि अपना धर्म त्यागने वाले दलितों को आरक्षण का लाभ नहीं मिलना चाहिए (गुप्ता, 2005)। इस वक्तव्य से पता चलता है कि उन्हें दलितों की भलाई की बजाय उन्हें हिन्दू धर्म छोड़ने से रोकने की चिन्ता है।

मुस्लिमों के खिलाफ दलितों की सेना तैयार करने की भाजपा की तर्कमूलक रणनीति के तहत प्रसिद्ध हिन्दी लेखक अमृत लाल नागर की पुस्तक 'नाच्यो बहुत गोपाल' का सन्दर्भ दिया जाता है। इस पुस्तक में लेखक ने ऐसे बहुत से उदाहरण दिए हैं जिनसे पता चलता है कि कई दलित जातियों को मुसलमानों से पराजित होने के बाद दलित बनाया गया था (नागर, 1994, 79)। रामजीभाई जैसे कार्यकर्ता इन उदाहरणों को खुलकर उद्धरित करते हैं। यही कारण है कि वे दलितों को चेतावनी देते हैं कि अगर उन्होंने इस्लाम धर्म कबूल किया तो उनके साथ निचली जातियों जैसा ही व्यवहार किया जाएगा। जब राजस्थान में हेला नामक एक दलित जाति ने सामूहिक रूप से इस्लाम धर्म अपना लिया, तो उन्हें न तो अन्य मुसलमानों के साथ नमाज पढ़ने और न उनके साथ सामाजिक सम्बन्ध बनाने की इजाजत दी गई (हुसैन, 1994)।

इस तरह, रामजीभाई और उनके साथियों का समूचा आख्यान दलितों को ऐसे हिन्दुओं के रूप में प्रोजेक्ट करने पर केन्द्रित है, जो इस्लाम के खिलाफ हिन्दुत्व और ब्राह्मणवाद की रक्षा के लिए उच्च वर्णों के नेतृत्व में लड़ेंगे। इन व्याख्यानों के

माध्यम से वे यह धारणा भी फैला रहे हैं कि उच्च वर्णों के दुर्व्यवहार के कारण उनके प्रति दलितों का असन्तोष, जिसके पीछे 'मनुस्मृति' जैसे धर्मग्रन्थ हैं, पूरी तरह से निराधार हैं। इसी तर्ज पर वे हिन्दुत्व को समतावादी और करुणामय भी ठहराते हैं (पालीवाल, 1994)। इस तरह, रामजीभाई और उनके जैसे अन्य कार्यकर्ता एक ऐसे गाँव के निर्माण में जुटे हैं, जहाँ दलित उच्च वर्ण हिन्दुओं की सेनाओं के रूप में रहें और इस्लाम और ईसाइयत की शक्तियों के खिलाफ लड़ें। अगले अध्याय में हम देखेंगे कि हिन्दुत्ववादी शक्तियाँ किस तरह रामजीभाई के सपनों के गाँव का निर्माण करने में जुटी हैं। हम यह भी देखेंगे कि इन गाँवों की मिली-जुली सामूहिक संस्कृति को, जहाँ ऊँची और निचली जातियों के हिन्दू और मुसलमान मिल-जुलकर साथ-साथ रहते हैं, किस तरह साम्प्रदायिक रंग में रँगने की कोशिश की जा रही है।

टिप्पणियाँ

1. बद्री नारायण, फील्ड डायरी, 5 जनवरी, 2005
2. बद्री नारायण, फील्ड डायरी, 5 जनवरी, 2005
3. नारायण (2006) में विमर्शित विभिन्न केस-अध्ययन देखें।
4. यह कविता गाँवों की दलित बस्तियों में खूब दोहराई जाती है। यह अब तक अप्रकाशित है और इलाहाबाद के जी.बी. पन्त सामाजिक विज्ञान संस्थान के दलित संसाधन केन्द्र में संगृहित और संरक्षित है।
5. उत्तरी उत्तर प्रदेश के कुछ गाँवों में अपने फील्ड-वर्क के दौरान मैंने पाया कि हिन्दू धर्म में लौटे दलितों के घरों की दीवारों पर अम्बेडकर के साथ-साथ भगवान गणेश और भगवान राम के चित्र भी थे।

दलित सेना की खोज

स्थानीय संस्कृतियाँ और साम्प्रदायिक राजनीति

सूअर के बार और तुरुक के दाढ़ी एक जैसा होला

—उत्तर भारत के गाँवों में एक मशहूर कहावत

इस अध्याय में मैं आपको एक ऐसे गाँव के बारे में बताऊँगा जहाँ एक नहीं बल्कि कई-कई रामजीभाई हैं और रामजीभाई के सपनों के गाँव के निर्माण में जुटे हुए हैं। इस गाँव का नाम चित्तौरा है और यह उत्तर प्रदेश के बहराइच जिले में स्थित है। राष्ट्रीय स्वयंसेवक संघ-भाजपा-विश्व हिन्दू परिषद गठजोड़ के रामजीभाई जैसे राजनीतिक कार्यकर्ता न सिर्फ चित्तौरा गाँव को बल्कि इसके आसपास के बहराइच जिले के सभी गाँवों को उनके सपनों के गाँव में बदलना चाहते हैं (रामजीभाई, तिथि ज्ञात नहीं)। इस क्षेत्र में हिन्दुत्ववादी शक्तियों की दिलचस्पी का कारण यह है कि यह नेपाल की सीमा और मैदानी इलाकों से सटा हुआ है। यह क्षेत्र नक्सलवादी गतिविधियों का केन्द्र है, इसलिए यहाँ सी.पी.आई. (एम.एल.) की भी अच्छी-खासी उपस्थिति है। साथ ही यह क्षेत्र मुस्लिम उग्रवादियों और आई.एस.आई. के आतंकवादियों की पैदाइश का गढ़ भी बनता जा रहा है। मदरसों की बढ़ती तादाद से बहुत से लोगों में यह भय पनपने लगा है कि ये जगहें इस क्षेत्र में मुस्लिम कट्टरवादी विचारों को फैलाने का माध्यम बन रही हैं। यह बात ध्यान देने योग्य है कि एक तरह का सम्प्रदायवाद दूसरी तरह के सम्प्रदायवाद को प्रोत्साहन देता है। यह क्षेत्र इसी का एक उदाहरण है, जहाँ मुस्लिम कट्टरवाद और आतंकवादी गतिविधियों को लेकर मीडिया के शोर-शराबे और साथ ही नक्सलवादी गतिविधियों ने राष्ट्रीय स्वयंसेवक संघ, भाजपा और विश्व हिन्दू परिषद को मिल-जुलकर इन 'राष्ट्र-विरोधी' तत्त्वों का मुकाबला करने के लिए उत्प्रेरित किया है। परिणामस्वरूप, हिन्दुत्ववादी राजनीति इस क्षेत्र में कहीं ज्यादा सक्रिय है। यही कारण है कि रामजीभाई के कई सहयोगी स्थानीय संस्कृति और स्मृतियों का भगवाकरण करने की राजनीति में जुटे हुए हैं।

चित्तौरा गाँव : हिन्दुत्ववादी राजनीति और बदलती संस्कृति

चित्तौरा एक छोटा-सा गाँव और खेड़ा है, जो मसीहाबाद ग्रामसभा में पड़ता है। इस ग्राम सभा के अन्य खेड़ों/परगनों में नगरौर, जगतपुर, रसूलपुर सरैया, बेरिया और मसीहाबाद शामिल हैं। चित्तौरा में मिश्रित आबादी है, जिसमें ब्राह्मण, कुम्हार, धोबी, कहार, ठाकुर और चमार शामिल हैं। चमार बहुसंख्यक हैं, जिनके 25-30 घर हैं, जबकि अन्य जातियों का सिर्फ एक-एक घर है। चित्तौरा में कोई भी मुस्लिम परिवार नहीं है, हालाँकि बगल के नगरौर और रसूलपुर सरैया परगनों में उनकी अच्छी-खासी तादाद है। आसपास के बेरिया और जगतपुर परगनों में यादवों (30 घर), बनियों (15 घर), ब्राह्मणों (2 घर), ठाकुरों (1 घर) और पासी, चमार व अन्य निचली जातियों (30 घर) की आबादी है। मसीहाबाद ग्राम सभा की कुल आबादी का लगभग 25 प्रतिशत निचली जातियाँ हैं, जो 2300 के आसपास है। हालाँकि ग्राम सभा का मुख्य व्यवसाय खेतीबाड़ी है, लेकिन यह काफी सम्पन्न ग्राम सभा है क्योंकि यहाँ की जमीन भरपूर उपजाऊ है। सभी दलितों, पिछड़ों और भूमिहीन किसानों को पट्टे पर जमीन दी गई है, इसलिए हर किसी के पास आजीविका का साधन है। यहाँ एक प्राथमिक स्कूल और एक जूनियर हाई स्कूल है। इस क्षेत्र में कोई इंटर-कॉलेज नहीं है (गौतम, 2006)[1]।

बहराइच जिला उत्तर प्रदेश की उत्तर-पूर्वी सीमा के मध्य में पड़ता है। उत्तर में यह नेपाल की सीमा को छूता है, जबकि इसके दक्षिण में कोडीयाला (Kaudiyala) और घाघरा नदियाँ पड़ती हैं। इन नदियों के दूसरी तरफ खीरी, लखीमपुर, सीतापुर और बाराबंकी जिले पड़ते हैं। गोंडा और बलरामपुर जिले बहराइच के साथ सटे हुए हैं (शुक्ला, 2003ए, 19)। बहराइच जिला मध्य उत्तर प्रदेश में है और इसका क्षेत्रफल 6,871 कि. मी. है। इसकी कुल आबादी 17,26,972 है, जिसमें 9,37,903 पुरुष और शेष स्त्रियाँ हैं (पांडे, 1988, 2)। प्राचीन युग में यह जिला अयोध्या राज्य का अंग था। इस जिले में मुख्यत: भर-पासियों की आबादी है, जो आज दलित राजनीति के केन्द्र में हैं। यहाँ की बहुत सी इमारतें, टीले, कुएँ और तालाब क्षेत्र के मौखिक इतिहास का हिस्सा हैं और इस बात का प्रमाण हैं कि यहाँ भर-पासी बहुत लम्बे समय से रहते रहे हैं।

यहाँ का चर्दा (Charda) टीला विशेष रूप से उल्लेखनीय है, जो भर-पासी राजा सुहेलदेव की स्मृति से जुड़ा हुआ है। कहा जाता है कि मध्ययुग में उन्होंने एक मुगल सैयद सालार गाज़ी मियाँ को मार गिराया था। इस क्षेत्र के जनमानस में गाज़ी मियाँ और राजा सुहेलदेव की लड़ाई की कथा आज भी बहुत महत्त्वपूर्ण स्थान रखती है।[2] यहाँ सैय्यद सालार गाज़ी मियाँ की दरगाह की उपस्थिति भी इस कथा को जीवित रखे हुए है। इस दरगाह पर हिन्दू और मुसलमान दोनों ही साल भर बड़ी संख्या में

आते रहते हैं। मई के महीने में यहाँ एक महीने के मेले के दौरान श्रद्धालुओं की संख्या और भी बढ़ जाती है।[3]

ब्रिटिश काल में, अवध पर कब्जे के तुरन्त बाद, बहराइच में बहुत से प्रशासनिक परिवर्तन हुए। ब्रिटिश काल में ही इस जिले का विस्तार हुआ और इसने अपना वर्तमान आकार लिया। बहराइच चार तहसीलों में बँटा हुआ है—नानपाड़ा, केसरगंज, बहराइच और भींगा। चित्तौरा नामक जिस गाँव की हम बात कर रहे हैं, वह इन्हीं में से एक तहसील में पड़ता है (पांडे, 1988)।

पिछले दो दशकों में भाजपा-विहिप-संघ गठजोड़ के सांस्कृतिक हस्तक्षेप के कारण गाँव के मंचीय परिदृश्य में कई परिवर्तन दिखाई देने लगे हैं। इनकी राजनीतिक जरूरतों के अनुरूप कई नई रस्में शुरू हो गई हैं, जिन्हें गाँव वालों ने भी अपना लिया है। हिन्दुत्व मिथकों को लेकर कई नए मेले जुटने लगे हैं, नई नौटंकियाँ खेली जाने लगी हैं और पुरानी नौटंकियों की हिन्दुत्व के आधार पर पुनर्व्याख्याएँ की जाने लगी हैं। इनमें गाज़ी मियाँ को एक विदेशी हमलावर के रूप में निन्दा का पात्र दिखाया जाता है, जबकि सुहेलदेव को हिन्दुओं की रक्षा करने वाले एक हिन्दू और दलित नायक के रूप में चित्रित किया जाता है। उनकी वीरता का गुणगान करने वाले गीतों और कथाओं की रचना की जाती है। सार्वजनिक मंचों का सम्प्रदायीकरण और भगवाकरण करके हिन्दुओं और दलितों को एकजुट करने के लिए उद्यानों और खुली जगहों पर सामुदायिक भोजों का आयोजन किया जाने लगा है। इस प्रक्रिया के कारण इस क्षेत्र में एक नया सांस्कृतिक परिवर्तन होता दिखाई देने लगा है।

अन्य गाँवों की तरह, चित्तौरा और इसके आसपास के गाँवों में भी मेले आयोजित किए जाते हैं। इन मेलों में ग्रामीण हर्षोल्लास और धूम-धड़ाका अपने परम्परागत रूप में दिखाई देता है। ये मेले गाँव वालों के जीवन में बहुत महत्त्वपूर्ण अवसर होते हैं, खासकर स्त्रियों के जीवन में, जिन्हें मेले के बहाने घर की चारदीवारी से निकलने का अवसर मिल जाता है। रंग-बिरंगे रिबनों, कंघियों, सिन्दूर, मिठाइयों और स्त्रियों को लुभाने वाली अन्य चीजों के पंडाल उनके मन को छू लेते हैं और उन्हें ढर्रे में बँधी-बँधाई जिन्दगी से राहत प्रदान करते हैं। मदारी और नट जैसे तमाशा दिखाने वाले कलाकार भी थे जिनका यह जाति आधारित पेशा धीरे-धीरे मास-मीडिया के आगे दम तोड़ता जा रहा है—वे इन मेलों में कुछ पैसे कमाने का अवसर पा जाते हैं।

इन मेलों के विपरीत, चित्तौरा का मेला सुहेलदेव के सम्मान में आयोजित किया जाता है। यह मेला 1950 में शुरू हुआ था। इसमें मेलों के आम आकर्षणों के साथ-साथ व्याख्यान, नौटंकियाँ और संगीत कार्यक्रम भी आयोजित किए जाते हैं। इनके माध्यम से मुस्लिम हमलावर सैय्यद सालार गाज़ी मियाँ को हराने वाले हिन्दू राजा के रूप में सुहेलदेव को महिमामंडित किया जाता है। इस मेले से धीरे-धीरे

हिन्दुओं और मुसलमानों में टकराव पैदा होने लगा, जो अब तक शान्ति और सद्भाव के साथ मिल-जुलकर रहते रहे थे। गाज़ी मियाँ दरगाह समिति के एक सदस्य ख्वाजा खलील अहमद शाह ने इस मेले के खिलाफ विरोध प्रकट करते हुए प्रशासन को एक पत्र लिखा। प्रशासन ने इस पत्र के आधार पर मेले पर धारा 144 लागू कर दी।[4] इसके बाद यह मेला किसी तरह के भड़कीले साम्प्रदायिक तेवरों के बिना नियमित रूप से आयोजित होता रहा। लेकिन 2001 के बाद से राष्ट्रीय स्वयंसेवक संघ-भाजपा-विश्व हिन्दू परिषद की तिकड़ी इस मेले को एक राजनीतिक मंच के रूप में प्रयोग करने लगी। इस रणनीति के तहत सुहेलदेव को एक मुस्लिम हमलावर गाज़ी मियाँ को मार गिराने वाले हिन्दू नायक के रूप में चित्रित किया जाने लगा। इन तीनों संस्थाओं के राजनीतिक संरक्षण में सुहेलदेव सेवा समिति इस मेले का आयोजन करने लगी, जिसका गठन 2001 में किया गया था। इस मेले में यज्ञ, सत्संग, प्रवचन और सुहेलदेव का महिमागान करने वाले नाटकों का मंचन जैसी सांस्कृतिक गतिविधियाँ शामिल रहती हैं।[5] अन्य निचली जातियों के साथ-साथ पासी भी बड़े उत्साह से इस मेले में भाग लेते हैं। मेले के स्थल के नजदीक ही सुहेलदेव का एक मन्दिर बनाया गया है, जहाँ हर वर्ष महाराजा सुहेलदेव विजयोत्सव मनाया जाता है (देखें चित्र 2.1)। हर वर्ष कार्तिक महीने के शुक्लपक्ष के नौवें दिन हिन्दुत्ववादी शक्तियों के तत्त्वावधान में एक जुलूस निकाला जाता है, जो गड़ेरियाँ पुरवा, बेरिया गाँव, बेरिया समाय मन्दिर, जयसिंहपुर भवानी, गोकुलपुर, बैकुठा, हजूरपुर रोड के ख्वाजा माई मन्दिर, मसूदपुर गाँव और रास्ते में पड़ने वाले अन्य गाँवों से होकर गुजरता है। जुलूस में शामिल लोग 'सुहेलदेव जागा है, सालार भागा है' और 'सुहेलदेव ने ललकारा है, सूरजकुंड हमारा है' जैसे नारे लगाते हैं। इस जुलूस से क्षेत्र के हिन्दुओं और मुसलमानों के बीच अकसर साम्प्रदायिक तनाव पैदा हो जाता है।[6]

राष्ट्रीय स्वयंसेवक संघ-भाजपा-विश्व हिन्दू परिषद गठजोड़ जोर-शोर से यह प्रचार करता है कि गाज़ी मियाँ की दरगाह कभी बालार्क (Balark) ऋषि का आश्रम हुआ करती थी। सालार मसूद ने इस आश्रम और इसके भीतर स्थित सूरजकुंड को तहस-नहस कर दिया था। 300 वर्ष बाद मुस्लिम बादशाह फिरोज तुगलक ने इस जगह को एक दरगाह में बदल दिया। दरअसल, सालार मसूद इस जगह से लगभग 5 कि.मी. दूर मारा गया था। इस तरह की रणनीतियों के माध्यम से संघ परिवार हिन्दुओं को एकजुट करने और दलितों को हिन्दुत्व की छत्रच्छाया में लाने का प्रयास कर रहा है।

मेला एक ऐसा मंच होता है जहाँ विभिन्न जातियों, धर्मों और वर्गों के लोग एक-दूसरे से मिलते-जुलते हैं और सामाजिक सद्भाव के सूत्रों को मजबूत करते हैं। आज ये मंच हिन्दुत्ववादी शक्तियों द्वारा हिन्दुओं और मुसलमानों के बीच दरार

चित्र-2.1 : सुहेलदेव का मन्दिर, चित्तौरा| स्रोत : निवेदिता सिंह

पैदा करने के लिए इस्तेमाल किए जा रहे हैं। दरअसल, हिन्दुत्ववादी शक्तियों के लिए ये मेले हमेशा से ही हिन्दुत्व का प्रचार करने और मुसलमानों के खिलाफ हिन्दुओं को एकजुट करने का माध्यम रहे हैं। दशहरा के अवसर पर उत्तर भारत के अनेक क्षेत्रों में परम्परागत रामायण और रामनवमी मेले और दस दिनों तक चलने वाली रामलीला का मंचन इसी के उदाहरण हैं।

यहाँ यह कहना जरूरी है कि चित्तौरा का मेला एक परम्परागत मेला नहीं है, बल्कि साम्प्रदायिकता पर आधारित राजनीतिक विचारों को फैलाने के उद्देश्य से शुरू किया गया है। बहराइच क्षेत्र के चित्तौरा मेले की तरह, जहाँ सुहेलदेव के मिथक को पासियों को लुभाने के लिए इस्तेमाल किया जा रहा है, उत्तर प्रदेश के कई अन्य क्षेत्रों में भी स्थानीय नायकों को हिन्दुत्व की राजनीतिक विचारधारा में फिट करके उनके स्मरणोत्सव मनाए जा रहे हैं। इलाहाबाद के नजदीक लगने वाला सातन (Saatan) मेला और एकलव्य मेला ऐसे ही उदाहरण हैं, जिन्हें सामाजिक समरसता अभियान के अंग के रूप में आयोजित किया जाता है (सिंघल, 1994 : 1)। इन मेलों के आयोजन के पीछे मुख्य रूप से सार्वजनिक मंचों के सम्प्रदायीकरण का उद्देश्य रहता है। पहले ये मेले विभिन्न वर्गों के बीच परस्पर मेल-जोल और आदान-प्रदान के अवसर होते थे, लेकिन अब राजनीतिक उद्देश्यों की पूर्ति के लिए इन सार्वजनिक मंचों को साम्प्रदायिक मंचों में बदला जा रहा है। इसी तरह स्थानीय स्मृतियों और रीति-रिवाजों को भी साम्प्रदायिक रंग दिया जा रहा है।

नौटंकी और खेलों का सम्प्रदायीकरण

उपनिवेशीय युग में आर्यसमाज ने भी विभिन्न मंचों और रणनीतियों के माध्यम से स्मृतियों का सम्प्रदायीकरण करने का प्रयास किया था। आर्यसमाजी समूहों ने बहुत से भजनों और कीर्तनों का सृजन करके और अनेक टोलियाँ बनाकर उत्तर भारत में हिन्दुत्व की आर्यसमाजी धारा का प्रचार-प्रसार किया था। बीसवीं सदी के पहले और दूसरे दशक में उत्तर भारत के बहुत से जिलों में बेहद लोकप्रिय पासी थिएटरों और अन्य थिएटर कम्पनियों ने भी हिन्दुत्व की आर्यसमाजी व्याख्या का प्रसार करने का काम किया था। उन दिनों उत्तर भारत में आर्यसमाज का प्रभाव अपने चरम पर था। इन व्याख्याओं के माध्यम से दलितों का ब्राह्मणीकरण करके उन्हें अत्यन्त कर्मशील और पराक्रमी आर्यपुत्रों के रूप में चित्रित किया जा रहा था (हेनसेन, 2006)।

चित्तौरा के लोग उस जमाने को याद करते हैं जब लखनऊ, कानपुर और मथुरा की थिएटर कम्पनियाँ उनके गाँव में आया करती थीं।[7] कानपुर की कृष्णा कम्पनी नामक एक थिएटर कम्पनी उनके गाँव में 'मोर ध्वज', 'हरिशचन्द्र', 'अमर सिंह राठौड़', 'लैला-मजनू' और 'शीरी-फरहाद' जैसे नाटकों का मंचन किया करती थी। आजकल नाटकों के नाम पर गाँव में आमतौर से 'रामलीला' या 'सुहेल देवलीला' का मंचन होता है।

ये नाटक संघ कार्यकर्ताओं के मार्गदर्शन में तैयार किए जाते हैं। पहले सिर्फ उच्चजातियों के लोग राजाओं की भूमिकाएँ निभाते थे। लेकिन अब राजनीतिक रणनीति के तहत निचली जातियों को भी विभिन्न भूमिकाएँ सौंपी जाने लगी हैं, भले ही वे राजा-रानियों की भूमिकाएँ न हों। उन्हें आमतौर से राक्षसों, वानरों और भालुओं जैसे गौण पात्रों की भूमिकाएँ दी जाती हैं। 2001 के बाद से, जब से राष्ट्रीय स्वयंसेवक संघ की गतिविधियों ने जोर पकड़ा है, रामलीला के दर्शकों के मानसिकता में एक बड़ा परिवर्तन दिखाई देने लगा है। पहले 'धनुष यज्ञ' रामायण का सबसे लोकप्रिय दृश्य हुआ करता था, जिस पर खूब तालियाँ बजती थीं। लेकिन अब भगवान राम द्वारा लंका पर आक्रमण का दृश्य लोकप्रियता में कहीं आगे निकल गया है।[9] रामायण का वह प्रसंग जिसमें भगवान राम स्वयंवर में सीता को जीतने के लिए धनुष उठाते हैं, दर्शकों में प्रेम और रोमानियत की भावना पैदा करता है। जबकि लंका पर आक्रमण का दृश्य एक शत्रु के प्रति क्रोध और आक्रामकता की भावना पैदा करता है। राष्ट्रीय स्वयंसेवक संघ की धारणा के अनुसार यह शत्रु निस्सन्देह हिन्दू-विरोधी मुसलमान हैं।

राम सुमेर का कहना है कि आज की 'रामलीला' में एक अन्य चौंकाने वाला परिवर्तन मंचन के अन्त में सुहेलदेव बावनी (Bavni) गीत की प्रस्तुति है। इस गीत में गाज़ी मियाँ पर सुहेलदेव के निर्भीक और शौर्यपूर्ण आक्रमण का वर्णन है। यह

एक उल्लेखनीय तथ्य है कि 2001 से पहले भगवान राम भाजपा–राष्ट्रीय स्वयंसेवक संघ–विश्व हिन्दू परिषद के राजनीतिक अभियान का बहुत महत्त्वपूर्ण अंग थे, लेकिन अब सुहेलदेव का स्थानीय मिथक, जो इस क्षेत्र की सामूहिक अवचेतना में महत्त्वपूर्ण स्थान रखता है, उतना ही या उससे भी ज्यादा महत्त्वपूर्ण होता जा रहा है। यही कारण है कि 'रामलीला' के अन्त में गीतों, नृत्यों और नाटिकाओं के रूप में सुहेलदेव की शौर्यगाथा सुनाई जाती है। राम सुमेर के अनुसार, सुहेलदेव के जीवन पर आधारित नाटकों का मंचन आमतौर से बहराइच की स्थानीय नाटक कम्पनियों द्वारा किया जाता है, जो उनके मिथक से अधिक परिचित हैं। ये नाटक दो–दो घंटे तक चलते रहते हैं और गाज़ी मियाँ के हमलों से हिन्दू धर्म की रक्षा करने वाले एक भर–पासी राजा के रूप में सुहेलदेव के योगदान को बड़े प्रभावशाली ढंग से दर्शकों तक पहुँचाने का काम करते हैं। इन नाटकों में उनके चरित्र की खूबियों को भी दर्शाया जाता है, जिनमें उनकी धर्मपरायणता और प्रजा के प्रति उनके प्रेम पर अधिक जोर दिया जाता है। इन नाटकों में गीतों और संवादों दोनों का ही उपयोग किया जाता है। नाटक को प्रभावशाली बनाने के लिए अन्तरात्मा की आवाज और बीच–बीच में हँसोड़ पात्रों (जोकरों) का भी उपयोग किया जाता है।[10] गोपाल शुक्ला के अनुसार, जब सुहेलदेव गाज़ी मियाँ को जमीन पर गिराकर उसके सीने के इर्द–गिर्द पाँव रखकर खड़े हो जाते हैं तो पूरा हाल तालियों से गूँज उठता है।[11]

इतना ही नहीं, राष्ट्रीय स्वयंसेवक संघ द्वारा गठित 'महाराजा सुहेलदेव सेवा समिति, उ.प्र.' सुहेलदेव विजयोत्सव का भी आयोजन करती है, जिसमें एक विराट दंगल के साथ–साथ हिन्दू सन्त सम्मेलन और श्री रामकथा जैसे कार्यक्रम रहते हैं। इनके पीछे इस समारोह को एक हिन्दू रंग देने का उद्देश्य होता है। इस तरह, सुहेलदेव के मिथक को भगवान राम के मिथक के साथ जोड़ दिया गया है और स्थानीय लोगों के सामूहिक मानस में सुहेलदेव के मिथक को भगवान राम की कथा का अंग बना दिया गया है। ऐसा लगता है कि चित्तौरा की स्थानीय संस्कृति में सुहेलदेव की स्मृति के पुनर्सृजन और प्रचार–प्रसार के माध्यम से भाजपा–राष्ट्रीय स्वयंसेवक संघ–विश्व हिन्दू परिषद दलितों और उच्च वर्णों दोनों को ही अपने खेमे में खींचने की कोशिश कर रहे हैं। एक दिलचस्प तथ्य यह है कि सुहेलदेव मन्दिर के पुजारी आमतौर से गैर–ब्राह्मणवादी ओ.बी.सी. जातियों से होते हैं। पहले पुजारी, बाबा नारायण पुरी श्री राम रत्न मौर्य कुर्मी जाति के थे, जबकि प्रमुख सन्त श्री राम लाल निषाद मल्लाह जाति के थे। वे एक कवि थे, जिन्होंने सुहेलदेव की प्रशंसा में बहुत से गीत लिखे।[12] वर्तमान पुजारी श्री शोभा राम यादव पिछड़ी जाति के हैं और बहराइच के सरदारपुर गाँव से सम्बन्धित हैं। वे भी भाजपा–राष्ट्रीय स्वयंसेवक संघ से जुड़े हुए हैं और मन्दिर के अहाते में ही रहते हैं।[13]

गाँव, सार्वजनिक मंच और हिन्दुत्ववादी राजनीति

सुहेलदेव मेले जैसे सार्वजनिक मंच के माध्यम से सुहेलदेव के मिथक को हिन्दुत्व व्याख्यान का अंग बनाना और हिन्दुत्व के विचारों का प्रचार-प्रसार करना भाजपा-राष्ट्रीय स्वयंसेवक संघ की रणनीति का एक सामान्य हिस्सा है। वे सांस्कृतिक गतिविधियों के नाम पर साम्प्रदायिक भावनाएँ भड़काने के लिए हमेशा से ही सार्वजनिक मंचों का इस्तेमाल करती रही हैं। ग्रामीण क्षेत्रों में इन सांस्कृतिक गतिविधियों में कुश्ती का अभ्यास और दंगलों का आयोजन भी शामिल रहता है। इन क्षेत्रों में कुश्ती न सिर्फ एक प्रमुख गतिविधि है बल्कि लोगों के मनोरंजन का प्रमुख साधन भी है। अखाड़ों के माध्यम से पहलवानों में साम्प्रदायिक भावनाएँ सिंचित करने में मदद मिलती है।

कुश्ती को प्रोत्साहित करने और अखाड़ों में रहने वाले पहलवानों को खुश रखने के पीछे राष्ट्रीय स्वयंसेवक संघ का एक उद्‌देश्य यह भी है कि साम्प्रदायिक दंगों के दौरान ये लोग हिन्दुओं की रक्षा के लिए हमेशा तैयार रहते हैं, जैसा कि एक दलित बुद्धिजीवी और सेवानिवृत्त प्रशासनिक अधिकारी आर.डी. सोनकर ने लिखा है। वे उ.प्र. सरकार के सलाहकार भी रह चुके हैं। उनके अनुसार उनके गाँव के अधिकांश लड़के नियमित रूप से अखाड़ों में जाया करते हैं और उस्तादों और खलीफाओं से प्रशिक्षण लिया करते थे। यह प्रशिक्षण साम्प्रदायिक दंगों के दौरान बहुत काम आता था, क्योंकि ये लड़के फसादियों का सामना करने के लिए तैयार रहते थे (सोनकर, 1993, 2)।

चित्तौरा की ग्रामीण संस्कृति में, और साथ ही इसके आसपास के बहराइच जिले के अन्य ग्रामीण क्षेत्रों में भी, कुश्ती मनोरंजन का बहुत लोकप्रिय माध्यम है। निचली और ऊँची जातियों के हिन्दू और मुसलमान अखाड़ों में साथ-साथ रहते हैं और उस्तादों से प्रशिक्षण लेते हैं। यह स्थानीय लोक-संस्कृति से उपजा एक महत्त्वपूर्ण सार्वजनिक मंच है, जिसके दायरे में सभी समुदायों के लोग आते हैं। हालाँकि शहरी मनोरंजन-माध्यमों के प्रभाव को देखते हुए, जो धीरे-धीरे गाँवों तक भी पहुँच रहे हैं, कुश्ती अपनी मोहकता और लोकप्रियता खोने लगी है, लेकिन बहुत से क्षेत्रों में यह अब भी ग्रामीण संस्कृति का एक महत्त्वपूर्ण हिस्सा है।

सार्वजनिक मंचों को साम्प्रदायिक विचारों के संचार का माध्यम बनाने की अपनी रणनीति के तहत, राष्ट्रीय स्वयंसेवक संघ-विश्व हिन्दू परिषद-भाजपा 2001 के बाद से बहराइच के सुहेलदेव मेले के अवसर पर पहलवानों को विराट दंगल प्रतियोगिताओं में भाग लेने के लिए आमंत्रित करने लगी हैं।[14] यह बात ध्यान देने योग्य है कि इन मुकाबलों में मुस्लिम पहलवानों को नहीं बुलाया जाता। जब राष्ट्रीय स्वयंसेवक संघ के कार्यकर्ता और महाराजा सुहेलदेव सेवा समिति के अध्यक्ष सुरेश्वर सिंह से यह प्रश्न पूछा गया तो उन्होंने कहा कि क्षेत्र के सभी पहलवानों को जात-पाँत या धर्म के भेद-भाव के बिना आमंत्रित किया जाता है, लेकिन मुस्लिम

पहलवान खुद ही मेले में भाग लेना पसन्द नहीं करते।[15]

इस सन्दर्भ में यह उल्लेख करना भी उपयुक्त होगा कि मुस्लिम पहलवान भले ही इन मुकाबलों में भाग न लेते हों, लेकिन वे अखाड़ों में शक्ति के प्रतीक भगवान हनुमान की पूजा करते हैं और अपने उस्ताद के चरण छूते हैं, वह हिन्दू हो या मुस्लिम। इस तथ्य से स्पष्ट है कि संघ किस तरह अखाड़े जैसे एक सार्वजनिक मंच का सम्प्रदायीकरण करने की कोशिश कर रहा है, जहाँ निचली जातियाँ, हिन्दू और मुसलमान मिल-जुलकर साथ-साथ रहते और अभ्यास करते रहे हैं। एक सार्वजनिक मंच के सम्प्रदायीकरण का दूसरा उदाहरण इस तथ्य से स्पष्ट है कि पहले इस क्षेत्र के मुसलमान मुहर्रम से पहले रंग-बिरंगे झंडों के साथ ताजिया निकाला करते थे, और कोई भी हिन्दू उनका विरोध नहीं करता था। लेकिन पिछले कुछ वर्षों से, कुछ अन्य सामाजिक-सांस्कृतिक कारणों के साथ-साथ, इस क्षेत्र में राष्ट्रीय स्वयंसेवक संघ की उग्र उपस्थिति ने इस परम्परा पर लगभग रोक लगा दी है। ननकू का कहना है कि अब गाँव में दहा गीत और 'हसन-हुसैन' का प्रलाप बहुत कम सुनाई पड़ता है।[16]

सुहेलदेव को हिन्दुत्व के खाँचे में फिट करना और उन्हें हिन्दू लोक-नायक के रूप में प्रोजेक्ट करना राष्ट्रीय स्वयंसेवक संघ-भाजपा-विश्व हिन्दू परिषद की उस राजनीतिक रणनीति का हिस्सा है, जिसके तहत दलितों को हिन्दुत्व के खेमे में लाने की कोशिश की जा रही है। एक स्थानीय नायक को हिन्दू नायक में रूपान्तरित करने और फिर उसे पुनर्स्थापित करने की प्रक्रिया को सुहेलदेव मन्दिर के पुजारी भी भरपूर प्रोत्साहन दे रहे हैं। मन्दिर के पुजारियों द्वारा सुहेलदेव के भजन, दोहे और चौबोले तैयार किए जाते हैं, जिन्हें सुहेलदेव महोत्सव के दौरान पुजारी और कई पेशेवर गायक गाते हैं। इनमें से अधिकांश गीतों में गाज़ी मियाँ के खिलाफ लड़ाई के दौरान सुहेलदेव द्वारा प्रदर्शित वीरता का वर्णन रहता है। इससे मुसलमानों पर प्रहार करने का भी अवसर मिलता है। एक ऐसा ही लोकगीत है—

गाज़ी मियाँ करले रहल जुलुम बड़ भारी हो रामा
देश खातिर सुहेलदेव भइले कुरबान हो रामा
तुरुक के मार के धरम बचवले हो रामा

मुखकही, वृत्तान्त और दलित स्मृति की रचना

भारतीय समाज एकरूपी न होकर विविध समाजों का एक विशाल समूह है, और ये सभी समाज सदियों से भाईचारे और टकराव के साथ-साथ रहते रहे हैं। इसलिए किसी भी क्षेत्र में एक विशिष्ट लोक-स्मृति नहीं है। यह सम्भव है कि बहुत सी स्मृतियाँ आपस में मिलती-जुलती हों, लेकिन इनमें से अधिकांश में परस्पर विरोधी तत्त्व मौजूद हैं। उदाहरण के लिए, उच्च वर्ण हिन्दू समाज की मौखिक परम्परा

आमतौर से सहानुभूति, करुणा और प्रेम पर आधारित दिखाई देती है, लेकिन कई ऐसी लोककथाएँ भी हैं जिनमें मध्ययुगीन तुर्कों (मुस्लिमों) की अन्तर्निहित क्रूरता और हिंसक प्रकृति का उल्लेख है। इनमें मुसलमानों की क्रूर, हिंसक और चालबाजियों भरी छवि उभरती है। ग्रामीण हिन्दू समाज में ऐसी बहुत सी लोककथाएँ प्रचलित हैं जिनमें हिन्दुओं और मुसलमानों के बीच टकराव और संघर्ष का वर्णन होता है। लेकिन इन लोककथाओं के बावजूद इन गाँवों के हिन्दू और मुसलमान कुल मिलाकर शान्ति और सद्भावपूर्वक साथ-साथ रहते रहे हैं।

ऐसी ही एक कथा मुझे बचपन में मेरी माँ ने सुनाई थी। वे एक स्नेही और करुणामयी ब्राह्मण स्त्री थीं जिन्होंने अपनी पूरी जिन्दगी बिहार के एक गाँव में बिता दी। कहानी यह थी कि एक राजकुमारी का विवाह दूर-दराज के एक राजकुमार से हो गया। विवाह के बाद जब राजकुमारी पालकी में बैठकर अपने पति और उसके सेवकों के साथ अपने ससुराल जा रही थी तो उनके काफिले पर तुर्कों (मुस्लिमों) की एक टोली ने हमला कर दिया। सभी सेवक भाग खड़े हुए और राजकुमार और राजकुमारी को बन्दी बना लिया गया। राजकुमार न तो अपनी रक्षा कर सका और न अपनी दुल्हन की। कुछ दूर अपनी भेड़ें चरा रहे एक गड़रिए ने यह शोर सुना तो वह दौड़ता हुआ आया और तुर्कों को लड़ने के लिए ललकारने लगा। लड़ाई के दौरान उसने उन सबको हरा दिया और वे सब-के-सब दुम दबाकर भाग खड़े हुए। गड़रिए ने राजकुमार और राजकुमारी के बन्धन खोलकर उन्हें आजाद कर दिया। राजकुमारी इस दलित युवक की बहादुरी से इतनी खुश हुई कि वह राजकुमार को वहीं छोड़कर उसके साथ जंगल में रहने चली गई।

इस कहानी से कई सन्देश मिलते हैं। एक उल्लेखनीय सन्देश यह है कि मुसलमान लोगों पर हमला करके उनका धन-माल लूट लिया करते थे और उनकी औरतों के साथ दुर्व्यवहार करते थे। दूसरा सन्देश यह है कि एक गरीब चरवाहा एक राजकुमार और उसके सैनिकों से ज्यादा बहादुर था। तीसरा सन्देश यह है कि राजकुमारी ने पद-प्रतिष्ठा की परवाह किए बिना एक राजकुमार की बजाय एक गड़रिए के साथ रहना ज्यादा पसन्द किया।

उत्तर प्रदेश और बिहार के भोजपुरी अंचलों में एक लोकगीत बहुत प्रसिद्ध है, जो गेहूँ पीसते समय स्त्रियों द्वारा गाया जाता है। यह गीत मिर्जा नामक एक मुस्लिम हमलावर के बारे में है जो राजा जयसिंह के राज्य पर हमला करके उसे अपनी बेटी का विवाह उसके साथ करने के लिए बाध्य कर देता है। इस गीत में एक ऐसे हिन्दू परिवार की व्यथा का वर्णन है जिसकी बेटी को यह मिर्जा उड़ा ले गया था।

पुरब के वेसवाँ ले अइले मिरिजवा
आरे डेरा डाले नदी के किनारे... नू रे जी

चार सिपहिया रे चार देकनदरवा
आरे जैसिंह के पकरी लिआवाहू रे जी
आरे होरिल सिंह के पकरी लिआवाहू नू रे जी
किया तोर मिरिजिआ रे दिनवा घरवाली
आरे किया तोर जोतिला जंजिरिया नू रे जी
नाहीं मोरे जैसिंह दिनवा घरवाले
आरे नाहीं मोरे जोतेला जंजिरिया नू रे जी
अरे राम कि दिन भगिवंत से बिअहवा नू रे जी
अगिया लगाउ मिरिजिआ तोहरी अकिलिआ
अरे कातो होला हिन्दु–मुसलमान से बिअहवा नू रे जी
चार सिपहिया रे चार देकनदरवा
अरे राम जैसिंह के देदा हथकरियाँ नू रे जी

—सिंह, 1991, 38-39

मुसलमानों की क्रूरता को लेकर एक लोककथा अवध अंचल में भी प्रचलित है, जो कुसुमा देवी से सम्बन्धित है। इस लोककथा के अनुसार, कुसुमा देवी का एक विलासी मुगल ने अपहरण कर लिया था, जो उसके साथ विवाह करना चाहता था। उसने उसके भाई और पिता को भी बन्दी बना लिया था। लेकिन कुसुमा देवी अपने चातुर्य से उन दोनों को छुड़ाने में सफल रही। इसके बाद अपनी पवित्रता की रक्षा के लिए उसने जल–समाधि ले ली। मिर्जा ने उसे बचाने के लिए जाल फेंका, लेकिन वह जल की अटल गहराइ में विलीन हो चुकी थी। मिर्जा के जाल में सिर्फ दो किस्म की मछलियाँ ही फँस सकीं, घोघा और सिवार। यह कथा एक गीत के रूप में सुनाई जाती है। इसकी कुछ पंक्तियाँ हैं—

घोड़वा चढ़ल आवइ एक रे तुरुकवा
गोरिया के रुपवा लोभइले हो राम

बहियाँ पकरी, तुरुकवा घोड़वा चढ़ावइ
टप–टप चुवई अँसुवा हो राम
जो तुही मिरजा हो हम पर लोभाया
बाबा तइ हथिया बिसाहा हो राम
भइया तइ घोड़वा बिसाहा हो राम
जो तुहो मिरजा हो हम पइ लोभाया
इनो के बंदी छुड़ावा हो राम

रोई-रोई मिरजा हो जलवा लगावइ
बाँझी आवे घोंघवा सेमरवा हो राम

—उपाध्याय, 1997, 69

यह कहना बहुत मुश्किल है कि ग्रामीण समाज में इस तरह के कितने लोकगीत और लोककथाएँ प्रचलित हैं, जिनमें मुस्लिमों और तुर्कों की इस तरह की छवि प्रस्तुत की गई है। सामान्यता हिन्दुओं में मुसलमानों के बारे में बहुत सी लोक-धारणाएँ और लोक-स्मृतियाँ भी प्रचलित हैं। ऐसा माना जाता है कि ग्रामीण स्त्रियों द्वारा पहना जाने वाला 'ढोलना' नामक आभूषण मूलतः एक तावीज हुआ करता था, जिसमें सूअर की हड्डियाँ और बाल होते थे। ऐसा मुस्लिमों से रक्षा के लिए किया जाता था, जो हिन्दुओं की जवान लड़कियों को उठा ले जाते थे। इस्लाम में सूअर वर्जित होने के कारण ही इस तरह के तावीज पहने जाते थे।[18] इस तरह की लोक-वार्ता और धारणाएँ एक दिन में विकसित नहीं हुई हैं। इनके पीछे सामाजिक-राजनीतिक-सांस्कृतिक आख्यान की एक लम्बी-प्रक्रिया है। ये पीढ़ी-दर-पीढ़ी सुनी-सुनाई जाती रही हैं। इनके माध्यम से, छोटे अबोध बच्चों के अपरिपक्व मस्तिष्कों में—जो भविष्य के जनमत-निर्माता और जन-आख्यान के सर्जक होते हैं—मुसलमानों की एक क्रूर और हिंसक छवि निर्मित हो जाती है। अन्ततोगत्वा, बहुत से मन्थनों के बाद यह छवि लोकमानस का एक हिस्सा बन जाती है, जिसे साम्प्रदायिक शक्तियाँ भुनाकर मुसलमानों को शत्रुओं के रूप में चित्रित करने की कोशिश करती हैं।

बहुत से दलित समुदायों की लोक-परम्पराओं में तुर्कों और मुसलमानों के साथ उनके संघर्ष के वर्णन दिखाई देते हैं। पासियों का मानना है कि उनकी जाति परशुराम के पसीने से पैदा हुई थी, जो गायों का वध करने और उन्हें खाने वालों के खिलाफ उनके युद्ध के दौरान गिरा था (भारतीय जनगणना, 1971)। बिहार की दुसाध जाति में यह मान्यता प्रचलित है कि उनके नायक चुहड़मल गायों की रक्षा करते हुए शहीद हुए थे (नारायण, 2001)। उत्तरी बिहार के मुसहरों के नायकों दीना-भदरी की कथा भी गो-रक्षा से जुड़ी हुई है जो मुसहरों की सामूहिक स्मृति में मुस्लिम-विरोधी भावनाएँ जगाती है (नारायण, तिथि ज्ञात नहीं)। बिहार के दुसाध और मुसहर यह भी मानते हैं कि उनके पूर्वज राजपूत सैनिकों के साथ वहाँ आए थे, जो मध्ययुग में मुस्लिम हमलावरों से मठों और मन्दिरों की रक्षा के लिए यहाँ पहुँचे थे (देवी, 1965)। उत्तर प्रदेश और बिहार में पासियों और दुसाधों के लड़ाकू समुदायों में यह लोक-मान्यता है कि उन्हें गाँवों के बाहरी क्षेत्रों में इसलिए बसाया गया था ताकि वे हमला कर मुसलमानों से गाँव वालों की गायों की रक्षा कर सकें (चौधरी, 1997)। पासियों का यह भी मानना है कि उन्होंने उच्च वर्ण हिन्दुओं की मुसलमानों से रक्षा करने के लिए ही सूअर पालना शुरू किया था, क्योंकि मुसलमान सूअरों से दूर रहते

हैं। इस मान्यता में शिक्षित और प्रशिक्षित पासी भी विश्वास करते हैं और शिकायत करते हुए कहते हैं कि जिन सवर्ण हिन्दुओं ने सूअर-पालन को उनका जातिगत पेशा बनाया, वही उनके इस काम के कारण उन्हें अछूत मानने लगे (पासी, 1997)।

उत्तर प्रदेश के पासियों का मानना है कि भारत में मुसलमानों के आगमन से पहले मध्यकाल में इस क्षेत्र के कई भागों में उनका राज था। लेकिन मुगल राज और क्षेत्रीय विस्तार को लेकर उच्च वर्ण हिन्दुओं के षड्यंत्र के कारण उनका राज-पाठ छिन गया और वे निर्धनता के शिकार हो गए। उनके राजा, राजा बलदेव, ने मुस्लिमों के हाथों हार स्वीकार करने की बजाय आग में कूदकर मरना पसन्द किया (चौधरी, 1997)। उत्तर भारत के बहुत से गाँवों में एक बाबा की कथा काफी मशहूर है। गौड़िया (Gauriya) बाबा के नाम से जाने जाने वाले इस बाबा ने मध्यकाल में मुगलों के अत्याचारों के खिलाफ लड़ने का संकल्प लिया था और अपना पूरा जीवन इसी उद्देश्य के लिए समर्पित कर दिया था। यह वह समय था जब मुगलों ने गैर-मुसलमानों पर घोर अत्याचार करने शुरू कर दिए थे। हालाँकि गौड़िया बाबा दुसाध जाति के थे, लेकिन उन्होंने धानुक, राजपूत, मल्लाह, माली और बढ़ई जातियों की भी रक्षा की। इसलिए इनमें से कई जातियों में उन्हें आज भी भगवान की तरह पूजा जाता है। गौड़िया बाबा एक कुशल घुड़सवार थे। उन्होंने मुगलों के खिलाफ अकेले ही लड़ाई लड़ी और उन्हें हिन्दुओं को जबर्दस्ती मुसलमान बनाने, हिन्दू लड़कियों को अगवा करके उनसे विवाह करने और धनवान हिन्दुओं के घरों में घुसकर लूटपाट करने से रोका। बाबा के बारे में एक लोकप्रिय मान्यता यह है कि चूँकि सूअर मुसलमानों के लिए वर्जित था, इसलिए बाबा एक सूअर को मारकर उसका सर अपने घर के सामने गाड़ देते थे। इससे मुगल सैनिक उनके घर में घुसकर हमला नहीं कर पाते थे। चूँकि बाबा का घर गाँव में सबसे पहला घर पड़ता था, इसलिए मुगल सैनिक गाँव में घुसकर अत्याचार भी नहीं कर पाते थे। बाबा सारा दिन अपने घोड़े पर गाँव का चक्कर लगाते रहते थे, बिलकुल नेपोलियन की तरह, और गाँव वालों को मुगलों के हमले से बचाने के लिए पहरा देते रहते थे। क्षेत्र के सभी लोग उनका बहुत मान करते थे। आज भी उन्हें एक लोकनायक के रूप में देखा जाता है। क्षेत्र की मौखिक संस्कृति में उनकी बहादुरी की कथाएँ आज भी जीवित हैं (आचार्य, 2002, 57)।

इन कथाओं की उत्पत्ति को समझना बहुत मुश्किल है, लेकिन कई बार समाज के प्रभुत्वशाली और आभिजात्य वृत्तान्तों का प्रभाव भी दलित स्मृतियों के साम्प्रदायिक वृत्तान्तों में दिखाई देता है। दूसरे, दलितों की सामाजिक-आर्थिक अधीनता भी कई बार उनके वृत्तान्तों को समाज के प्रभुत्वशाली वृत्तान्तों के अनुरूप ढलने के लिए बाध्य कर सकती है। वृत्तान्त की यह अधीनता दलित समुदायों की पहचान-संरचना में एक ऐसी गुंजाइश छोड़ देती है जिसे साम्प्रदायिक शक्तियाँ एक साम्प्रदायिक

गुंजाइश की तरह भुना सकती हैं। यह भी एक दिलचस्प तथ्य है कि एक क्षेत्र में अन्य बहुत से समुदायों के साथ रहने वाले किसी समुदाय में जो कथाएँ पाई जाती हैं, वे देश के अन्य हिस्सों में भी देखने को मिलती हैं।

नन्दी (2001) ने केरल के कोचीन शहर का उदाहरण दिया है, जहाँ आज भी 14 भिन्न-भिन्न समुदाय रहते हैं। इनमें से हरेक समुदाय का संघर्ष का एक अपना 'इतिहास' है और अन्य समुदायों को लेकर अपना एक वर्ग-क्रम भी, जिसके आधार पर वह अन्य समुदायों को देखता है। यह स्मरित या मिथकीय अतीत पर आधारित होता है। हरेक समुदाय अन्य समुदायों में से कुछ को अच्छा तो कुछ को बुरा मानता है (नन्दी, 2001, 159)। फिर भी, कोचीन के एक शिक्षित, धर्म-निरपेक्ष और कॉस्मोपॉलिटन शहर होने के कारण इन कथाओं को अब तक समुदायों को लुभाने के लिए इस्तेमाल नहीं किया गया है। कोचीन आज भी सांस्कृतिक विविधता का परम प्रतीक बना हुआ है। पिछली कई सदियों से यहाँ (समुदायों के नाम पर) खून-खराबा तो क्या सही अर्थों में कोई दंगा तक नहीं हुआ (वही, 158)।

लेकिन उत्तर भारत के गाँवों में अन्य समुदायों, खासकर मुसलमानों, के खिलाफ वैमनस्य भरी कथाएँ विश्व हिन्दू परिषद और राष्ट्रीय स्वयंसेवक संघ जैसी हिन्दुत्ववादी शक्तियों द्वारा फैलाई जा रही हैं, जो पासियों और अन्य दलित जातियों के राजनीतिक लामबन्दी के चक्कर में लोक-मान्यताओं की अपनी राजनीतिक विचारधारा के अनुरूप पुनर्संरचना और पुनर्व्याख्या कर रही हैं और इन्हें इनका वर्तमान स्वरूप दे रही हैं। आर्यसमाज जैसे सुधारवादी समूहों ने भी इस प्रक्रिया में अपनी भूमिका निभाई है। इस्लाम से हिन्दुत्व की रक्षा के लिए दलितों के बलिदान की कहानियों के माध्यम से उन्होंने दलित जातियों का ब्राह्मणीकरण और संस्कृतीकरण करने का प्रयास किया है। इन कहानियों और वृत्तान्तों में ऐसी बहुत सी सम्भावनाएँ हैं जिनका साम्प्रदायिक राजनीति करने वाले दुरुपयोग कर सकते हैं, और कर रहे हैं, और सामान्य स्तर पर लोगों में घृणा की भावना फैला रहे हैं। सन्तोष की बात यह है कि दलित जीवन में साम्प्रदायिक सम्भावनाओं की उपस्थिति के बावजूद उन्हें भड़काने और हिंसा की तरफ ले जाने के साम्प्रदायिक आन्दोलन ज्यादा देर तक टिक नहीं पा रहे हैं। लेकिन अगर इन साम्प्रदायिक शक्तियों ने सही और अधिक प्रभावशाली तर्कमूलक रणनीतियाँ अपनाईं, तो वे दलित समुदायों की पहचान के केन्द्र में निहित इन सम्भावनाओं को भुनाने में सफल भी हो सकती हैं।

सार्वजनिक मंच, हिन्दुत्ववादी आख्यान और विनियोजन

राष्ट्रीय स्वयंसेवक संघ के सामाजिक समरसता अभियान के अन्तर्गत सामुदायिक भोजों के बाद आमतौर से एक परिचर्चा का आयोजन किया जाता है। इन सामुदायिक

भोजों में उच्च, मध्य और निचली सभी जातियों के लोग भाग लेते हैं और साथ-साथ भोजन करते हैं। भोजन के बाद आयोजित चर्चाओं में इस बात पर जोर दिया जाता है कि बहुत से हिन्दू धार्मिक नेताओं ने धर्मग्रन्थों में वर्णित छुआछूत का विरोध किया है, और दलित हमेशा से ही हिन्दू धर्म की रक्षा करने में सबसे आगे रहे हैं। इसलिए उन्हें फिर से यह भूमिका निभानी चाहिए। हिन्दू समाज में दलितों का उदय और विकास मुसलमानों के कारण हुआ है (सिंघल, 1994)। इन बैठकों में मौजूद दलितों को हिन्दू धर्म में दलित सन्तों की भूमिका और उनके महत्त्व के बारे में समझाया जाता है। यह काम संस्था के विद्वानों द्वारा बड़ी विलक्षणता के साथ किया जाता है। सन्त रविदास से जुड़ी चर्चाओं में, जो दलितों के सबसे प्रमुख सन्त हैं, इस बात पर जोर दिया जाता है कि वे भगवान राम के भक्त थे और वैदिक हिन्दू धर्म के प्रचारक थे। उनका दावा है कि वे स्वामी रामानन्द के शिष्य थे, जिन्होंने उन्हें राम के भजन गाने के लिए कहा था। अपने गुरु के निर्देश के अनुसार रविदास ने भगवान राम को अपना इष्टदेव बना लिया। परिचर्चा के दौरान बड़े गर्व के साथ बताया जाता है कि जब सिकन्दर लोदी ने सन्त रविदास के बारे में सुना तो उन्होंने उन्हें दिल्ली बुलाया और इस्लाम कबूल करने का आदेश दिया। लेकिन सन्त रविदास ने ऐसा करने से साफ इनकार कर दिया। सिकन्दर लोदी ने उन्हें बहुत से प्रलोभन दिए, लेकिन वे नहीं झुके। यह घटना इस बात का प्रमाण है कि सन्त रविदास हिन्दू धर्म में कितनी गहरी निष्ठा रखते थे (वही, 1994)।

इस तरह के वृत्तान्तों के माध्यम से हिन्दुत्ववादी शक्तियाँ दलित नायकों को खेमे में लाने की कोशिश करती हैं, और उन्हें हिन्दू विचारधारा के प्रचारकों के रूप में चित्रित करती हैं। साथ ही, यह दावा भी किया जाता है कि मुसलमानों ने ही उनके समुदायों को दलित बनने के लिए बाध्य किया। इस तरह, जहाँ मुसलमानों और दलितों के बीच टकराव पैदा करने की कोशिश की जाती है, वहीं दलितों को अन्य धर्मों की तरफ खिंचने से भी रोकने की कोशिश की जाती है। महात्मा फुले की कथा सुनाते समय वे बार-बार उनकी धर्मपरायणता और अपनी संस्कृति से उनके गहरे प्रेम पर जोर देते हैं। वे दावा करते हैं कि हिन्दू धर्म पर महात्मा फुले के व्याख्यान दलितों के धर्मान्तरण को लेकर उनके विरोध को प्रकट करते हैं। वे जोर-शोर से कहते हैं कि महात्मा फुले ने कभी भी किसी को धर्म-परिवर्तन की सलाह नहीं दी। उलटे, उन्होंने एक महार चपरासी को हिन्दू धर्म छोड़ने से रोका (द्विवेदी, 2003)। बड़े गर्व के साथ यह घोषणा भी की जाती है कि जो दलित आज धर्म बदलने की बात करते हैं, वे अपने ही नायक महात्मा फुले की मान्यताओं का उल्लंघन करते हैं (वही, 2003)।

हिन्दुत्ववादी आख्यान में अम्बेडकर को आधुनिक मनु की तरह प्रस्तुत किया जा रहा है। इसके पीछे यह तर्क दिया जाता है कि अम्बेडकर ने देश की संहिता

अर्थात् राष्ट्र के संविधान की रचना की थी, उसी तरह जैसे मनु ने 'मनु संहिता' के रूप में समाज के लिए आचार-संहिता की रचना की थी। इसका प्रमाण संघ के प्रचारकों (शेषराघवाचार, 2005, 28) द्वारा वितरित मुद्रित सामग्री में देखा जा सकता है। डॉ. अम्बेडकर के प्रतीक को मनु के साथ जोड़ने के पीछे मनु की वैधता को स्थापित करने के साथ-साथ अम्बेडकर का हिन्दूकरण करने का प्रयास दिखाई देता है। चूँकि दलित वेदव्यास और वाल्मीकि को अपने नायक मानते हैं, इसलिए अम्बेडकर को हिन्दुत्व और वैदिक संस्कृति के प्रमुख विचारक के रूप में चित्रित करके भाजपा को सामाजिक समरसता पर अपनी परिचर्चाओं में दलितों को प्रतिनिधित्व देने का अवसर मिल जाता है।

गाँवों में सामाजिक समरसता पर परिचर्चा आमतौर से स्थानीय बोली में की जाती है, जो भोजपुरी और अवधी का मिश्रण होती है या फिर यह परिचर्चा शुद्ध हिन्दी में की जाती है।[19] सामाजिक साक्षरता पर परिचर्चाओं का एक महत्त्वपूर्ण पहलू यह है कि जैसा कि राष्ट्रीय स्वयंसेवक संघ समझता है—उर्दू शब्दों का प्रयोग न करने की सावधानी बरती जाती है।[20] उर्दू, जो हिन्दुस्तानी भाषा का अभिन्न अंग हुआ करती थी, अब राष्ट्रीय स्वयंसेवक संघ की भाषायी रणनीति के तहत धीरे-धीरे लुप्त होती जा रही है। यही नहीं, बल्कि स्थानीय बोली में इस्तेमाल होने वाले रोजमर्रा के शब्दों को भी संस्कृतनिष्ठ हिन्दी शब्दों से बदला जा रहा है। उदाहरण के लिए हिन्दी का एक बहुत आम शब्द 'देश' की जगह संस्कृत के 'राष्ट्र' शब्द का इस्तेमाल किया जा रहा है। इसी तरह स्थानीय हिन्दुस्तानी में आमतौर से इस्तेमाल होने वाले 'दुनिया-जहान' शब्द से 'जहान' शब्द को हटाया जा रहा है, जिसका मूल उर्दू है। 'सम्राट', 'राष्ट्र', 'रक्षक', 'विराट' जैसे प्राचीन पौराणिक शब्द, जिन्हें राजा-महाराजाओं की कीर्ति दर्शाने के लिए इस्तेमाल किया जाता था, अब बहुत से उत्तर भारत के गाँवों की स्थानीय भाषा का अंग बनते जा रहे हैं। अब इन शब्दों के साथ साम्प्रदायिक अर्थ जुड़ गए हैं और ये हिन्दुत्व विचारधारा के प्रतीक बन गए हैं। भाजपा द्वारा आयोजित सामाजिक समरसता परिचर्चाओं में 'धर्म-रक्षक' और 'धर्माचार्य' जैसे शब्दों का भी खुलकर प्रयोग होने लगा है।

लोगों की रोजमर्रा की भाषा से उर्दू शब्दों का गायब होना और इसमें संस्कृतनिष्ठ हिन्दी शब्दों का समावेश हिन्दुस्तानी भाषा के अन्त का संकेत प्रतीत होता है। राष्ट्रीय स्वयंसेवक संघ के साम्प्रदायिक सांस्कृतिक हस्तक्षेप के अन्तर्गत उर्दू शब्दों की जगह संस्कृत शब्दों का प्रयोग इसकी उन साम्प्रदायिक राजनीतिक रणनीतियों का हिस्सा है, जिसके अन्तर्गत उर्दू को मुसलमानों की भाषा ठहराने और इसे हिन्दुओं द्वारा बोली जाने वाली रोजमर्रा की भाषा से अलग करने का प्रयास किया जा रहा है। 1997 से पहले हिन्दुस्तानी, जिसमें उर्दू के बहुत सारे शब्द होते थे, के साथ-साथ देश के कई भागों में उर्दू भी एक भारतीय भाषा के रूप में जीवित थी (एजाज़, 1996;

देसाई, 2006)। भारत सरकार ने हिन्दुस्तानी की जगह हिन्दी को देश की आधिकारिक भाषा घोषित किया था, लेकिन राष्ट्रीय स्वयंसेवक संघ जैसी शक्तियों के भाषायी, राजनीतिक और सांस्कृतिक प्रयासों के कारण ही उर्दू आम लोगों की भाषा के रूप में लुप्त होती जा रही है।

स्थानीय मंचों और संस्कृतियों में भाजपा-राष्ट्रीय स्वयंसेवक संघ-विश्व हिन्दू परिषद के बढ़ते हस्तक्षेप से स्थानीय समाजों में भारी बदलाव आ रहे हैं। इसका एक उदाहरण, जैसा कि पहले कहा जा चुका है, स्थानीय सामूहिक संस्कृति से इस्लामी संस्कृति का धीरे-धीरे लुप्त हो जाना है। उत्तर भारत के कई गाँवों में दहा (Daha) गीत अकसर सुनाई दिया करते थे, लेकिन अब वे शायद ही कभी सुने जाते हैं। उर्दू भाषा और इतिहास और इससे जुड़ी हुई संस्कृति भी धीरे-धीरे लुप्त हो रही है। एक दूसरा बदलाव गाँवों की साझी संस्कृति और परम्परागत मंचों में मुसलमानों की घटती भागीदारी है। मुसलमान अब साझे मंचों से हटकर अपनी अलग संस्थाएँ बना रहे हैं। इससे उच्च वर्ण हिन्दुओं, दलित जातियों और मुसलमानों में परस्पर सहयोग की भावना भी कम हो रही है। इस तरह, जहाँ एक तरफ भगवा राजनीति के तहत हिन्दुओं और मुसलमानों के बीच दूरियाँ बढ़ रही हैं, वहीं दूसरी तरफ दलितों के भगवाकरण की प्रक्रिया जारी है।

अगले अध्याय में हम देखेंगे कि बहराइच क्षेत्र के पासी दलित समुदाय की स्मृतियों को भाजपा किस तरह एक नया स्वरूप दे रही है; और वह किस तरह उनके नायक सुहेलदेव को एक योद्धा नायक की छवि देकर, और उसे मुसलमानों के नायक गाज़ी मियाँ की टक्कर में खड़ा करके, दलितों को हिन्दुत्ववादी खेमे में खींचने और साथ ही उन्हें मुसलमानों के खिलाफ भड़काने की कोशिशों में जुटी हुई है।

टिप्पणियाँ

1. बृजेन्द्र कुमार गौतम, फील्ड डायरी, दलित संसाधन केन्द्र, जी.बी. पन्त संस्थान, 20 नवम्बर, 2006।
2. बहराइच का फील्ड दौरा, 14 अप्रैल, 2004
3. मौसमी मजूमदार, फील्ड डायरी, बहराइच, 14 अप्रैल, 2004
4. ननकू के साथ मौखिक भेंटवार्ता, चितौरा, बहराइच, 25 अप्रैल, 2004
5. गोपाल शुक्ला के साथ भेंटवार्ता, बहराइच, 25 अप्रैल, 2004
6. एस.पी. उपाध्याय, फील्ड डायरी, बहराइच, 25 अप्रैल, 2004
7. ननकू के साथ मौखिक भेंटवार्ता, चितौरा, बहराइच, 25 अप्रैल, 2004 8.
8. गोपाल शुक्ला के साथ भेंटवार्ता, बहराइच, 25 अप्रैल, 2004
9. राम सुमेर के साथ मौखिक भेंटवार्ता, बहराइच, 25 अप्रैल, 2004
10. एस.पी. उपाध्याय, फील्ड डायरी, बहराइच, 25 अप्रैल, 2004
11. गोपाल शुक्ला के साथ भेंटवार्ता, बहराइच, 25 अप्रैल, 2004

12. गोपाल शुक्ला के साथ भेंटवार्ता, बहराइच, 25 अप्रैल, 2004
13. बद्री नारायण, फील्ड डायरी, चित्तौरा, 23 अप्रैल, 2004
14. महाराजा सुहेलदेव सेवा समिति के निमंत्रण-पत्र, केशव भवन, लखनऊ, मई, 2004
15. एस.पी. उपाध्याय, फील्ड डायरी, बहराइच, 24 अप्रैल, 2003
16. ननकू के साथ मौखिक भेंटवार्ता, बहराइच, 25 अपैल, 2004
17. राम कीरत द्वारा स्वरबद्ध और एस.पी. उपाध्याय द्वारा रिकॉर्डबद्ध। एक दिलचस्प तथ्य यह है कि उत्तर प्रदेश के कई गाँवों में मुस्लिम-आबादी वाले परगनों को आज भी तुर्काना, तुर्क पट्टी आदि नामों से पुकारा जाता है।
18. एस.एल. पासी के साथ भेंटवार्ता, शहाबपुर, 9 मई, 2005, देवी (1965) भी देखें।
19. बृजेन्द्र कुमार गौतम, फील्ड डायरी, दलित संसाधन केन्द्र, जी.बी. पंत संस्थान, 20 नवम्बर, 2006
20. बृजेन्द्र कुमार गौतम, फील्ड डायरी, दलित संसाधन केन्द्र, जी.बी. पंत संस्थान, 20 नवम्बर, 2006
21. बृजेंद्र कुमार गौतम, फील्ड डायरी, दलित संसाधन केन्द्र, जी.बी. पंत संस्थान, 20 नवम्बर, 2006

एक योद्धा नायक की रचना
स्मरण और विस्मरण की हिन्दुत्ववादी राजनीति

सुहेलदेव पासी समुदाय में इसलिए अवतरित हुए हैं ताकि विधर्मियों को हमारे राष्ट्र की भूमि से उखाड़ फेंका जाए।

—रामवीर चौधरी

बहराइच, पासी समुदाय के एक स्थानीय विहिप नेता[1]

पिछले अध्याय में हमने देखा कि भाजपा किस तरह दलित जातियों के स्मृत और मिथकीय अतीत में मौजूद साम्प्रदायिक सम्भावनाओं को भुनाने की कोशिश कर रही है और अनुकूल अवसरों को देखकर उनके राजनीतिक एकीकरण में जुटी है। इस अध्याय में हम विस्तार से यह अध्ययन करेंगे कि उत्तर प्रदेश के बहराइच क्षेत्र के चित्तौरा गाँव में किस तरह इस रणनीति को अमल में लाया जा रहा है। पुस्तक की 'भूमिका' में हमने चर्चा की थी कि हिन्दुत्ववादी शक्तियाँ किस तरह अपनी वैश्विक राजनीतिक रणनीति को स्थानीय राजनीति में बदल रही हैं, और किस तरह स्थानीय राजनीतिक दायरों को वैश्विक दायरे के साथ जोड़ा जा रहा है। इस उद्देश्य के लिए वे अब विभिन्न जातियों के स्थानीय नायकों को उठा रही हैं, खासकर देश के विभिन्न अंचलों में बसी दलित जातियों के नायकों को, और उन्हें हिन्दुत्व के एक संघटित वृत्तान्त, एक 'मेटा-नेरेटिव' से जोड़ रही हैं। जैसा कि हमने पिछले अध्याय में कहा था, यह रणनीति बहराइच क्षेत्र में अमल में लाई जा रही है। इस रणनीति के अन्तर्गत दलितों के एक स्थानीय मिथक—जो एक ऐसे मुस्लिम सेनापति की हत्या से जुड़ा हुआ है, जिनके प्रति स्थानीय मुस्लिम समुदाय में बहुत सम्मान और श्रद्धा की भावना है—की नए सिरे से रचना और व्याख्या करने का काम किया जा रहा है। इस तरह, इस क्षेत्र के अतीत का भगवाकरण करके पार्टी की राजनीतिक विचार धारा के अनुसार उसकी पुनर्व्याख्या का काम किया जा रहा है। इस मिथक के नायक सुहेलदेव को, जो भर-पासी दलित जाति के राजा थे, एक पराक्रमी राजा की पहचान देकर हिन्दू धर्म और संस्कृति के रक्षक के रूप में प्रस्तुत किया जा रहा है, जो एक विदेशी हमलावर गाज़ी मियाँ के खिलाफ लड़े थे।

हिन्दुत्ववादी शक्तियाँ इन क्षेत्रों में काफी ताकतवर हैं और एक 'दूसरे स्थानीय' के निर्माण की प्रक्रिया में जुटी हुई हैं। इसके लिए वे स्थानीय लोगों या क्षेत्रों का एक दूसरा इतिहास, मिथक और अतीत गढ़ रही हैं और इस अतीत की मदद से उनके इतिहास को पुनर्परिभाषित कर रही हैं। इस प्रक्रिया के माध्यम से वे अपने उस आदर्श गाँव के निर्माण का भी प्रयास कर रही हैं, जिसका जिक्र हम पिछले अध्यायों में कर चुके हैं। चित्तोरा गाँव के दलित बड़ी मजबूती से हिन्दू समाज से जुड़े हुए हैं और ब्राह्मणवादी मूल्यों में रँगे हुए हैं। वे मुसलमानों के खिलाफ उच्च वर्ण हिन्दुओं के प्रहरियों की भूमिका निभा रहे हैं। इस तरह, हिन्दुत्ववादी राजनीति स्थानिकों का भगवाकरण करके स्थानीय ग्रामीण समाजों का अर्थ और स्वरूप बदलने का प्रयास कर रही है। इन भगवाकृत स्थानिकों की मदद से वह राष्ट्रीय राजनीति पर आधारित एक भगवा हिन्दू वृत्तान्त विकसित करने का सपना देख रही है।

सुहेलदेव के मिथक में साम्प्रदायिक योद्धा स्मृतियाँ गूँथने के पीछे दो उद्देश्य हैं। पहला उद्देश्य है पासी समुदाय को अपनी छत्रच्छाया में लेना, जबकि दूसरा उद्देश्य है इस्लाम के खिलाफ एक हिन्दू इतिहास की रचना और उसका विस्तार करके हिन्दुओं को एकजुट करना। इस उद्देश्य के लिए सुहेलदेव के मिथक का उपयोग किया जा रहा है और उन्हें पासी समुदाय का नायक ठहराकर सभी पासियों की पहचान के साथ जोड़ा जा रहा है। जैसा कि पिछले अध्याय में बताया गया है, बहराइच में सालार मसूद गाज़ी की दरगाह गाज़ी मियाँ के नाम से मशहूर है। इस दरगाह पर हर रोज हजारों श्रद्धालु आते हैं। हर वर्ष मई महीने में वहाँ गाज़ी मियाँ की याद में एक मेला भी लगता है। इसमें लाखों जायरीन यानी श्रद्धालु भाग लेते हैं, जिनमें से अधिकांश हिन्दू होते हैं। ये लोग यहाँ मन्नत माँगने आते हैं। ऐसा कहा जाता है कि इस दरगाह पर मन्नत माँगने वालों की मन्नत जरूर पूरी होती है। इस परम्परा के जवाब में और भटके हुए हिन्दुओं को अपनी छत्रच्छाया में वापस लाने के लिए, भाजपा हर वर्ष इन्हीं दिनों सुहेलदेव की याद में एक मेले का आयोजन करती है। यह मेला बहराइच शहर के बिल्कुल नजदीक स्थित चित्तोरा गाँव के सुहेलदेव मन्दिर में आयोजित किया जाता है, जिसे उनकी स्मृति में निर्मित किया गया है।

बहराइच के हिन्दुओं को हिन्दुत्व की छत्रच्छाया में लाने की यह परियोजना 2001 में महाराजा सुहेलदेव सेवा समिति के गठन के साथ शुरू हुई। 2 मई, 2004 को इस समिति ने महाराज सुहेलदेव की याद में पहले पाँच दिवसीय समारोह का आयोजन किया। इस कार्यक्रम के आयोजक राष्ट्रीय स्वयंसेवक संघ के प्रचारक महिराज ध्वज सिंह और एक अन्य राष्ट्रीय स्वयंसेवक संघ कार्यकर्ता सुरेश्वर सिंह थे। आयोजक समिति के अन्य सदस्य भाजपा से जुड़े हुए थे। गोरखपुर के भाजपा सांसद श्री योगी आदित्यनाथ जी महाराज ने इस समारोह का उद्घाटन किया।

निमंत्रण-पत्र में उल्लेखित अन्य नामों में अधिकांशत: भाजपा, विश्व हिन्दू परिषद और राष्ट्रीय स्वयंसेवक संघ के स्थानीय सदस्य थे। निमंत्रण-पत्र और समारोह से कुछ पहले वितरित पैम्फलेटों और पर्चों के अनुसार, यह समारोह महाराजा सुहेलदेव की स्मृति में आयोजित किया जा रहा था, जो एक महान योद्धा थे और हिन्दू धर्म और हिन्दुओं की रक्षा के लिए लड़े थे। उन्होंने मसूद नामक उस विदेशी हमलावर का डटकर मुकाबला किया था जो हिन्दू धर्म और संस्कृति को नष्ट करने पर तुला हुआ था, और औरतों की इज्जत लूटने और बच्चों और पुरुषों का कत्लेआम करने में जरा भी नहीं झिझकता था। इन प्रकाशित सामग्रियों में घोषणा की गई थी कि राष्ट्र के ऐसे महान सपूतों का महिमा-गान करना आवश्यक था, अन्यथा इन रक्षकों को इतिहास के पृष्ठों से मिटा दिया जाएगा, जबकि बर्बर हमलावरों को गौरवान्वित किया जाएगा।[2]

इस समारोह के दौरान बहुत से कार्यक्रम आयेजित किए गए, जिनमें कलश यात्रा, यज्ञ, खेलकूद प्रतियोगिता और एक विराट दंगल के साथ-साथ रामकथा भी शामिल थी। आयोजक समिति के मुख्यालय के रूप में केशव भवन, मॉडल हाउस, लखनऊ का पता दिया गया था, जो उत्तर प्रदेश में राष्ट्रीय स्वयंसेवक संघ का मुख्यालय भी है।

6 मई, 2004 को बहराइच में एक दूसरा मेला शुरू हुआ। यह मेला सैय्यद सालार मसूद गाज़ी की दरगाह पर आयोजित हुआ, जो गाज़ी मियाँ के नाम से मशहूर है। भाजपा ने अपने समारोह में इन्हीं मसूद गाज़ी को एक ऐसे विदेशी हमलावर के रूप में चित्रित किया था, जिसने हर तरफ तबाही मचा दी थी। आश्चर्य की बात यह थी कि मुसलमानों की तुलना में हिन्दुओं में गाज़ी मियाँ के प्रति ज्यादा श्रद्धा दिखाई देती थी। वे हर वर्ष भारी संख्या में इस मेले में आते थे (अमर उजाला, 2004 आई)। उस दिन 'अमर उजाला' में प्रकाशित एक रिपोर्ट के अनुसार यह मेला इस क्षेत्र में साम्प्रदायिक सद्भाव का प्रतीक था। रिपोर्ट में कहा गया था कि गाज़ी मियाँ की बारात 9 मई को आयोजित होगी। इसमें लगभग 5 लाख लोगों के शामिल होने की उम्मीद थी, जिनमें अधिकांश बहुसंख्यक अर्थात् हिन्दू समुदाय के होंगे (वही)।

उसी दिन, इस अखबार में छपी एक अन्य रिपोर्ट में कहा गया था कि विधानसभा और परिषद के अध्यक्ष और भाजपा के नेता कुँवर मानवेन्द्र सिंह, जो पाँच दिवसीय महाराजा सुहेलदेव महोत्सव के अन्तिम दिन 'रामकथा' का उद्घाटन करने आए थे, ने सालार मसूद गाज़ी की भक्ति को दुर्भाग्यपूर्ण ठहराया था। उन्होंने कहा कि यह बड़े दुख की बात थी कि महाराजा सुहेलदेव को पुनर्प्रतिष्ठित करने में इतना विलम्ब किया गया था, लेकिन अब हर किसी को इस महापुरुष के विजय महोत्सव में भाग लेना चाहिए। महाराजा सुहेलदेव को एक महान शहीद ठहराते हुए उन्होंने कहा कि

पिछली सरकारें उनकी महानता को समझने में असमर्थ रही थीं। उन्होंने लोगों से उनके चरण-चिह्नों पर चलने और उनके आदर्शों को अपनाने का आह्वान किया ('अमर उजाला', 2004 आई)।

इन दो रिपोर्टों से स्पष्ट है कि एक ही क्षेत्र में दो विरोधी और द्वन्द्वात्मक इतिहासों का उत्सव मनाया जा रहा है, जहाँ दोनों समुदाय साथ-साथ रहते हैं। भाजपा-राष्ट्रीय स्वयंसेवक संघ सुहेलदेव को एक ऐसे योद्धा नायक की छवि देने का प्रयास कर रहे हैं जिसने हिन्दू धर्म की रक्षा के लिए अपने जीवन का बलिदान कर दिया, और लोगों को एक ऐसे विदेशी हमलावर से बचाया जो उनकी संस्कृति को नष्ट करने पर तुला हुआ था। दूसरी तरफ, गाज़ी मियाँ की दरगाह की प्रबन्धन समिति, जो हर वर्ष इस मेले का आयोजन करती है, मसूद गाज़ी को हिन्दुओं और मुसलमानों के बीच एकता के प्रतीक के रूप में प्रस्तुत करती है। यह एक गैर-राजनीतिक समिति है, जिसके सदस्य सभी राजनीतिक पार्टियों से जुड़े हुए हैं।[3] सुहेलदेव और गाज़ी मियाँ के बारे में इस क्षेत्र में प्रसिद्ध कथा के अनुसार सुहेलदेव भर कौम के राजा थे। इस क्षेत्र में 17 छोटे-छोटे राजा थे और वे उन सबके मुखिया थे। वे एक क्रूर राजा थे जो अपनी प्रजा पर अत्याचार करने के लिए जाने जाते थे। उन दिनों वह क्षेत्र एक जंगल था। गाज़ी मियाँ, जिनका वास्तविक नाम सालार मसूद था और जो महमूद गजनवी के भानजे होने के साथ-साथ उनके दामाद भी थे, इस जंगल में शिकार के लिए आए। उन्होंने जंगल में अपना डेरा डाल लिया और शिकार के बाद वहाँ से वापस लौटने की राह देखने लगे। इस बीच, क्षेत्र के कुछ मुसलमान, जो सब-के-सब इस्लाम धर्म कबूल करने से पहले हिन्दू थे, उनसे मिलने आए और उनसे अपनी रक्षा करने का अनुरोध करने लगे। गाज़ी मियाँ ने उनकी बात मान ली। जब सुहेलदेव ने गाज़ी मियाँ के बारे में सुना तो वे उनके इरादों को लेकर शक में पड़ गए और सोचने लगे कि वे उनका तख्ता पलटकर अपने राज्य का विस्तार करने आए थे। उन्होंने गाज़ी मियाँ पर हमला कर दिया और बड़ी भीषण लड़ाई के बाद उन्हें और उनकी सेना को खत्म करने में सफल रहे। अगले दिन खुद सुहेलदेव भी इस लड़ाई में मारे गए।[4]

एक अन्य प्रचलित कथा यह है कि सालार मसूद को जोहरा नामक एक लड़की से प्रेम हो गया था। वह बाराबंकी जिले के रुदौली गाँव में की थी। उन दोनों का विवाह होने वाला था, लेकिन इससे पहले ही सालार मसूद की मृत्यु हो गई। जोहरा ने उनकी याद में एक मकबरा बनवाया और साथ ही जीते-जी अपना खुद का मकबरा भी। इसके बाद जल्दी ही एक इतवार के दिन उसकी मृत्यु हो गई, जो सालार मसूद की मृत्यु का दिन भी था। यही कारण है कि हर वर्ष दरगाह पर जुटने वाले मेले के दौरान इतवार के दिन गाज़ी मियाँ की बारात निकाली जाती है और उनका प्रतीकात्मक विवाह रचाया जाता है। आज भी रुदौली गाँव के लोग दुल्हन के घरवालों की भूमिका निभाते हैं और उसके मकबरे पर चादर चढ़ाते हैं।

स्थानीय लोगों का कहना है कि इब्न–बतूता ने ग्यारहवीं सदी में भारत के दौरे के दौरान लिखी अपनी पुस्तक 'तारीख–इब्न–ए–बतूता' में भी इस घटना का जिक्र किया है।[5]

हिन्दुओं में गाज़ी मियाँ की इतनी लोकप्रियता का कारण यह है कि जब गाज़ी मियाँ का मकबरा बनाया गया था तो ऐसा माना जाता था कि इसमें कई चमत्कारी शक्तियाँ हैं। स्थानीय लोग बताते हैं कि वहाँ प्रार्थना करने के बाद हिन्दुओं और मुसलमानों दोनों की ही मनोकामना पूरी होती है। सबसे पहले एक यादव स्त्री को इस चमत्कार का अनुभव हुआ था। उसके कोई औलाद नहीं थी, लेकिन यहाँ प्रार्थना करने के बाद उसे एक पुत्र की प्राप्ति हुई। इसके बाद बहुत से चमत्कार होने की बात कही जाती है। वार्षिक मेले के दौरान यहाँ जो कोढ़ी आते हैं वे ठीक हो जाते हैं। भूत–प्रेतों से परेशान स्त्री–पुरुष भी यहाँ आकर उनके प्रभावों से मुक्त हो जाते हैं। हर वर्ष मेले में आने वाले श्रद्धालुओं में 75 प्रतिशत हिन्दू होते हैं। चुनावों में खड़े होने वाले सभी राजनीतिक नेता भी अपना नामांकन–पत्र भरने से पहले और चुनाव जीतने के बाद दरगाह के दर्शन करने आते हैं।[6]

खोज, अवतरण और व्याख्याएँ

यहाँ हमारा उद्देश्य मिथक–निर्माण की उस प्रक्रिया को समझना है जिसके माध्यम से सुहेलदेव और सालार मसूद के बीच लड़ाई दिखाकर इसे लोक–इतिहास के रूप में क्षेत्र के लोगों में प्रसारित किया जा रहा है। हम मौजूदा राजनीतिक प्रक्रियाओं की बारीकी से जाँच करेंगे और यह देखेंगे कि इतिहास के माध्यम से किस तरह घृणा की राजनीति खेली जा रही है। सुहेलदेव के मिथक का निर्माण सैयद सालार मसूद और महाराजा सुहेलदेव के बीच लड़ाई की कथा के इर्द–गिर्द किया गया है। 'गजेटियर' (शुक्ला, 2003, 108) के अनुसार, सैयद सालार मसूद महमूद गजनवी का भानजा था। उसका जन्म 1015 ईसवी में अजमेर में हुआ था। 16 वर्ष की उम्र में उसने हिन्दुस्तान पर चढ़ाई का अभियान छेड़ दिया। वह मुल्तान के रास्ते दिल्ली पहुँचा और वहाँ से मेरठ, कन्नौज और बाराबंकी के सातरिख (Satrikh) तक जा पहुँचा। बहराइच पहुँचने से पहले, जो तब एक वीरान क्षेत्र रहा होगा, उसने अपनी फौज के दो कोतवालों सैयद सैफ–उद्दीन और मियाँ रजब को वहाँ भेजा। बहराइच के सरदारों के संघ ने मसूद के कोतवालों को ललकारा और इस्लाम की फौज को पीछे खदेड़ने की कोशिश की। तब मसूद ने उस क्षेत्र की तरफ बढ़ने का फैसला किया और 1033 में बहराइच पहुँचा। क्षेत्र के सरदार पहले तो इस युवा योद्धा से भयभीत हुए, लेकिन फिर हिम्मत बटोरकर उसकी फौज से भिड़ गए। मसूद बार–बार उन्हें हराता रहा, जब तक कि सुहेलदेव के प्रवेश ने लड़ाई का रुख नहीं बदल दिया। 1034 ईसवी में मसूद की मौत हो गई और वह अपने सभी साथियों के साथ

मारा गया। उसके सेवकों ने उसे बहराइच में उसके इच्छित स्थान पर दफना दिया। वहीं 1035 ईसवी में उसकी दरगाह का निर्माण किया गया।

सुहेलदेव श्रावस्ती (Sravasti) के राजा मोरध्वज के सबसे बड़े पुत्र थे। उनके बारे में प्रचलित कथाओं के अनुसार उनके कई नाम थे—सुहेलदेव, सकरदेव, सुहृदध्वज, राय सुहृददेव, सुहृदिल, सुसाज, शहारदेव, सहारदेव, सुहालदेव, सुहिलदेव और सुहेलदेव इत्यादि। लेकिन सामयिक मुद्रित संस्कृति में उन्हें राजा सुहेलदेव लिखा जाता है (उत्तर प्रदेश सरकार, 1903/1988)। ऐसा माना जाता है कि वे भर समुदाय के राजा थे, जिससे पासी समुदाय की उत्पत्ति हुई और जो इस क्षेत्र की एक दलित जाति है। बहराइच की कुछ उच्च जातियाँ उन्हें वैश्य क्षत्रिय बताती हैं (सूर्यवंशी क्षत्रिय) (वही)। लेकिन इसका कोई ऐतिहासिक प्रमाण नहीं मिलता। 'मीरते मसूदी' (एक फारसी ग्रन्थ) में उन्हें भर थारू बताया गया है। ब्वॉयस नामक एक ब्रिटिश इतिहासकार ने उन्हें भर राजपूत कहा है (फिशर एंड हेवेट, 1884, कोल, 1997)। एलेक्जेंडर कनिंघम ने उन्हें थारू के रूप में उल्लेखित किया है (उत्तर प्रदेश सरकार, 1903/1988)। कुछ लेखकों का दावा है कि वे पांडव वंशी तोमर थे, इसी तरह कुछ लेखक उन्हें भर शिव तो कुछ पासी बताते हैं (भारत क्रान्ति रक्षक पार्टी, 2004)। गोंडा गजेटियर में उनका उल्लेख राजपूत वंशी जैन के रूप में किया गया है, जबकि बहराइच के गजेटियर में उन्हें थारू कल्हंस (Kalhans) बताया गया है। बहराइच के परगना दस्तावेज में उनका उल्लेख नागवंशीय क्षत्रिय के रूप में और एक अन्य स्थानीय दस्तावेज कैफियत परगना इकवाना (Ikauna) में विसेन क्षत्रिय के रूप में किया गया है। 'कांथ चरित्र' और 'शंकर विजय' नामक ग्रन्थ उन्हें सूर्यवंशी क्षत्रिय बताते हैं (महाराजा सुहेलदेव सेवा समिति, 2003)।

समय के साथ पासियों को धीरे-धीरे यह विश्वास हो गया कि सुहेलदेव उनकी जाति के थे और वे उन्हें अपने जाति-नायक के रूप में महिमा-मंडित करने लगे। इससे यह पता चलता है कि बहुत से समुदायों की पहचान अक्सर पहले से मौजूद नहीं होती, बल्कि समय के साथ कुछ विशिष्ट स्मृतियों के दोहराव की प्रक्रिया से विकसित होती है। लेकिन यह पहचान पहले से भले ही मौजूद न हो, समुदायों की संस्कृति और चेतना में इसके स्रोत विभिन्न रूपों में मौजूद रहते हैं। वे समुदायों के विभिन्न रीति-रिवाजों के दौरान उत्पन्न और पुनर्-उत्पन्न भी होते रहते हैं। समुदायों की पहचान में कई बार तर्कमूलक रीति-रिवाजों की प्रक्रिया के माध्यम से भी बदलाव आ सकता है। यह राजनीतिक स्वरूप भी ले सकता है, जैसा कि भाजपा द्वारा सुहेलदेव के मिथक के पुनर्वर्णन और पुनर्व्याख्या और इसके भगवाकरण के माध्यम से किया जा रहा है, ताकि पासियों को हिन्दुत्व के खेमे में खींचा जा सके। पासी पहचान के प्रतीक के रूप में सुहेलदेव का इससे पहले कोई

अस्तित्व नहीं था, क्योंकि अपनी जाति के साथ उनके सम्बन्ध ही स्पष्ट नहीं थे। साम्प्रदायिक शक्तियों द्वारा पासी पहचान को एक साम्प्रदायिक रंग देने की प्रक्रिया के दौरान ही सुहेलदेव का प्रतीक सामने आया। 2004 के लोकसभा चुनावों में बहराइच से जुड़े बाराबंकी चुनाव-क्षेत्र की एक उम्मीदवार गुड्डी राजपासी ने भारत क्रान्ति रक्षक पार्टी (बीकेआरपी) की सदस्य के रूप में पर्चे बाँटकर मतदाताओं से अपील की कि उन्हें राष्ट्रभक्त महाराजा सुहेलदेव और पासी समुदाय के अन्य नायकों—महाराजा-सातनदेव (Satandev) बिजली पासी, वीरांगना ऊदा बाई, गंगा बक्स, और अन्य दलित नायकों झलकारी देवी, महात्मा बुद्ध, महात्मा गांधी, बाबा साहेब डॉ. भीमराव अम्बेडकर, सरदार पटेल और अमर शहीद अब्दुल हमीद[7] के नाम पर वोट देना चाहिए।

उत्तर प्रदेश का दूसरा सबसे बड़ा दलित समुदाय होने के कारण सभी राजनीतिक पार्टियाँ पासियों को अपना एक बड़ा वोट बैंक बनाने की कोशिशों में जुटी हुई हैं। पासियों के राजनीतिक और चुनावी महत्त्व को देखते हुए राष्ट्रीय स्वयंसेवक संघ ने समुदाय के ऐसे नायकों की तलाश शुरू की जो उसके हिन्दू राजनीतिक एजेंडे पर खरे उतरते हों। सुहेलदेव के रूप में उसे ऐसा ही एक नायक दिखाई दिया, और वह उनकी स्मृति में चित्तौरा में समारोहों का आयोजन करने लगी। इन समारोहों में सुहेलदेव को 'राष्ट्र रक्षक शिरोमणि' के रूप में चित्रित किया जाता है, जिन्होंने मुस्लिम हमलावरों से हिन्दू समाज, संस्कृति और देश की रक्षा के लिए स्थानीय राजाओं के महासंघ का गठन किया। इन वृत्तान्तों में सुहेलदेव को एक आदर्श हिन्दू राजा के रूप में प्रस्तुत किया जाता है, जिन्होंने गायों और भारतीय संस्कृति की रक्षा की, सन्तों को मान-सम्मान दिया और हिन्दू संस्कृति का उत्थान किया। इस तरह उन्हें गो-रक्षक, सन्त-रक्षक और धर्म-रक्षक के रूप में प्रस्तुत किया जाता है।[8]

गाय के प्रतीक को सुहेलदेव और सालार मसूद दोनों को ही महिमा-मंडित करने के लिए इस्तेमाल किया जाता है। सालार मसूद की कथा के एक दूसरे प्रारूप के अनुसार, जिसे मुसलमानों की एक निचली जाति डफलियों द्वारा सुनाया जाता है (जिनका पेशा दरगाह पर गाज़ी मियाँ की तारीफ में गाने-कव्वालियाँ गाना है), ऐसा कहा जाता है कि विवाह से ठीक पहले जब गाज़ी मियाँ विवाह-मंडप में बैठे हुए थे तो एक स्त्री दौड़ती हुई उनके पास आई और कहने लगी कि कुछ लोगों ने उसकी गायों को खोल दिया है और वे इधर-उधर भटक गई हैं। यह सुनकर गाज़ी मियाँ उसकी गायों को बचाने भागे और मारे गए। इस तरह, अपनी प्रेमिका से विवाह करने की उनकी इच्छा पूरी नहीं हो सकी और वे विवाह से पहले ही चल बसे (कोल, 1997)।

दूसरी तरफ, सुहेलदेव को महिमा-मंडित करने वाले वृत्तान्त में ऐसा कहा जाता है कि हिन्दू मानस में गाय के महत्त्व को देखते हुए सालार मसूद ने अपनी

सेना के आगे गायों का एक झुंड लगा दिया था। उनके सैनिक पीछे से हमला करते थे और गायों को ढाल की तरह इस्तेमाल करते थे। सुहेलदेव ने शत्रु की इस रणनीति को निरस्त करने के लिए एक रात गायों की रस्सियाँ खोल दीं और वे इधर-उधर चली गईं। अगले दिल सालार मसूद की सेना गायों को ढाल की तरह इस्तेमाल नहीं कर सकी। उसे सुहेलदेव की सेना से सीधे भिड़ना पड़ा (कोल, 1997)। इस तरह, गाज़ी मियाँ की कथा में गाज़ी मियाँ को गो-रक्षक के रूप में चित्रित किया जाता है और सुहेलदेव को गायों को भगा ले जाने वाले के रूप में। दूसरी तरफ राष्ट्रीय स्वयंसेवक संघ द्वारा प्रचारित कथा में गाज़ी मियाँ को एक क्रूर और हृदयहीन व्यक्ति के रूप में प्रस्तुत किया जाता है, जो निरीह पशुओं के प्रति असंवेदनशील था और उन्हें ढाल की तरह इस्तेमाल करता था। इस वृत्तान्त में सुहेलदेव गो-रक्षक के रूप में सामने आते हैं, जिन्होंने लड़ाई के दौरान गायों को कटने-मरने से बचाया और गाज़ी मियाँ की रणनीति को बेकार कर दिया।

भाजपा और राष्ट्रीय स्वयंसेवक संघ मुद्रित सामग्री के माध्यम से भी सुहेलदेव को एक ऐसे पासी नायक के रूप में प्रस्तुत कर रहे हैं जिस पर हिन्दू समाज को गर्व था। यह बहराइच के एक स्थानीय राष्ट्रीय स्वयंसेवक संघ कार्यकर्ता और भाजपा के नेता त्रिलोकीनाथ कोल लिखित पुस्तिका 'हिन्दू समाज के गौरव : पासी वीर महाराजा सुहेलदेव की शौर्य गाथा' में देखा जा सकता है। इस पुस्तिका के माध्यम से उन्होंने पासी समुदाय को हिन्दुत्व के खेमे में खींचने की कोशिश की है (महाराजा सुहेलदेव सेवा समिति, 2003)। उन्होंने पासियों के प्रति मुसलमानों के रवैये का बढ़ा-चढ़ाकर वर्णन करते हुए समुदाय में मुसलमानों के खिलाफ घृणा फैलाने की भी कोशिश की है। उन्होंने इस पुस्तिका में दिखाया है कि मध्यकाल में मुस्लिम शासक पासियों पर कितने अत्याचार किया करते थे। पासी कभी इस क्षेत्र के शासक हुआ करते थे, लेकिन मुसलमानों में उनका राज-पाठ छीनकर उन्हें दरिद्र बना दिया था। ईसवी 101 में कनिष्क की मृत्यु के बाद यहाँ पासियों का राज हो गया था, जो कुशाण वंश के शासन-काल की समाप्ति का प्रतीक था। कोल के वृत्तान्त के अनुसार, मुसलमान पासियों को अपना सबसे बड़ा शत्रु मानते थे और कुछ क्षेत्रों में उन्हें 'भरशिव' या 'पाशिव' कहकर पुकारते थे। ऐसा माना जाता है कि जब मुसलमानों ने पासियों को हरा दिया तो उन्हें तालाबों से पानी भरने के काम पर लगा दिया गया। उनके इस काम के कारण ही उन्हें 'भरपासी' कहा जाने लगा।

उस समय पासियों ने इस काम का स्वागत किया था, क्योंकि पानी भरना एक सम्मानजनक हिन्दू काम था। उन्हें नहीं मालूम था कि यही नाम बाद में उनके लिए अभिशाप बन जाएगा। मुस्लिम शासन के दौरान पासियों को विभाजित और कमजोर करने के प्रयास किए जाते रहे। वे पासी लड़कियों से विवाह करके उन्हें अपना धर्म बदलने के लिए बाध्य करते थे। ऐसी परिस्थितियों में पासियों ने सूअर का मांस

खाना शुरू कर दिया, क्योंकि मुसलमान सूअर से घृणा करते थे। साथ ही उन्होंने अपनी लड़कियों को कम उम्र में ब्याहना शुरू कर दिया। कोल (1997) खेद व्यक्त करते हुए लिखते हैं कि यह बहुत दुर्भाग्यपूर्ण है कि ऐतिहासिक जानकारी के अभाव के कारण इन घटनाओं को पर्याप्त महत्त्व नहीं दिया जाता।[9]

राष्ट्रीय स्वयंसेवक संघ और इसकी अनेक शाखाएँ और संस्थाएँ इसी तरह के स्थानीय इतिहासों का इस्तेमाल करके और अतीत के वृत्तान्तों के माध्यम से दलितों और मुसलमानों के बीच घृणा की राजनीति का खेल खेल रही हैं। इन वृत्तान्तों के माध्यम से वे पासियों को यह विश्वास भी दिलाना चाहती हैं कि उनकी सामाजिक उपेक्षा के पीछे मुसलमानों का बहुत बड़ा हाथ रहा है।

दूसरी तरफ, सालार मसूद को एक ऐसे क्रूर व्यक्ति के रूप में चित्रित किया जाता है जो हिन्दू स्त्रियों की इज्जत पर हमला करता था। राष्ट्रीय स्वयंसेवक संघ गाज़ी मियाँ की दरगाह के दर्शन करने आने वाले हिन्दुओं पर प्रहार करते हुए, इस बात पर जोर देता है कि यह दरगाह कभी बालार्क ऋषि का आश्रम हुआ करती थी। सालार मसूद ने इस आश्रम और इसके भीतर स्थित सूरजकुंड को तहस-नहस कर दिया था। लगभग 300 वर्ष बाद फीरोज तुकलक नामक एक मुस्लिम राजा ने इस जगह को एक दरगाह में बदल दिया। सालार मसूद अपने मौजूदा मकबरे से लगभग पाँच किलोमीटर दूर मारे गए थे। राष्ट्रीय स्वयंसेवक संघ ने इस बात को दुर्भाग्यपूर्ण कहा है कि हिन्दुओं ने देश और हिन्दू धर्म के रक्षक महाराजा सुहेलदेव को भुलाकर एक विदेशी हमलावर के काल्पनिक मकबरे को अपनी आस्था का केन्द्र बना रखा है।[10]

इन वृत्तान्तों के पीछे राष्ट्रीय स्वयंसेवक संघ की तर्कमूलक रणनीति काम कर रही है। इसके तीन लक्ष्य हैं—एक, सुहेलदेव के मिथक को हिन्दू रंग में रँगना, दूसरे, इसे पासी समुदाय से जोड़कर उन्हें हिन्दुत्व के खेमे में लाने की कोशिश करना, और तीसरे, गाज़ी मियाँ को एक विदेशी हमलावर के रूप में चित्रित करके उनकी दरगाह पर जाने वाले हिन्दुओं में अपराध-बोध पैदा करना। इससे राष्ट्रीय स्वयंसेवक संघ को हिन्दुओं और मुसलमानों में विभाजन पैदा करने में भी मदद मिलती है। इस तरह, हम देख सकते हैं कि एक दूसरे समुदाय के प्रति घृणा पैदा करने के लिए सालार मसूद और सुहेलदेव का हिन्दुत्व-प्रधान साम्प्रदायिक इतिहास रचा जा रहा है।

सुहेलदेव पासी का मन्दिर, जो चित्तोरा के एक दूर-दराज के क्षेत्र अष्टावक्र झील के पास स्थित है, पूरी तरह से राष्ट्रीय स्वयंसेवक संघ और इसके लोगों के नियंत्रण में है। वर्तमान पुजारी शोभाराम यादव भी राष्ट्रीय स्वयंसेवक संघ से जुड़े हुए हैं। राष्ट्रीय स्वयंसेवक संघ इस मन्दिर को 'राष्ट्र-रक्षक वीर शिरोमणि महाराज सुहेलदेव का दरबार' के रूप में प्रचारित कर रही है। सुहेलदेव को गाज़ी मियाँ

की तरह एक चमत्कारी या उपचारक शक्ति के रूप में नहीं पूजा जाता, न ही उनके मन्दिर को मन्नत माँगने की जगह माना जाता है। उन्हें हिन्दुओं की रक्षा करने वाले एक योद्धा के रूप में पूजा जाता है। सुहेलदेव की मूर्ति में उन्हें धनुष-बाण के साथ घोड़े पर सवार दिखाया गया है (चित्र 3.1)। उन्होंने महाराजाओं का परिधान और मुकुट पहन रखा है। यह मूर्ति लोहे की तालाबन्द सलाखों में सुरक्षित है। क्षेत्र की एक अन्य संस्था भारतीय जनता किसान मोर्चा भी हर वर्ष उनका जन्म दिन मनाती है। उन्हें एक ऐसे राजा के रूप में चित्रित किया जाता है जो संघ शैली के हिन्दुत्व की रक्षा के लिए बड़ी बहादुरी से लड़े। सुहेलदेव की छवि को हिन्दुओं के एक बड़े देवता के साथ जोड़ने का प्रयास किया जाता है। दीवारों पर बने गायों के चित्र उन्हें गो-रक्षक के रूप में दिखाते हैं। अगली दीवार पर एक तरफ हिन्दुओं के ग्वाले भगवान श्रीकृष्ण और दूसरी तरफ भगवान राम का चित्र है। राम के चित्र के ठीक नीचे गाय और बछड़े का चित्र है।[11]

मिथक-रचना और लोक-वृत्तान्त

एक दिलचस्प तथ्य यह है कि गाज़ी मियाँ के दर्शनों को आने वाले श्रद्धालु भक्त राष्ट्रीय स्वयंसेवक संघ और इसकी विभिन्न शाखाओं द्वारा प्रचारित कथा का खंडन करते हैं। इनमें से अधिकांश हिन्दू हैं। गाज़ी मियाँ को विदेशी हमलावर की बजाय एक शिकारी के रूप में देखा जाता है, जो यहाँ शिकार खेलने आए थे और यहाँ की अच्छी आबो-हवा को देखकर यहीं बस जाना चाहते थे। सुहेलदेव भर नामक एक

चित्र 3.1 : सुहेलदेव की मूर्ति चित्तौरा | स्रोत : निवेदिता सिंह

स्थानीय कबीले के राजा थे, जो सूर्य की पूजा करता था। सुहेलदेव एक कठोर और निरंकुश राजा थे जो मुसलमानों और निचली जातियों पर घोर अत्याचार करते थे। जब गाज़ी मियाँ यहाँ आए तो सब लोग उनके पास जाकर सुहेलदेव के दमन-चक्र से प्रजा की रक्षा करने की प्रार्थना करने लगे। काफी हिचकिचाहट के बाद गाज़ी मियाँ मान गए। उनके और सुहेलदेव के बीच बड़ी घमासान लड़ाई हुई, जिसमें गाज़ी मियाँ और सुहेलदेव दोनों ही मारे गए (शुक्ला, 2003)। इस तरह, इस कथा में सुहेलदेव को एक खलनायक और गाज़ी मियाँ को नायक के रूप में चित्रित किया जाता है। आज भी जब कभी यहाँ तूफानी हवाएँ चलती हैं तो इन्हें सुहेलदेव की दुष्टात्मा का प्रभाव माना जाता है। तब दरगाह के गेट पर लोहे की एक जंजीर बाँध दी जाती है, ताकि दुष्टात्मा दरगाह के अन्दर न घुस सके। ऐसा माना जाता है कि इस जंजीर में कई चमत्कारी शक्तियाँ हैं। इन अवसरों पर न तो किसी को दरगाह के अन्दर जाने दिया जाता है और न कोई बाहर ही आ सकता है।[12]

गाज़ी मियाँ की दरगाह पर महीने भर चलने वाला मेला हर वर्ष मई महीने में दरगाह कमेटी और सुन्नी सेंट्रल बोर्ड, बहराइच द्वारा आयोजित किया जाता है। इस कमेटी की स्थापना 1902 में ब्रिटिश काल में हुई थी।[13] महीने के पहले इतवार का दिन बहुत महत्त्वपूर्ण माना जाता है। उस दिन आसपास रहने वाले सभी लोग दरगाह पर इकट्ठे होते हैं। राष्ट्रीय स्वयंसेवक संघ का दावा है कि दरगाह के बीचोबीच एक झील हुआ करती थी, जहाँ सूर्य देवता की एक मूर्ति स्थित थी। हजारों साल पहले, सालार मसूद के यहाँ पहुँचने से बहुत पहले, सूर्य और चन्द्र ग्रहण के अवसरों पर यहाँ बहुत बड़ा मेला जुटा करता था। मुसलमानों ने सूर्यकुंड (सूर्य देवता को समर्पित झील) का नाम बदलकर हौज शम्सी रख दिया, जो 'सूर्यकुंड' शब्द का फारसी अनुवाद है।[14] रविवार सूर्य का दिन होता है। इस दिन हिन्दू उपवास रखते हैं और सूर्य देवता की उपासना करते हैं। यही कारण है कि यहाँ प्रार्थना करने वाले हिन्दू झंडे और त्रिशूल लेकर आते हैं। ऐसा माना जाता है कि दरगाह के पास स्थित सूर्यकुंड झील में स्नान करने के बाद कोढ़ी ठीक हो जाते हैं। राष्ट्रीय स्वयंसेवक संघ अपनी विभिन्न संचार रणनीतियों के माध्यम से यह प्रचार कर रहा है कि यह झील बालार्क मुनि की झील हुआ करती थी, जिसे ऋषि-मुनियों की सदियों की तपस्या ने पवित्र बना दिया था। इसीलिए इसमें चमत्कारी शक्तियाँ आईं। यही कारण है कि यहाँ स्नान करने के बाद कोढ़ के रोगी ठीक हो जाते हैं।

मूर्ति, छवि और मिथक-रचना

राष्ट्रीय स्वयंसेवक संघ और उसके लोग जिन तार्किक, बौद्धिक और व्याख्यात्मक स्रोतों का प्रयोग कर रहे हैं, वे आर्यसमाज, राम राज्य परिषद और हिन्दू महासभा संगठन जैसी संस्थाओं द्वारा रचित और वितरित वृत्तान्तों पर बहुत ज्यादा आधारित

हैं। इन सभी संस्थाओं ने उच्च वर्ण हिन्दुओं द्वारा शुरू किए गए सामाजिक-धार्मिक आन्दोलनों से जुड़ी हिन्दू राष्ट्रवाद की भावना को जन-जन तक पहुँचाने में बहुत महत्त्वपूर्ण भूमिका निभाई थी (जैफरलॉट, 1993, 11)। सुहेलदेव की इस तरह की छवि की रचना सबसे पहले बहराइच के एक स्कूल अध्यापक और कवि गुरु सहाय दीक्षित द्विजदीन ने की थी। उन्होंने आर्यसमाज से प्रभावित होकर 1940 में 'श्री सुहेल बावनी' (Bavani) नामक एक लम्बी कविता की रचना की थी। यह एक वीर रस की कविता थी, जिसमें सुहेलदेव को एक विदेशी हमलावर सालार मसूद से हिन्दू धर्म और अस्मिता की रक्षा करने वाले वीर के रूप में चित्रित किया गया था। इस कविता में इस्लाम और खासकर सालार मसूद के खिलाफ बहुत कटु शब्द प्रयोग किए गए थे। कवि गुरु सहाय इस कविता को स्थानीय कवि सम्मेलनों में बड़े जोश के साथ सुनाया करते थे। उन्होंने अपने एक हाथ में तलवार पकड़ रखी होती थी और सर पर पटका बाँध रखा होता था। वे वीररस की इस कविता को इतने भावभीने, जोशीले और नाटकीय अन्दाज में सुनाते थे कि श्रोताओं के मन में सुहेलदेव की शौर्यपूर्ण छवि सजीव हो उठती थी।

इस तरह के एक सम्मेलन में भाग ले चुके बहराइच के एक स्थानीय नागरिक याद करते हुए बताते हैं कि कवि गुरु सहाय सुहेलदेव के शौर्य का इस तरह वर्णन करते थे कि श्रोता मंत्र-मुग्ध रह जाते थे।[15] इन कविता-पाठों और 1950 में प्रकाशित इनके मुद्रित संस्करण ने इस क्षेत्र में सुहेलदेव की शौर्यपूर्ण छवि के निर्माण में महत्त्वपूर्ण भूमिका निभाई। एक दिलचस्प तथ्य यह है कि इस कविता में सुहेलदेव को पासी राजा की बजाय जैन समुदाय का बताया गया था, जो एक निष्ठावान हिन्दू और घोर मुस्लिम-विरोधी राजा थे। 'सुहेल बावनी' से प्रभावित होकर कई स्थानीय बुद्धिजीवी सुहेलदेव की महिमा पर अखबारों में लेख लिखने लगे।[16]

भारत के विभाजन और इसके बाद पनपे साम्प्रदायिक माहौल ने भी सुहेलदेव के मिथक को मुस्लिम-विरोधी स्वरूप देने में महत्त्वपूर्ण भूमिका निभाई। स्वतंत्रता के बाद इस क्षेत्र में कुछ ऐसी घटनाएँ घटीं जिसने स्थानीय लोगों में सुहेलदेव की स्मृति को और मुखर कर दिया। आर्यसमाज, राम राज्य परिषद और हिन्दू महासभा संगठन ने सुहेलदेव की स्मृति में एक स्मारक की स्थापना के लिए एक आन्दोलन शुरू किया था। इसी आन्दोलन के एक अंग के रूप में उन्होंने अप्रैल 1950 में चित्तोरा में एक मेले के आयोजन की योजना बनाई थी, जिसका उद्घाटन बहराइच के एक प्रादेशिक स्तर के कांग्रेस नेता जोगिन्दर सिंह 'सरदार साहब' के हाथों होने जा रहा था। महात्मा गांधी और जवाहरलाल नेहरू जैसे बड़े राष्ट्रीय नेता जब भी बहराइच आते थे तो सरदार साहब के निवास-स्थान पर ही ठहरते थे। इस उद्घाटन के लिए पत्थर का एक फलक भी तैयार कर लिया गया था, जिस पर इस उद्घाटन

का उल्लेख था। लेकिन उद्घाटन वाले दिन दरगाह समिति के एक सदस्य ख्वाजा खलील अहमद शाह ने इस उद्घाटन के खिलाफ जिला प्रशासन में शिकायत कर दी। उनका कहना था कि हिन्दू महासभा, आर्यसमाज और राम राज्य परिषद ने सुहेलदेव के मसले को लेकर लोगों की भावनाओं को इतना भड़का दिया था कि क्षेत्र में साम्प्रदायिक दंगा होने का खतरा था। उन्होंने प्रशासन से इस उद्घाटन पर रोक लगाने का अनुरोध किया। स्थानीय लोगों का कहना है कि ख्वाजा की इस अपील के आधार पर क्षेत्र में धारा 144 लागू कर दी गई। लेकिन सन्तराम खन्ना नामक एक स्थानीय हिन्दू कुछ लोगों को इकट्ठा करने में सफल रहे, जिनमें ओंकारनाथ सराफ, केदारनाथ अस्थाना और मथुरा प्रसाद टंडन जैसे हिन्दू नागरिक शामिल थे। ये लोग 'सुहेलदेव जागा है, सैयद सालार भागा है' और 'सुहेलदेव ने ललकारा है, सूरजकुंड हमारा है' जैसे नारे लगाने लगे। जल्दी ही उनके आसपास भारी भीड़ जमा हो गई, जो एक जुलूस की शक्ल में नगर कार्यालय की तरफ बढ़ने लगी (शुक्ल, 2003)।[17]

धारा 144 का उल्लंघन हो गया और दंगा भड़क उठा। शहर के कोतवाल बैजनाथ सिंह ने दंगाइयों को जेल में ठूँस दिया। इस तनावपूर्ण स्थिति में शहर के एक प्रमुख सामाजिक कार्यकर्ता महादेव प्रसाद श्रीवास्तव, जो हिन्दू महासभा से भी जुड़े हुए थे, ने बहराइच के प्रमुख नागरिकों की एक मीटिंग बुलाई। इसमें भोलानाथ आर्य, श्यामलाल श्रीवास्तव, लक्ष्मी नारायण गुप्ता, पद्म चन्द्र जैन, प्यारेलाल मिश्रा और राम राज्य परिषद के अमरनाथ पुरी समेत राष्ट्रीय स्वयंसेवक संघ के प्रचारक लक्ष्मी चन्द्र धवन भी शामिल हुए। इन सबने 'श्री सुहेलदेव संघर्ष समिति' की स्थापना की और यह फैसला किया कि जब तक धारा 144 नहीं हटाई जाती, संघर्षकर्ताओं के जत्थे जेल जाते रहेंगे। शहर के बाजार पूरे एक सप्ताह तक बन्द रहे और नागरिकों के जत्थे नारे लगाते हुए जेल जाते रहे।

इस बीच, वैद्य भगवानदीन मिश्रा के नेतृत्व में कांग्रेस का एक गुट भी सुहेलदेव आन्दोलन में शामिल हो गया। उन्होंने सरकार को लिखा कि अगर धारा 144 नहीं हटाई गई तो कांग्रेस कार्यकर्ता बड़े पैमाने पर इस आन्दोलन में शामिल हो जाएँगे। तब तक लगभग 2000 लोगों को जेल में ठूँसा जा चुका था। आखिर जनता के दबाव के सामने सरकार झुक गई और कुछ दिन बाद धारा 144 हटा ली गई (कोल, 1997)।

स्थानीय कांग्रेसियों ने स्थिति का लाभ उठाते हुए चित्तौरा मेले और सुहेलदेव स्मारक के उद्घाटन के उपलक्ष्य में चित्तोरा में एक विशाल जनसभा का आयोजन किया। उन्होंने दो स्थानीय चित्रकारों ललित नाग और राजकुमार नाग को सुहेलदेव का सबसे पहला चित्र बनाने का काम सौंपा। इस चित्र को हाथी की पीठ पर सजाकर पूरे शहर में जुलूस निकाला गया। बाद में इस चित्र को चित्तोरा में ऋषि

अष्टावक्र, वाल्मीकि, बुद्ध, महावीर और गुरु नानक के चित्रों के बीच प्रतिष्ठित कर दिया गया। प्रयागपुर के एक स्थानीय राजा ने सुहेलदेव स्मारक समिति को 500 बीघे जमीन और चित्तोरा झील दान कर दी। कुछ समय बाद गोंडा के समयदीन नामक एक मूर्तिकार ने इस चित्र के आधार पर सुहेलदेव की मूर्ति बनाई, जिसमें उन्हें शौर्यपूर्ण मुद्रा में घोड़े पर बैठे दिखाया गया। शुरू में यह मिट्टी की मूर्ति थी, जिसे बाद में सीमेंट में बदल दिया गया। इस मूर्ति के आसपास सुहेलदेव मन्दिर की स्थापना कर दी गई। मन्दिर के सबसे पहले पुजारी विभीषण नारायण पुरी थे, जो हिन्दू महासभा से जुड़े हुए थे। उनके प्रयासों से ही महाराजा सुहेलदेव विजयोत्सव के आयोजन की प्रथा शुरू हुई। शुरू में यह होम और हवन, पूजा-पाठ और शहर में निकाली जाने वाली विजय झाँकी के रूप में मनाया जाता था। दशहरे के अवसर पर शस्त्र-पूजा की परम्परा की भी शुरुआत की गई, जिसमें हिन्दुत्ववादी शक्तियाँ बढ़-चढ़कर भाग लेती थीं।

सुहेलदेव स्मारक आन्दोलन से जुड़े लोगों ने वसन्त पंचमी के दिन महाराजा सुहेलदेवजी के राज्याभिषेक का समारोह मनाना भी शुरू कर दिया। इस अवसर पर एक भव्य मेले का आयोजन किया जाने लगा (राष्ट्रीय स्वयंसेवक संघ, 2004)। 1950-60 के दशक में संस्था पासियों को चुनावी दृष्टि से प्रभावित करने की कोशिश करने लगी, जिनका बहराइच और इसके आसपास के जिलों के कई विधानसभा क्षेत्रों में बहुमत था। सुहेलदेव को एक पासी राजा के रूप में चित्रित किया जाने लगा, जो हिन्दू राम-राज्य की रक्षा के लिए लड़े थे। 1952-57 के बीच बाला प्रसाद नामक एक उम्मीदवार पासी-प्रधान आरक्षित विधानसभा क्षेत्र इकौना (Ikauna) से विजयी हुए (दैनिक जागरण, 2004 बी.)। शुरू में राष्ट्रीय स्वयंसेवक संघ भले ही इस आन्दोलन से जुड़ा हुआ था, लेकिन इस आन्दोलन का नेतृत्व आर्यसमाज, हिन्दू महासभा और राम राज्य परिषद के हाथ में था। बाद में, दलितों को अपनी छत्रच्छाया में लाने के अपने एजेंडे के अन्तर्गत और निचली जातियों द्वारा इस्लाम धर्म अपनाने की आशंकाओं को देखते हुए—जिसे भारत-नेपाल सीमा से जुड़े क्षेत्रों में मदरसों की बढ़ती संख्या से और ज्यादा हवा मिल रही थी—राष्ट्रीय स्वयंसेवक संघ ने चित्तोरा और इसके आसपास के सभी क्षेत्रों में मुस्लिम-विरोधी भावनाएँ जगाने के लिए सुहेलदेव को मुस्लिम हमलावरों से लड़ने वाले हिन्दू राजा के रूप में चित्रित करना और उनकी साम्प्रदायिक स्मृतियाँ गढ़ना शुरू कर दिया।

कुछ समय के लिए कमजोर पड़ने के बाद 2001 में महाराजा सुहेलदेव सेवा समिति के गठन के साथ इस आन्दोलन ने फिर जोर पकड़ लिया। इस समिति का गठन राष्ट्रीय स्वयंसेवक संघ के तत्त्वावधान में ही हुआ था। जैसा कि पहले कहा जा चुका है, इस संस्था ने नए उत्सवों, मुद्रित पैम्फलेटों, पर्चों, पुस्तिकाओं और अन्य गतिविधियों के माध्यम से सुहेलदेव की स्मृतियों और समारोहों को बड़े

जोर-शोर से पुनर्जीवित करने का प्रयास किया, ताकि सुहेलदेव की कथा को जन-जन तक पहुँचाया जा सके। एक दिलचस्प तथ्य यह है कि राजपरिवार, जो इससे पहले राम राज्य परिषद, आर्यसमाज और हिन्दू महासभा के नेतृत्व वाली 'श्री सुहेलदेव स्मारक समिति' को समर्थन और प्रोत्साहन प्रदान करता रहा था, अब राष्ट्रीय स्वयंसेवक संघ की 'श्री सुहेलदेव सेवा समिति' में अपनी निष्ठा व्यक्त करने लगा। सेवा समिति द्वारा मुद्रित और वितरित सामग्री में संस्था से जुड़े पासी नेताओं पूनम वर्मा और पद्मसेन चौधरी इत्यादि का बड़ी प्रमुखता के साथ उल्लेख किया जाता है। 2004 के लोकसभा चुनावों में इन लोगों ने मतदाताओं से उस पार्टी का समर्थन करने की अपील की, जिसने मातृभूमि के लिए अपने प्राण न्योछावर करने वालों को गौरव-मंडित किया था—भले ही वे सुहेलदेव हों या कारगिल युद्ध के शहीद।[18] मुरलीमनोहर जोशी ने भी पासी समुदाय को सम्बोधित करते हुए और सुहेलदेव के मिथक को चुनावी हथियार बनाते हुए कहा कि सुहेलदेव ने बहुत से हिन्दुओं को इस्लाम धर्म कबूलने से रोका था।[19]

प्रदेश की जनता में सुहेलदेव की लोक-स्मृति के प्रसारण के अंग के रूप में प्रदेश के विभिन्न हिस्सों में सुहेलदेव की प्रतिमाएँ स्थापित की गई हैं। लखनऊ में राष्ट्रीय स्वयंसेवक संघ द्वारा स्थापित ऐसी ही एक मूर्ति में सुहेलदेव की बहुत आक्रामक छवि दिखाई देती है (चित्र 3.2)। यह छवि 1950 के दशक में नाग बन्धुओं द्वारा बहराइच में स्थापित मूर्ति से बिलकुल अलग है। लखनऊ में स्थापित इस मूर्ति में सुहेलदेव को महाराणा प्रताप की तरह एक शौर्यपूर्ण और पराक्रमी छवि देने का प्रयास किया गया है। उन्होंने लौह-कवच और लौह-मुकुट पहन रखा है और हाथ में एक भाला पकड़ रखा है। उनकी तलवार उनकी कमर पर लटक रही है।[20] इसके विपरीत, बहराइच में स्थापित मूर्ति में वे मध्ययुगीन वेशभूषा में मुकुट पहने और धनुष-बाण पकड़े दिखाए गए हैं। महाराणा प्रताप राष्ट्रीय स्वयंसेवक संघ द्वारा प्रचारित एक अन्य मिथक है और सुहेलदेव को उन्हीं की छवि में ढालने की कोशिश की जा रही है। लेकिन बहराइच के निवासियों का मानना है कि बहराइच में स्थापित मूर्ति ही सुहेलदेव की वास्तविक छवि को प्रतिबिम्बित करती है।[21]

सुहेलदेव की स्मृति में आयोजित वार्षिक उत्सव के दौरान राष्ट्रीय स्वयंसेवक संघ द्वारा मुसलमानों के खिलाफ घृणा फैलाने के प्रयास बिल्कुल साफ देखे जा सकते हैं। इस घृणा की अभिव्यक्ति का एक माध्यम इस समारोह के दौरान मंचित नाटक है। 2002 से पहले तक यह समारोह रामकथा, कलश यात्रा, हवन और झाँकियों तक सीमित था। 2002 में स्थानीय सरस्वती शिशु मन्दिर में आयोजित एक बैठक में यह फैसला किया गया कि नाटकों के माध्यम से सुहेलदेव की जीवन-कथा को जन-जन तक पहुँचाना संघ के सन्देश का प्रचार करने का सबसे

प्रभावशाली तरीका था। उल्लेखनीय है कि सरस्वती शिशु मन्दिर नामक पाठशालाएँ संघ द्वारा देश भर में चलाई जाती हैं, जहाँ बच्चों के अबोध मस्तिष्कों को विशेष प्रकार का सांस्कृतिक प्रशिक्षण दिया जाता है। सुहेलदेव के जीवन पर एक नाटक तैयार करने का काम बेरुनापुर थिएटर कम्पनी को सौंपा गया। नाटक की पटकथा एक संघ प्रचारक महिराज ध्वज सिंह ने लिखी, जिसमें लेखक गोपाल शुक्ला ने उनकी मदद की। सुहेलदेव मेले के दौरान जब पहली बार इस नाटक का मंचन हुआ तो दर्शकों ने जोरदार तालियों से इसका स्वागत किया, खासकर उस दृश्य का जिसमें सुहेलदेव गाज़ी मियाँ का सर काट डालते हैं। दर्शकों की यह प्रतिक्रिया

चित्र 3.1 : सुहेलदेव की मूर्ति, लखनऊ | स्रोत : निवेदिता सिंह

देखकर आयोजकों ने इस नाटक को समारोह का नियमित अंग बनाने का फैसला कर लिया, और गाज़ी मियाँ के वध वाले दृश्य को और भी आक्रामक और नृशंस बना दिया। नाटक के इस प्रारूप को कई अन्य नाटक कम्पनियों द्वारा भी प्रयोग किया जाता है, जिसे वे विभिन्न अवसरों पर मंचित करती रहती हैं। इस तरह, सुहेलदेव के स्मरणोत्सव के लिए तैयार किया गया नाटक अब क्षेत्र की लोक-संस्कृति का हिस्सा बनता जा रहा है और एक धार्मिक समुदाय में दूसरे धार्मिक समुदाय के खिलाफ लोक-स्मृति के सृजन में मदद कर रहा है।

इस अध्याय में हमने देखा कि भाजपा, दलित समुदायों के नायकों की स्मृतियों से जुड़ी साम्प्रदायिक सम्भावनाओं को भुनाने की अपनी व्यापक रणनीति के तहत, किस तरह पासियों के नायक सुहेलदेव का भगवाकरण करके उन्हें एक लड़ाकू पहचान दे रही है, और उन्हें एक मुस्लिम राजा गाज़ी मियाँ की टक्कर में खड़ा कर रही है। जैसा कि पहले कहा जा चुका है, इस प्रयास के पीछे पासियों को राजनीतिक स्तर पर हिन्दुत्व के खेमे में खींचने, और दूसरे, मुस्लिम समुदाय के खिलाफ उनकी भावनाओं को भड़काने का उद्देश्य है—ताकि वे मुसलमानों के खिलाफ उच्च वर्ण हिन्दुओं के सैनिकों की भूमिका निभा सकें। अगले अध्याय में हम देखेंगे कि 2004 के लोकसभा चुनावों से ठीक पहले भाजपा के एक महत्त्वपूर्ण नेता मुरलीमनोहर जोशी ने किस तरह विभिन्न दलित जातियों के स्थानीय मिथकों और किंवदन्तियों का प्रयोग करके उनके वोट जुटाने की कोशिश की। जहाँ इस तरह का कोई मिथक या किंवदन्ती उपलब्ध नहीं थे, वहाँ इन जातियों के जातिगत पेशों को महिमा-मंडित करने की कोशिश की गई। जबकि उच्च वर्णों का समर्थन जुटाने के लिए विकास के मुद्दों का प्रयोग किया गया।

टिप्पणियाँ

1. व्यक्तिगत भेंटवार्ता
2. सुहेलदेव स्मृति समारोह के प्रचार के लिए महाराजा सुहेलदेव सेवा समिति द्वारा वितरित निमंत्रण-पत्र एवं पैम्फलेट, मई 2004
3. मौसूमी मजूमदार, फील्ड डायरी, बहराइच, 23 अप्रैल, 2004
4. मुहम्मद वारसी के साथ मौखिक भेंटवार्ता, बहराइच, 23 अप्रैल, 2004
5. राम नरेश यादव के साथ मौखिक भेंटवार्ता, बहराइच, 23 अप्रैल, 2004
6. मुहम्मद वारसी के साथ मौखिक भेंटवार्ता, बहराइच, 23 अप्रैल, 2004
7. गुले अब्बास अली, फील्ड डायरी, शहाबपुर, 21 फरवरी, 2003
8. सुहेलदेव को गो-रक्षक के रूप में चित्रित करना एक ऐसा तरीका है जिसे राष्ट्रीय स्वयंसेवक संघ इससे पहले भी दलित और पिछड़े समुदायों को आकर्षित करने के लिए इस्तेमाल कर चुकी है। गाय की रक्षा और पूजा को हिन्दू पहचान का प्रतीक बनाना एक तरह से इसे हिन्दू आदर्श के रूप में स्थापित करना है। इस प्रयास के पीछे दो अर्थ थे। पहला, इससे हिन्दुओं में मुस्लिम-विरोधी भावनाएँ पैदा करने में मदद मिलती थी, और दूसरा, इससे यादव और

कुर्मी जैसे चरवाहा हिन्दू समुदायों को अपने खेमे में लाया जा सकता था। उन्नीसवीं और बीसवीं सदी में आर्यसमाज, विश्व हिन्दू परिषद और राष्ट्रीय स्वयंसेवक संघ ने कई उग्र गो–रक्षा अभियान चलाए, जिनके परिणामस्वरूप कई जगह हिन्दू–मुस्लिम दंगे भड़के (राय, 1998, 49)।

9. चित्तौरा का फील्ड दौरा, बहराइच, 23 अप्रैल, 2004
10. एस.पी. उपाध्याय, फील्ड डायरी, बहराइच, 23 अप्रैल, 2004
11. एस.पी. उपाध्याय, फील्ड डायरी, बहराइच, 23 अप्रैल, 2004
12. राष्ट्रीय स्वयंसेवक संघ के स्थानीय प्रचारक एस.पी. सिंह के साथ व्यक्तिगत भेंटवार्ता, बहराइच, 25 अप्रैल, 2004
13. रामस्नेही के साथ व्यक्तिगत बातचीत, बहराइच, 26 अप्रैल, 2004
14. ओ.पी. अग्रवाल के साथ व्यक्तिगत बातचीत, उम्र 70 वर्ष, बहराइच के एक स्थानीय निवासी, 24 अप्रैल, 2004
15. ओ.पी. अग्रवाल ने इस झाँकी का बहुत स्पष्ट और जीवन्त वर्णन किया (व्यक्तिगत बातचीत, 24 अप्रैल, 2004)।
16. ओ.पी. अग्रवाल के साथ व्यक्तिगत बातचीत, बहराइच, 24 अप्रैल, 2004
17. रामस्नेही के साथ मौखिक भेंटवार्ता, उम्र 54 वर्ष, चित्तौरा, बहराइच, 25 अप्रैल, 2004
18. लखनऊ का फील्ड दौरा, 23 अप्रैल, 2004
19. गोपाल शुक्ला के साथ भेंटवार्ता, बहराइच, 23 अप्रैल, 2004
20. गोपाल शुक्ला के साथ भेंटवार्ता, बहराइच, 23 अप्रैल, 2004
21. गोपाल शुक्ला के साथ भेंटवार्ता, बहराइच, 23 अप्रैल, 2004

लोक राजनीति की रचना

जातीय इतिहास और भाजपा का चुनावी आख्यान

शिकारी आएगा,
जाल बिछाएगा,
जाल में फँसना नहीं

—एक लोकप्रिय कहावत

पिछले अध्यायों में हमने देखा कि 1980–1990 के दशकों में दलितों को सामूहिक रूप से हिन्दुत्व की छत्रछाया में लाने की भाजपा की राजनीतिक रणनीति में इस दशक में किस तरह बदलाव आया है। बदली हुई रणनीति यह है कि एकरूपी हिन्दू पहचान गढ़ने का प्रयास करने के साथ-साथ हर जाति पर अलग से ध्यान दिया जाए। पार्टी को अपनी रणनीति बदलने के लिए बाध्य होना पड़ा, क्योंकि इससे पहले तक सभी दलित उसके लिए लगभग एक अमूर्त श्रेणी थे, जिन्हें महाराष्ट्र के अम्बेडकरवादी दलित आन्दोलन से जुड़ी छवियों के अनुसार 'उच्च वर्णों द्वारा आर्थिक रूप से वंचित' और 'उच्च वर्णों द्वारा तिरस्कार और भेदभाव के शिकार' इत्यादि प्रतीकात्मक परिभाषाओं के साथ अभिव्यक्त किया जाता था। शुरू में, राष्ट्रीय स्वयंसेवक संघ, विश्व हिन्दू परिषद और भाजपा के व्याख्यानों में दलितों को 'दलित' की बजाय 'वंचित' कहकर एक समरूपी श्रेणी के रूप में सम्बोधित किया जाता रहा था। व्यावहारिक राजनीति को देखते हुए भाजपा उन्हें विभिन्न तरीकों से राजनीतिक प्रतिनिधित्व देने का प्रयास करती थी, जैसे कि दलित जातियों के कुछ नेताओं को पार्टी में आगे बढ़ाकर, चुनाव-क्षेत्रों में उनकी जाति की बहुलता को देखते हुए उन्हें चुनाव-टिकट देना, सामाजिक न्याय जैसे मुद्दों का समर्थन करना, और उन्हें राम मन्दिर जैसे मुद्दों के साथ जोड़कर हिन्दुत्व एजेंडे का एक अभिन्न अंग बनाना इत्यादि।

बाद में, बहुजन समाज पार्टी के बढ़ते प्रभाव और इसका मुकाबला करने की जरूरत को देखते हुए भाजपा ने सामयिक राजनीति में सामुदायिक महत्त्व को पहचाना। इसके बाद ही उसने दलित-वंचितों समुदायों के मैक्रो-यूनिट (वृहत्

इकाई) की माइक्रो-यूनिटों (लघु इकाइयों) पर ध्यान देने का फैसला किया। जैसा कि पहले कहा जा चुका है, उसने विभिन्न दलित जातियों के ऐसे मिथकों की खोज शुरू की जो स्थानीय स्तर पर लोकप्रिय थे और उनका भगवाकरण करके उन्हें हिन्दुत्व के 'मेटानरेटिव' में फिट करना शुरू कर दिया। लेकिन पार्टी ने यह भी महसूस किया कि दलितों के वोट खींचने के लिए सिर्फ उनकी जातीय पहचान को उभारना काफी नहीं है, क्योंकि अधिकांश दलित जातियाँ आर्थिक दृष्टि से बहुत ज्यादा पिछड़ी हुई और उपेक्षित हैं। उन्हें विकास का लाभ नहीं मिल पाया है, जो मुख्यत: ऊँची जातियों तक सिमटकर रह गया है। अधिकांश दलित गाँवों में बहुत दयनीय अवस्था में जी रहे हैं और स्वास्थ्य, शिक्षा, सड़क, बिजली और स्वच्छ पेयजल जैसे विकास के सभी पैमानों पर बहुत ज्यादा पीछे हैं। उनके वोट जुटाने के लिए उन्हें विकास का प्रलोभन देना भी जरूरी है, भले ही सत्ता में रहते हुए पार्टी यह सब उपलब्ध नहीं करवा पाई थी। इस तरह राजनीतिक रणनीति में सुधार करके स्थानीय नायकों के महिमा-मंडन और उन्हें हिन्दुत्व के एजेंडे में फिट करने के साथ विकास के मुद्दे को भी जोड़ने की कोशिश की गई। इस सन्दर्भ में भाजपा ने 'विकास' को दो अर्थ देने की कोशिश की। इसका पहला अर्थ उनकी आधारभूत जरूरतों से जुड़ा हुआ था, जबकि दूसरा अर्थ पासी, चमार और निषाद जैसे समुदायों के जातिगत व्यवसायों को प्रोत्साहन देकर उनका चौमुखी विकास करना था। अपने चुनावी आख्यान में पार्टी ने विकास की इन दोनों धाराओं को एक-दूसरे से जोड़ते हुए आधारभूत जरूरतों की पूर्ति और विभिन्न समुदाय की मिथकीय और सांस्कृतिक पहचान के तत्त्वों के विकास पर जोर दिया।

2004 के संसदीय चुनावों से पहले, जब राष्ट्रीय स्तर पर पार्टी 'फील गुड' के नारे की मस्ती में झूम रही थी, उसकी यह दोहरी रणनीति साफ दिखाई देने लगी थी—अर्थात् विकास की राजनीति के साथ समुदायों की जातीय आकांक्षाओं को जोड़ते हुए उनकी ऐतिहासिक और मिथकीय पहचान के तत्त्वों के विकास पर जोर देना। पार्टी को यह भी अहसास था कि अपने पिछले शासन-काल के दौरान वह उपेक्षित समुदायों को सामाजिक न्याय दिलाने में असफल रही थी। इसे चुनावों से पहले प्रकाशित 'विज़न डॉक्यूमेंट 2004' में देखा जा सकता था, जिसमें उसने अनुसूचित जातियों, जनजातियों और अन्य पिछड़े वर्गों को समाज के सर्वाधिक उपेक्षित समुदाय घोषित करते हुए उनके सामाजिक और आर्थिक उत्थान के उपाय सुझाए थे।

इस दस्तावेज से यह भी पता चलता था कि पार्टी अपनी उस मूल विचारधारा को छोड़ने के लिए तैयार थी जिसके आधार पर उसका गठन हुआ था—अर्थात् राष्ट्रीय पहचान का आधार सांस्कृतिक राष्ट्रवाद है, और 'भारतीयता', 'इंडियननेस' और 'हिन्दुत्व' इसी के पर्यायवाची हैं। इसके 'विज़न डॉक्यूमेंट 2004' के अनुसार,

सांस्कृतिक राष्ट्रवाद साम्प्रदायिकता, विभाजनकारी तत्त्वों और अलगाववाद का सबसे प्रभावी उपचार है (भाजपा, 2004)।

इस अध्याय में हम देखेंगे कि अपने चुनावी अभियान के दौरान दलितों को प्रभावी तौर पर संगठित करने के लिए पार्टी ने विकास की उम्मीदों और वायदों का किस तरह प्रयोग किया। इसे भाजपा के एक वरिष्ठ नेता और विचारक मुरलीमनोहर जोशी के चुनावी अभियान के माध्यम से देखा जा सकता है, जो 1999-2004 के दौरान भाजपा के नेतृत्व वाली एनडीए सरकार में मानव संसाधन मंत्री थे। जोशी का चुनाव-क्षेत्र इलाहाबाद जिला था, जिसमें सम्भ्रान्त उच्च वर्ण आबादी वाला मुख्य शहर और विभिन्न दलित और निचली जातियों की आबादी वाले आसपास के गाँव दोनों ही शामिल थे। मई 2004 के आम चुनावों से ठीक पहले खुद अपने क्षेत्र में चुनाव प्रचार करते हुए उन्होंने इलाहाबाद और इसके आसपास बहुत सी जनसभाओं को सम्बोधित किया। शहर में आयोजित जनसभाओं में अधिकांशतः ऊँची जातियों के शिक्षित लोग होते थे, शहर के बाहरी और उपनगरीय क्षेत्रों में मध्य जातियों के लोग अधिक होते थे, जबकि दूर-दराज के गाँवों में आयोजित जनसभाओं में उपेक्षित जातियों और समुदायों के लोग होते थे, जो सामाजिक-आर्थिक सूचकांक के अनुसार अब तक विकास की मुख्यधारा का अंग नहीं बन पाए थे। इस अध्याय में हम मुरलीमनोहर जोशी के कुछ भाषणों का विश्लेषण करेंगे। ये भाषण मतदाताओं के विभिन्न वर्गों को सम्बोधित थे और इनके अंश हिन्दी और अंग्रेजी के प्रमुख अखबारों में प्रकाशित हुए थे। इससे हमें यह समझने में मदद मिलेगी कि भाजपा और इसी की तरह की विचारधारा वाली अन्य संस्थाएँ किस तरह विभिन्न दलित जातियों की पहचान को हिन्दुत्व की धारा से जोड़ने का प्रयास करते हुए भी उनके एकीकरण के लिए 'विकास' का राग अलाप रही हैं। इस तरह, इस अध्याय का एक उद्देश्य यह देखना है कि भाजपा चुनावी राजनीति के असली मैदान में किस तरह उन मिथकीय, ऐतिहासिक और सामुदायिक पहचान से जुड़े तत्त्वों का सृजन और पुनर्सृजन कर रही है जिनका जिक्र हम पिछले अध्यायों में कर चुके हैं। इसके लिए हम मुरलीमनोहर जोशी के चुनावी भाषणों की एक झलक प्रस्तुत करेंगे।

भाजपा और निचली जातियों एवं दलितों का सृजनात्मक दोहन

10 मार्च, 2004 को मुरलीमनोहर जोशी ने इलाहाबाद के कुशवाहा समुदाय को सम्बोधित किया। यह समुदाय फलों और सब्जियों की खेती से जुड़ा हुआ है। समुदाय के प्रतिनिधियों ने भाजपा को यह आश्वासन देने के लिए कहा कि प्रजातांत्रिक प्रक्रिया में कुशवाहों को अधिक भागीदारी दी जाएगी। इसके जवाब में जोशी ने कहा कि पार्टी सभी समुदायों को एक समान सम्मान और प्रतिनिधित्व देने में विश्वास करती है। उन्होंने कुशवाहों के जातिगत व्यवसाय को गरिमा मंडित करते हुए राष्ट्र के

विकास में उनके योगदान की सराहना की। उन्होंने कहा कि देश फलों और सब्जियों के उत्पादन में काफी आगे था। लेकिन किसानों को इसका लाभ नहीं मिल रहा था, क्योंकि 30 प्रतिशत उत्पाद मंडियों में पहुँचने से पहले ही सड़ जाता था। ऐसी परिस्थिति में युवाओं को फलों और सब्जियों के संरक्षण के नए उपाय सोचने चाहिए। अपनी सभा के दौरान जोशी ने विकास पर जोर दिया और युवा पीढ़ी को इस काम के लिए आगे आने का आह्वान किया। उनके साथ तत्कालीन सामाजिक न्याय और सशक्तीकरण राज्यमंत्री नागमणि भी थे, जो कुशवाहा जाति से हैं। इस सभा की अध्यक्षता विधान परिषद के पूर्व सदस्य बृजभूषण कुशवाहा ने की ('अमर उजाला', 2004 ए)।

12 मार्च, 2004 को जोशी ने बाड़ा के अकोरा ग्राम में पासियों के एक वर्ग को सम्बोधित किया, जो ग्रामीण क्षेत्र में पड़ता है। उन्होंने कहा कि भाजपा के सामने सबसे बड़ा लक्ष्य सभी समुदायों को समानता का दर्जा प्रदान करना था। उन्होंने कहा कि इतिहास में मौजूद विकृतियों को दूर किया जाना चाहिए और पासी और गुर्जर जैसे समुदायों को, जिन्हें पहले आपराधिक श्रेणी में रखा जाता था, इतिहास में शामिल किया जाना चाहिए ('अमर उजाला', 2004 बी)। 14 मार्च, 2004 को इलाहाबाद के शिवकुटी क्षेत्र में आयोजित पासियों की एक अन्य सभा को सम्बोधित करते हुए डॉ. जोशी ने कहा कि भाजपा सरकार ने दलितों को बहुत सी सुविधाएँ उपलब्ध करवाई थीं। इस सभा में शहरी और आसपास के गाँवों के पासी उपस्थित थे। जोशी ने आगे कहा कि इन समुदायों के नायकों को स्कूल की पाठ्य-पुस्तकों में शामिल किया गया था। उन्होंने पासियों के नायक महाराजा सुहेलदेव का गुणगान करते हुए कहा कि उन्होंने क्षेत्र के निवासियों का जबर्दस्ती धर्म-परिवर्तन करने वाले विदेशी हमलावरों का डटकर मुकाबला किया था और बहुत से हिन्दुओं के धर्म-परिवर्तन को रोका था। जोशी ने कहा कि इन समुदायों के वीर पुरुषों का इतिहास भरा पड़ा है, लेकिन आज ये समुदाय सामाजिक और आर्थिक दुश्वारियों का सामना कर रहे हैं। सरकार उन्हें बराबरी का दर्जा देने के लिए वचनबद्ध है। उसने दलितों को संसद में प्रवेश दिलवाकर उन्हें उनके प्रजातांत्रिक अधिकार दिलवाए हैं। सर्व शिक्षा अभियान के माध्यम से शिक्षा को जन-जन तक पहुँचाने का प्रयास किया गया है, जिससे दबे-कुचले वर्गों को भरपूर लाभ पहुँचा है। सरकार का हमेशा से ही यह प्रयास रहा है कि सभी समुदाय साक्षर हो सकें, ताकि वे विकास की प्रक्रिया में बराबर के साथी बन सकें। इस जनसभा में अन्य वक्ताओं में श्री त्रिलोकीनाथ कोल भी शामिल थे, जिन्होंने पासियों के नायक महाराजा सुहेलदेव पासी का बहुत सारगर्भित वर्णन किया है। उन्होंने पासियों के गौरवशाली इतिहास को याद करते हुए समुदाय के सदस्यों से कहा कि उन्हें अपने पूर्वजों से सीख लेनी चाहिए और देश की रक्षा के लिए आगे आना चाहिए

('दैनिक जागरण', 2004 ए)।

मध्य अप्रैल में विश्वकर्मा जाति की एक जनसभा की शुरुआत जोशी ने विश्वकर्मा की मूर्ति को हार पहनाकर की, जिन्हें यंत्रों का देवता माना जाता है। विश्वकर्मा मिस्त्रियों का काम करते हैं। इस समुदाय की जातीय पहचान को रेखांकित करते हुए जोशी ने कहा कि हर व्यक्ति को बदलते समय के साथ कदम मिलाकर चलना चाहिए और नई तकनीक और टेक्नोलॉजी अपनाकर अपनी आमदनी बढ़ाने की कोशिश करनी चाहिए। उन्होंने कहा कि अगर व्यक्ति में प्रतिभा हो तो उसके लिए ऊँची शिक्षा जरूरी नहीं है। उदाहरण के लिए, स्कूटरों और कारों की मरम्मत करने वाले सड़क छाप मिस्त्री भले ही आठवीं कक्षा तक पढ़े हों, लेकिन उन्हें किसी बड़ी कार कम्पनी में काम करने वाले इंजीनियर से कम जानकारी नहीं होती। उन्होंने अपनी बात साफ करते हुए कहा कि उनका यह मतलब नहीं था कि पढ़ाई का कोई महत्त्व नहीं था, लेकिन नई तकनीक और टेक्नोलॉजी की आलोचना करना भी ठीक नहीं था। सभा के अध्यक्ष, जो विश्वकर्मा समुदाय से थे, ने खेद व्यक्त करते हुए कहा कि उनकी आबादी की तुलना में संसद में उनके समुदाय का प्रतिनिधित्व बहुत कम था ('अमर उजाला', 2004 ई.)।

जोशी ने उन्हीं दिनों करछना (Karchhana) विधानसभा चुनाव क्षेत्र के बरदहा (Bardaha) गाँव में पटेल समुदाय की एक जनसभा को भी सम्बोधित किया। उन्होंने कहा कि अगर सरदार पटेल कुछ वर्ष और जीवित रहते तो कश्मीर और देश के अन्य हिस्सों में आतंकवाद अपना सर नहीं उठा पाता। देश के विकास और सामाजिक समन्वय की स्थापना के लिए सरदार पटेल के पदचिह्नों पर चलने की जरूरत थी। इसी गाँव में और इसी दिन आयोजित एक अन्य जनसभा में जोशी ने मुस्लिम अल्पसंख्यकों को सम्बोधित करते हुए इस बात पर जोर दिया कि समुदाय को शिक्षा प्राप्त करने और आगे बढ़ने की जरूरत थी। केन्द्र सरकार ने इस दिशा में एक महत्त्वपूर्ण कदम उठाते हुए मदरसों में कम्प्यूटरों की स्थापना की थी और पाठ्यक्रम में विज्ञान की शिक्षा को भी शामिल करने के लिए कहा था। उन्होंने कहा कि भाजपा विकास की मुख्यधारा में बदलाव लाने और अल्पसंख्यकों और उपेक्षित समुदायों के जीवन-स्तर में सुधार लाकर उन्हें आगे बढ़ाने का भरसक प्रयास कर रही थी। मुसलमान भाजपा के साथ जुड़कर ही विकास कर सकते थे, जो उनकी सच्ची हितैषी थी। इस अवसर पर लगभग 150 मुसलमानों ने, जो पहले कांग्रेस और समाजवादी पार्टी के समर्थक थे, भाजपा में अपनी निष्ठा व्यक्त की ('अमर उजाला', 2004 एफ)।

1 अप्रैल को नैनी में जल-केन्द्रित निषाद समुदाय को सम्बोधित करते हुए मुरलीमनोहर जोशी ने नौसेना, जिला पुलिस और मत्स्य पालन विभाग की नौकरियों में आरक्षण की उनकी माँग को पूरा करने का वायदा किया। अपने भाषण में उन्होंने

कहा कि निषादों की भागेदारी के बिना अयोध्या में राम मन्दिर के निर्माण के काम को पूरा नहीं किया जा सकता। आखिर निषादराज ने ही भगवान राम को गंगा पार करवाई थी। उन्होंने चुनाव जीतने के बाद श्रृंगवेरपुर में एकलव्य की मूर्ति की स्थापना का भी वायदा किया ('अमर उजाला', 2004 सी)।

22 अप्रैल, 2004 को मुरलीमनोहर जोशी के लिए चुनाव-प्रचार करने वाले भाजपा के एक अन्य नेता श्री बेनी माधव बिन्द ने जिला एकलव्य स्नातक युवा दल को सम्बोधित किया। यह संस्था एकलव्य को अपना जाति-नायक मानने वाले निषादों द्वारा गठित की गई है। उन्होंने कहा कि एकलव्य अपना अँगूठा काटकर महान बन गए। उनके समर्पण और त्याग ने उन्हें इतिहास में अमर कर दिया। उन्होंने कहा कि भाजपा के साथ समर्पित भाव से सहयोग करके ही देश की ज्वलन्त समस्याओं को दूर किया जा सकता है ('हिन्दुस्तान' 2004 ए)।

28 अप्रैल, 2004 को भाजपा के एक अन्य नेता नरेन्द्र सिंह गौड़ ने मुरलीमनोहर जोशी के लिए चुनाव प्रचार करते हुए उसी जगह निषादों को सम्बोधित किया। उन्होंने श्रोताओं तक मुरलीमनोहर जोशी का सन्देश पहुँचाते हुए कहा कि वीर एकलव्य की कथा और इससे जुड़े आदर्श भारतीय संस्कृति की अमूल्य धरोहर हैं। एकलव्य सिर्फ निषादों के लिए ही नहीं बल्कि सभी भारतीयों के लिए एक आदर्श थे। इस सभा में इलाहाबाद की उप-निगमाध्यक्ष अनामिका चौधरी भी शामिल थीं, जो निषाद समुदाय की हैं। उन्होंने कहा कि निषादों के लिए यह बड़े गर्व की बात है कि एकलव्य उनके समुदाय के थे। उन्होंने टेलीविज़न पर एकलव्य चैनल शुरू करने और साथ ही एकलव्य मार्ग की स्थापना करने के मुरलीमनोहर जोशी के वायदों के लिए उनकी प्रशंसा की। इस सभा की अध्यक्षता विधान परिषद के सदस्य (एमएलसी) राम सरन निषाद ने की ('हिन्दुस्तान', 2004 ए)।

चुनावों से ठीक पहले, 28 अप्रैल, 2004 को अखिल भारतीय एकलव्य कल्याण समिति द्वारा सिविल लाइंस के एकलव्य चौराहे पर एकलव्य जयन्ती मनाई गई। इस अवसर पर आयोजित सभा को सम्बोधित करते हुए भाजपा नेता और इलाहाबाद (उत्तर) विधानसभा सीट से पार्टी के विधायक नरेन्द्र गौड़ ने एकलव्य को निषादों के एक ऐसे सपूत के रूप में चित्रित किया जिनका धार्मिक और सांस्कृतिक जीवन एक आदर्श भारतीय का प्रतीक है और एक अमूल्य धरोहर है। उन्होंने कहा कि दो महीने पहले मुरलीमनोहर जोशी ने रेडियो पर एकलव्य चैनल के नाम से एक शिक्षा चैनल शुरू किया था और नैनी में निषाद गाँवों के नजदीक एकलव्य नामक एक सड़क का भी उद्घाटन किया था। इस अवसर पर निषाद समाज के नाम मुरलीमनोहर जोशी का सन्देश भी पढ़कर सुनाया गया ('दैनिक जागरण' 2004 सी)।

उम्मीदें, वायदे और विकास के सन्देश

समाज के निचले सोपानों पर स्थित जातीय समूहों को सम्बोधित करने के साथ-साथ मुरलीमनोहर जोशी ने 2 अप्रैल, 2004 को ऊँची जातियों की एक सभा को भी सम्बोधित किया। यह जनसभा इलाहाबाद के नजदीक मेजा नगर-क्षेत्र की एक ब्राह्मण-बहुल बस्ती में आयोजित की गई थी। अपने भाषण में उन्होंने मतदाताओं को जातिगत राजनीति के भयंकर परिणामों की चेतावनी देते हुए बिहार का उदाहरण प्रस्तुत किया। श्रोताओं को लुभाने के लिए उन्होंने विकास का पत्ता भी चला और समूचे देश के विकास के प्रति एनडीए सरकार की प्रतिबद्धता का हवाला दिया ('द टाइम्स ऑफ इंडिया', 2004 ए)। 24 अप्रैल, 2004 को जोशी ने इलाहाबाद शहर में कुछ आम सभाओं को सम्बोधित किया। उन्होंने लोगों से शहर और देश के विकास के नाम पर वोट माँगे। दक्षिण मलाका, शहरारा बाग, लोकनाथ और जीरो रोड पर आयोजित जनसभाओं में—जिनमें अधिकांशतः उच्च वर्ण समुदायों के श्रोता मौजूद थे—उन्होंने इस बात पर जोर दिया कि लोग अपना वोट देकर न सिर्फ एक संसद सदस्य को चुनेंगे, बल्कि अटल बिहारी वाजपेयी को भी देश के प्रधानमंत्री के रूप में अपना समर्थन देंगे, जो एक नए और विकसित भारत का निर्माण करना चाहते थे। उन्होंने कहा कि एनडीए सरकार के पाँच वर्षों में देश में सर्वांगीण विकास हुआ था। ग्रामीण जनता के विकास के लिए सड़कें, पेयजल, टेलीफोन सुविधाएँ, गैस-कनेक्शन और अन्य आधारभूत सुविधाएँ उपलब्ध करवाई गई थीं ('हिन्दुस्तान', 2004 बी)। 25 अप्रैल, 2004 को मुरलीमनोहर जोशी की पत्नी तरला जोशी ने इलाहाबाद की एक जनसभा को सम्बोधित किया। उन्होंने लोगों से जाति के चुंगल से बाहर निकलने और विकास के लिए वोट देने की अपील की। उन्होंने कहा कि अटल बिहारी वाजपेयी के प्रधानमंत्रित्व में देश का समग्र विकास हुआ था, और यदि वे एक बार फिर सत्ता में लौटे तो एक सशक्त न कि एक विभाजित, देश का उदय होगा। उन्होंने इलाहाबाद के लोगों से विकास के नाम पर मुरलीमनोहर जोशी को वोट देने का आह्वान किया।

सन्दर्भ, खिसकाव और राजनीतिक आख्यान

10 मार्च और 27 अप्रैल, 2004 के बीच विभिन्न अखबारों में छपी रिपोर्टों से पता चलता है कि इलाहाबाद और इसके आसपास आयोजित मुरलीमनोहर जोशी की कुल 24 सभाओं में से 20 जाति सभाएँ थीं। इन सभी सभाओं में निचली और उपेक्षित जातियों को लक्ष्य बनाया गया था। हरेक सभा में उन्होंने उनकी जातीय पहचान को उभारने और उन्हें शिक्षा, स्वास्थ्य, सड़कों और बिजली जैसे सामाजिक-आर्थिक विकास का हिस्सा बनाने का आश्वासन देने की रणनीति अपनाई थी।

जातीय पहचान को उभारने के लिए उन्होंने या तो उनके जाति–आधारित व्यवसाय की प्रशंसा की या उनके किसी जाति–नायक को महिमा–मंडित किया। ऊँची जातियाँ जिस तिरस्कारपूर्ण तरीके से निचली जातियों के जातिगत व्यवसायों को देखती रही हैं, उसे इन व्यवसायों का महिमा गान करके दरकिनार करने की कोशिश की गई। यह बात कुशवाहों, बिन्दों और विश्वकर्मा सभी के मामले में देखी गई, जिनसे उन्होंने अपने जातिगत काम–धन्धों को बढ़ाकर विकास प्रक्रिया का हिस्सा बनने की अपील की। विश्वकर्मा से कहा गया कि उन्हें आधुनिक टेक्नोलॉजी, आधुनिक समाज और आधुनिक बाजार के साथ तालमेल बिठाते हुए अपने जातिगत कौशल और जानकारी में सुधार करना चाहिए।

इस तरह, जहाँ एक तरफ उनके उस व्यवसाय को गौरवान्वित किया गया जो आधुनिक टेक्नोलॉजी के इस युग में गया–गुजरा और अप्रासंगिक होता जा रहा है, वहीं दूसरी तरफ उन्हें विकास प्रक्रिया से जोड़ने की भी कोशिश की गई। समुदाय में अपने व्यवसाय को लेकर गर्व और आत्म–विश्वास की भावना पैदा करके जोशी ने उन्हें पार्टी से जोड़ने और पार्टी का वोट–बैंक बनाने की कोशिश की। इसी तरह कुशवाहों और बिन्दों, जिनका व्यवसाय फल और सब्जियाँ उगाना और बेचना है, से भी यही कहा गया कि उन्हें नई कृषि प्रौद्योगिकी के साथ तालमेल बिठाकर फलों और सब्जियों के संरक्षण के तरीकों में सुधार करना चाहिए। इन जातियों के नौजवान अकसर अपने जातिगत व्यवसाय को छोड़ देते हैं। जोशी ने उनसे अपने जातिगत व्यवसाय पर गर्व महसूस करने और अपनी परम्परागत जानकारी और सूझ–बूझ को आधुनिक टेक्नोलॉजी से जोड़ने की अपील की। इस तरह से, उन्होंने जातीय पहचान, जातिगत व्यवसाय, परम्परागत सूझबूझ और विकास और आधुनिकता के बीच एक सूत्र स्थापित करके समुदायों की उस हीन–भावना को दूर करने की कोशिश की जो ऊँची जातियों के तिरस्कारपूर्ण रवैये के कारण पैदा होती रही है। इन सभाओं में जोशी के साथ इन्हीं समुदायों के भाजपा नेता होते थे, ताकि प्रजातांत्रिक प्रक्रिया में इन समुदायों की भागीदारी के सन्देश को अच्छी तरह से श्रोताओं तक पहुँचाया जा सके।

जाति–नायकों के माध्यम से जातीय पहचान उभारने का प्रयास बहुत ज्यादा उपेक्षित पासी जाति के मामले में देखा गया, जिसका मुख्यधारा की इतिहास–पुस्तकों में कोई उल्लेख नहीं मिलता। जोशी के इन जातीय सम्बोधनों में दो अन्तर्निहित उद्देश्य दिखाई देते हैं। पहला उद्देश्य उनके नायकों और इतिहासों को उनकी जातीय पहचान का अंग बनाना और इस प्रक्रिया के माध्यम से उन्हें चुनावी राजनीति से जोड़ना था। दूसरा उद्देश्य इस विशाल समुदाय, जो एक बड़ा वोट–बैंक है, के नायकों और इतिहास को प्रजातांत्रिक प्रतिनिधित्व देकर उसका तुष्टीकरण करना था। पासियों का मानना है कि उनके इन नायकों का इतिहास में महत्त्वपूर्ण योगदान है, परन्तु ऊँची जातियों ने इन्हें नजरअन्दाज कर दिया है। मुरलीमनोहर जोशी ने इन दो

तर्कमूलक रणनीतियों के माध्यम से पासियों के नायकों, इतिहासों और अतीत की स्मृतियों को झकझोरते हुए उनके जातीय गर्व और जातीय पहचान को उभारने का प्रयास किया। पासियों के वोट जुटाने के लिए उन्होंने इन दोनों रणनीतियों का खुलकर प्रयोग किया।

पटेल समुदाय को सम्बोधित मुरलीमनोहर जोशी के भाषण के विश्लेषण से पता चलता है कि उनकी तर्कमूलक रणनीति पटेलों को उनके जाति-नायक सरदार पटेल से जोड़कर उनकी जातीय पहचान को उभारने पर केन्द्रित थी। भाजपा ने पटेलों के वोट जुटाने के लिए सरदार पटेल के प्रतीक का प्रयोग किया, हालाँकि वे गुजरात से सम्बन्ध रखते थे। भाजपा ने सरदार पटेल के एक राष्ट्र के विचार का भी खुलकर प्रयोग किया। हैदराबाद और कश्मीर की मुस्लिम रियासतों को भारत में मिलाने के सम्बन्ध में उनके कड़े रवैये को हिन्दुत्व के सुदृढ़ीकरण के रूप में चित्रित किया गया। लेकिन उसी दिन मुस्लिम अल्पसंख्यकों के नाम अपने भाषण में जोशी ने सरदार पटेल का कोई उल्लेख नहीं किया, जिन्होंने कश्मीर विवाद के दौरान मुस्लिमों के प्रति कड़ा रुख अपनाया था। एक ही दिन में दिए गए उनके इन दो भाषणों के विश्लेषण से पता चलता है कि पटेलों को लुभाने के लिए उन्होंने उनके जाति-नायक सरदार पटेल के प्रतीक का इस्तेमाल किया, जो मुसलमानों के प्रति अपने असहानुभूतिपूर्ण रवैये के लिए जाने जाते थे। लेकिन उसी दिन अपने दूसरे भाषण में उन्होंने मुस्लिम मतदाताओं को लुभाने के लिए उनका जीवन-स्तर सुधारने के वायदे किए और सरदार पटेल का नाम तक नहीं लिया।

एक दलित जाति को उच्च वर्णों के साथ जोड़ने के प्रयास और साथ ही भाजपा की चारित्रिक ब्राह्मणवादी सोच का एक उदाहरण मुरलीमनोहर जोशी द्वारा निषादों को संगठित करने में देखा जा सकता है। उन्होंने इस पिछड़े समुदाय के उत्थान के वायदे करते हुए, जो अब भी जल-केन्द्रित व्यवसाय पर निर्भर है, उन्हें याद दिलाया कि उनके जाति-नायक निषादराज ने भगवान राम की वनयात्रा में बहुत महत्त्वपूर्ण भूमिका निभाई थी। 'रामायण' में निषादराज को निषादों के राजा के रूप में वर्णित किया गया है। जोशी के अनुसार, जिस तरह पौराणिक काल से निषाद उच्च वर्णों की सेवा करते रहे हैं, उसी तरह अब उन्हें भगवान राम के नाम पर भाजपा को वोट देकर अपना कर्तव्य निभाना चाहिए। निषादों के एक अन्य नायक एकलव्य का महिमागान भी भाजपा की ब्राह्मणवादी सोच को दर्शाता था। 'महाभारत' में उच्च वर्णों की उपेक्षा और तिरस्कार के शिकार एकलव्य के त्याग, समर्पण और गुरु-भक्ति का महिमा-मंडन उसकी इसी सोच का उदाहरण है—भले ही गुरु का व्यवहार कितना ही क्रूर और पक्षपातपूर्ण क्यों न हो। 'महाभारत' के उस प्रसंग को जिसमें एकलव्य द्रोणाचार्य के आदेश पर—जो उन्हें अपना शिष्य स्वीकार करने के लिए तैयार नहीं हैं—दक्षिणा के रूप में अपना अँगूठा काटकर देते हैं, पार्टी

चित्र 4.1 : एकलव्य और द्रोणाचार्य | स्रोत : निषाद ज्योति पत्रिका

ने गुरु के प्रति शिष्य की श्रद्धा और समर्पण के महान उदाहरण के रूप में चित्रित किया (चित्र 4.1)।

भाजपा की यह व्याख्या बहुजन समाज पार्टी की उस व्याख्या से बिल्कुल उलट है जिसके अनुसार उच्च वर्णों ने एकलव्य को शिक्षा और कौशल ग्रहण करने से रोका था, क्योंकि वे निचली जातियों को ज्ञान और बुद्धिमत्ता से वंचित रखना चाहते थे।

इस तरह, मुरलीमनोहर जोशी ने निषादों का समर्थन जुटाने के लिए एकलव्य और निषादराज की स्मृतियों का प्रयोग किया, जिनका उच्च वर्ण हिन्दू धर्मग्रन्थों, 'रामायण' और 'महाभारत' में उल्लेख किया गया है। हालाँकि इन दोनों महाग्रन्थों में इनका कोई ऊँचा दर्जा नहीं दिखाया गया है, लेकिन जोशी ने अपने भाषणों में उच्च वर्णों के प्रति उनके समर्पण और सेवा-भाव की प्रशंसा करते हुए उन्हें महिमा-मंडित करने का प्रयास किया। इन प्रयासों से पता चलता है कि भाजपा निषाद की पहचान को ब्राह्मणवादी मेटा-नरेटिव का अंग बनाने का प्रयास कर रही थी।

मुरलीमनोहर जोशी ने जिस उपेक्षित समुदायों को सम्बोधित किया उनमें कुशवाहा, पासी, पाल, कोल, विश्वकर्मा, निषाद, पटेल, बिन्द और मुसलमान शामिल थे। उन्होंने कुशवाहों की दो जनसभाओं, पासियों की तीन जनसभाओं और पालों की चार जनसभाओं को सम्बोधित किया। इनके अलावा उन्होंने पटेल, विश्वकर्मा और कोल की दो-दो, निषाद की चार, और बिन्द व मुसलमानों की एक-एक जनसभाओं

को सम्बोधित किया। पासियों, निषादों और पटेलों के मामले में जाति-नायकों को गौरवान्वित किया गया, जबकि कुशवाह, विश्वकर्मा और बिन्द के मामले में जातिगत व्यवसायों को गरिमा-मंडित किया गया। पाल और कोल के मामले में सिर्फ विकास पर जोर दिया गया, क्योंकि सामाजिक-आर्थिक सूचकांकों पर अभी भी बहुत ज्यादा पिछड़े हुए इन समुदायों में कोई जाति-नायक नहीं है। कुशवाहा, पासी, विश्वकर्मा और निषादों के मामले में जाति के मुद्दे को विकास के साथ जोड़ने की कोशिश की गई।

लेकिन दलितों को लुभाने की इन जोरदार कोशिशों के बावजूद मुरलीमनोहर जोशी इलाहाबाद की प्रतिष्ठित सीट जीतने में सफल नहीं हो पाए। इसका एक कारण यह भी हो सकता है कि उनके भाषणों ने मतदाताओं को असमंजस में डाल दिया। एक तरफ वे सामूहिक विकास की बात कर रहे थे, तो दूसरी तरफ विभिन्न जातियों को अलग-अलग सम्बोधित करके उन्हें अपने सांस्कृतिक संसाधनों का इस्तेमाल करके विकास करने की बात कर रहे थे। दलितों और निचली जातियों की गुटबन्दी में लगी दो अन्य प्रमुख पार्टियाँ, बहुजन समाज पार्टी और समाजवादी पार्टी, सीधे-सीधे अपने जातीय गुटबन्दीकरण के एजेंडे के तहत मध्यम वर्ग और निचली जातियों की राजनीतिक भागीदारी की बात कर रही थीं। इसके साथ ही वे निचली जातियों की अपनी-अपनी पहचान का तुष्टीकरण करते हुए रोजमर्रा की उनकी गतिविधियों और व्यक्तिगत कामों में भी उनकी मदद करने का प्रयास कर रही थीं। चुनाव-प्रचार के शुरुआती दौर में मुरलीमनोहर जोशी सिर्फ इलाहाबाद के विकास की बात करते रहे। लेकिन बाद में बहुजन समाज पार्टी और समाजवादी पार्टी की रणनीतियों को देखकर उन्होंने भी अपना सुर बदल लिया। वे विभिन्न जातियों की जनसभाओं को सम्बोधित करने लगे, लेकिन उनकी व्यक्तिगत जरूरतों को पूरा करने पर ध्यान नहीं दे पाए। चूँकि वे खुद उच्च वर्ण समाज से जुड़े हुए थे, इसलिए वे सिर्फ इसी समाज के लोगों की व्यक्तिगत जरूरतों को देखते रहे। दूसरी तरफ, बहुजन समाज पार्टी और समाजवादी पार्टी उपेक्षित समुदायों की जरूरतों पर ध्यान देती रहीं और उनकी जातीय पहचानों को खुलकर उभारती रहीं। जोशी की दुविधा उनके चुनावी भाषणों में भी दिखाई देती थी। निचली जातियों को सम्बोधित करते हुए वे आक्रामक नहीं हो पाते थे। शहरी और उच्च वर्ग मध्यवर्गीय विकास के मुद्दे से खिसककर विभिन्न उपेक्षित समुदायों की जातीय पहचानों के साथ सूत्र स्थापित करने की चतुराई भरी कला वे नहीं दिखा पाए, और न ही विकास के मुद्दे को जातीय पहचान के मुद्दे के साथ जोड़कर एक अच्छी मिश्रित रणनीति तैयार कर पाए। उनकी यही विफलता उनकी हार का कारण प्रतीत होती है।

2004 के संसदीय चुनावों से ठीक पहले भाजपा की चुनावी रणनीति को

देखकर ऐसा प्रतीत होता है कि उसने अपनी साम्प्रदायिक पार्टी की छवि को तोड़ने और जातिगत सीमाओं को लाँघकर विभिन्न समुदायों को संगठित करने का भरसक प्रयास किया था। इस लक्ष्य को ध्यान में रखते हुए उसने विकास का मुद्दा उठाया था और अपने वर्षों पुराने मुद्दों अर्थात् राम और हिन्दू राष्ट्रवाद को भी विकास के साथ जोड़ने का प्रयास किया था। उसने अपने-आपको एक सभ्य और प्रजातांत्रिक समाज की स्थापना करने वाली पार्टी के रूप में प्रदर्शित किया। जैसा कि विभिन्न अखबारों में प्रकाशित जोशी के भाषणों की रिपोर्टों से देखा जा सकता है, हर लक्षित समूह को ध्यान में रखते हुए पार्टी अपने आख्यान और उसकी भाषा में बदलाव करती रही। ये मुद्दे विकास से लेकर जातीय पहचान और प्रजातांत्रिक प्रक्रिया में राजनीतिक भागेदारी में बढ़ोतरी जैसे प्रश्नों से जुड़े हुए थे। चूँकि इलाहाबाद शहर में रहने वाला मध्यवर्ग (मुख्यत: उच्च वर्ण समुदाय) विकास को लेकर अधिक चिन्तित था, इसलिए वहाँ आयोजित जनसभाओं में विकास के मुद्दे पर अधिक जोर दिया गया। लेकिन निचली जातियों को सम्बोधित करते हुए उनका चुनावी आख्यान उनकी जातीय पहचान और गरिमा से जुड़ा हुआ था, जिसके लिए उन्होंने उनके जाति-नायकों के मिथकों का प्रयोग किया। उन्होंने उनके जातिगत व्यवसायों को गौरवान्वित करके भी उनकी जातीय पहचान को प्रखर करने का प्रयास किया। इसी तरह, जाति-नायकों और मिथकों के जोरदार सन्दर्भों से भी जातीय पहचान को दृढ़ करने में मदद मिली। परिणामस्वरूप, भाजपा के लिए इन समुदायों को अपना सामूहिक वोट-बैंक बनाने का रास्ता भी साफ हो गया।

इस तरह, 'निर्धनता उन्मूलन', 'विकास', 'उपज' और 'सामाजिक न्याय' जैसे शब्दों और 'गरीबी हटाओ', 'मेरा भारत महान', 'फील गुड फैक्टर' और 'इंडिया शाइनिंग' जैसे नारों को—जो कभी बड़े असरदार साबित होते थे—ऐसे रूपों में ढाल दिया गया, जिनके साथ भिन्न-भिन्न जातियाँ अपनी जरूरतों के अनुसार अपनी पहचान स्थापित कर सकें। राजनीतिक आख्यान की एक समरूपी भाषा का विभिन्न लक्षित समूहों के लिए भिन्न-भिन्न भाषाओं में रूपान्तरण उपेक्षित दलित जातियों और समुदायों के देश के राजनीतिक और प्रजातांत्रिक मंच पर प्रवेश का नतीजा है, खासकर उत्तर प्रदेश में, जहाँ समाज जाति के आधार पर बहुत ज्यादा बँटा हुआ है। जैसा कि मुरलीमनोहर जोशी के भाषणों से पता चलता है, भाजपा को एक राष्ट्रीय पार्टी होते हुए भी अपनी राजनीतिक रणनीति में परिवर्तन के लिए बाध्य होना पड़ा, और विभिन्न दलित जातियों को अपनी राजनीतिक छत्रछाया में लाने के लिए अपने राजनीतिक आख्यान की भाषा को हरेक जाति की जरूरतों के अनुरूप अलग-अलग रूपों में ढालना पड़ा।

अगले अध्याय में हम विस्तार से इस बात का अध्ययन करेंगे कि दलित

जाति निषाद को लुभाने के लिए भाजपा किस तरह उनके मिथकीय और सांस्कृतिक स्रोतों का इस्तेमाल कर रही है। यही काम पहचान की राजनीति से जुड़ी अन्य पार्टियाँ भी कर रही हैं। इस प्रक्रिया में, जाति अपने-आपमें एक शक्ति बनती जा रही है, जिसे वोटों के बदले में विभिन्न पार्टियों के साथ सौदेबाजी के लिए इस्तेमाल किया जा सकता है।

मिथक युद्ध

निषादों के राजनीतिक गुटबन्दीकरण का मानचित्र

अब तक क्या किया
जीवन क्या जिया
ज्यादा लिया, और दिया बहुत, बहुत कम
मर गया देश
और जीवित रह गए तुम

—मुक्तिबोध, 1984

पिछले अध्यायों में हमने यह दिखाने की कोशिश की है कि विभिन्न दलित जातियों को एकजुट करने के लिए भाजपा किस तरह उनकी पहचानों और प्रतीक-चिह्नों को हिन्दुत्व के खाँचे में फिट करके उनकी पुनर्व्याख्या कर रही है। जैसा कि पहले कहा जा चुका है, भाजपा के अलावा बहुजन समाज पार्टी एक अन्य ऐसी पार्टी है जो दलितों की राजनीतिक लामबन्दी के लिए उनके सांस्कृतिक स्रोतों का इस्तेमाल कर रही है। इन दो पार्टियों के अलावा समाजवादी पार्टी जैसी कुछ अन्य पार्टियाँ भी जातीय पहचान की राजनीति की होड़ में शामिल हो गई हैं। इसलिए ऐसा कहा जा सकता है कि ये दलित जातियाँ एक तरह की 'पॉलिटिकल कांस्टीट्यूएंसी' (राजनीतिक चुनाव-क्षेत्र) बन गई हैं, जिन्हें राजनीतिक शक्तियाँ जीतने की कोशिश कर रही हैं। ये सभी पार्टियाँ एक जैसे मिथकीय और सांस्कृतिक स्रोतों का इस्तेमाल कर रही हैं, सभी पार्टियों का उद्‌देश्य भी एक जैसा अर्थात् इन जातियों के वोट जुटाना है, लेकिन वे सब अपने राजनीतिक घोषणा-पत्र के अनुरूप इन स्रोतों की अलग-अलग पुनर्व्याख्या और पुनर्संरचना कर रही हैं। इस प्रक्रिया का एक दिलचस्प 'साइड-इफेक्ट' यह है कि ये जातियाँ अपने-आपमें एक ताकत बनती जा रही हैं, जिसे विभिन्न राजनीतिक पार्टियों के साथ सौदेबाजी के लिए इस्तेमाल किया जा सकता है। इस अध्याय में हम देखेंगे कि उत्तर प्रदेश की निषाद जाति के मामले में यह किस तरह हो रहा है, जो अपने वोटों के लिए विभिन्न पार्टियों में लगी होड़ के कारण बहुत शक्तिशाली होती जा रही है। अब निषाद खुद भी अपने अतीत का इस्तेमाल करके

अपनी जाति को एकजुट करके उसके राजनीतिक गुटबन्दीकरण में जुट गए हैं, और धीरे-धीरे एक शक्तिशाली दबाव समूह के रूप में उभरकर राज्य से और अधिक विशेषाधिकारों, लाभों और संरक्षणात्मक और भेदभावपूर्ण योजनाओं की माँग कर रहे हैं। इस तरह, अब वे अपने वोटों के लिए विभिन्न राजनीतिक पार्टियों के साथ मोलभाव करने की स्थिति में हैं।

निषाद पहचान की संरचना

निषाद मल्लाह जाति की एक उपजाति है। यह एक 'जल-केन्द्रित' समुदाय है, जिसका मुख्य व्यवसाय नौकायन और मछली पकड़ना है। पहले इसे अनुसूचित जातियों में नहीं गिना जाता था, लेकिन एक अत्यन्त पिछड़ी जाति माना जाता था। कुछ वर्ष पहले उत्तर प्रदेश सरकार ने इसे अनुसूचित जाति घोषित कर दिया। लेकिन इस फैसले को लागू नहीं किया जा सका है, क्योंकि मामला अदालत में चला गया है और अदालत ने अभी तक अपना फैसला नहीं सुनाया है। लेकिन सामाजिक और आर्थिक दृष्टि से वे दलितों की तरह हैं, इसीलिए इस अध्ययन में हम दलितों के रूप में उनका उल्लेख कर रहे हैं।

'मल्लाह' शब्द कश्ती चलाने वाले के लिए इस्तेमाल किया जाता था। क्रूक (1896/1975, 460) के अनुसार, यह पूरी तरह से कामकाज से जुड़ा हुआ शब्द है और अरबी शब्द 'मल्लाह' से बना है, जिसका अर्थ है 'पंछी की तरह पंख लहराना'। वे आगे लिखते हैं कि इस मल्लाह समूह में बहुत से समुदाय शामिल हैं। इनमें मल्लाह, केवट, धीमर, करबाक, निखाद, कछवाहा, माँझी और जलोक शामिल हैं। सम्भवतः 'निखाद' शब्द ही धीरे-धीरे 'निषाद' में बदल गया है। 'मल्लाह' शब्द दो अलग अर्थों में प्रयोग होता था। अपने पहले अर्थ में यह मछुआरों और नाविकों की बहुत सी जातियों अर्थात् धीमर, करबाक, निखाद, कछवाहा और सोराहिया इत्यादि जातियों के समूह के लिए प्रयोग किया जाता था, जबकि अपने दूसरे अर्थ में यह शब्द 'मल्लाह' नामक सिर्फ एक विशिष्ट जाति के लिए प्रयोग किया जाता था। इस शब्द के दो अर्थों के कारण मल्लाहों का जातिगत विश्लेषण बहुत जटिल और उलझा हुआ काम हो जाता है (भारतीय जनगणना, 1961)।

उत्तर प्रदेश में वर्तमान में निषादों की बहुत सी उपजातियाँ हैं। इनमें निषाद, केवट, मल्लाह, बिन्द, बथम, बथवा, चाई, यार, सोराहिया, गोड़िया, गौड़, धरक, गुरियारी, तियार, तँवर, खुलवट, खरबिन्द, तुराहा, रयावर, साहनी, कश्यप, कहार, धीमर, माँझी, मझवाड़ और लोढ़ इत्यादि शामिल हैं। इनमें निषाद, बिन्द, लोढ़, कश्यप और केवट उपजातियाँ उत्तर प्रदेश में अधिक महत्त्वपूर्ण हैं (निषाद कल्याण सभा, उत्तर प्रदेश, 1979)। ये सभी उपजातियाँ पहले मल्लाह समुदाय का अंग हुआ करती थीं। लेकिन अब राष्ट्रीय निषाद संघ, निषाद कल्याण सभा और महाराजा

निषादराज गुह्य स्मारक समिति जैसी जातीय संस्थाएँ निषादों की सभी उपजातियों को एकजुट करके एक वृहत् निषाद समुदाय बनाने की कोशिश कर रही हैं। इस समुदाय के विभिन्न उपजातियों में बँटने के पीछे उनके भिन्न-भिन्न व्यवसाय अर्थात् मछली पकड़ना, नौकायन, तलमार्जन (रेत-बालू नदी-तालाबों से निकालना) इत्यादि थे। लेकिन अब निषादों की सभी उपजातियों को एक साझे जाति नाम के अन्तर्गत एकजुट करने की कोशिशें हो रही हैं, ताकि समुदाय को राजनीतिक दृष्टि से शक्तिशाली बनाकर, और समुदाय के सदस्यों को संसद और विधानसभा में पहुँचाकर समुदाय के उत्थान और विकास की रफ्तार को तेज किया जा सके। 'निषाद' शब्द को एक साझी पहचान के प्रतीक के रूप में इसलिए चुना गया है, क्योंकि इसका उल्लेख प्राचीन धर्मग्रन्थों में भी मिलता है। इससे यह साबित करने में भी मदद मिलती है कि वे उपमहाद्वीप के सबसे पुराने निवासियों में से हैं और उन्हें सरकार से विभिन्न सुविधाएँ प्राप्त करने का अधिकार है।

निषादों के इस एकजुटीकरण के लिए 'एकता सम्मेलनों', भावनात्मक कार्यक्रमों और गुटबन्दीकरण के अन्य उपायों का प्रयोग किया जा रहा है। दरअसल यह प्रक्रिया उपनिवेशीय काल में ही शुरू हो गई थी, जब इस समुदाय में एक नया और शिक्षित मध्यवर्ग उभरने लगा था। इस वर्ग ने जाति पंचायत के परम्परागत नेताओं के साथ मिलकर एक नेतृत्व-ग्रुप बनाया। परिणामस्वरूप, 1918 में लखनऊ में 'अखिल भारतीय निषाद महासभा' की स्थापना हुई। इसमें इलाहाबाद के राय रामचरण वकील और प्यारेलाल चौधरी का प्रमुख हाथ रहा। इस महासभा का पहला सम्मेलन इलाहाबाद में हुआ, जिसके बाद देश के कई अन्य हिस्सों में भी इस तरह के सम्मेलन हुए। लखनऊ में ऐसा ही एक सम्मेलन 1919 में, काशी में (27-29 दिसम्बर) 1920 में, बक्सर (बिहार) में 1926 में और आगरा में (सितम्बर) 1927 में हुआ। दिसम्बर 1936 में हुगली में एक सभा हुई। 1946 में सोन की देहरी पर एक अनूठी सभा हुई, जिसमें सोन नदी के किनारे एक विशाल तम्बू लगाया गया। 1940 में मुंगेर के तेंगड़ाघाट पर भी इसी तरह की सभा हुई थी, जबकि 1946 में पुरुलिया (पश्चिम बंगाल) के श्यामनगर में भी ऐसी ही एक सभा हुई। 1950 में गोरखपुर के खलीलाबाद में भी एक सभा हुई। 1952 में अखिल भारतीय निषाद महासभा के तत्त्वावधान में बनारस के राजघाट पर 'कश्यप धीवर मिलन निषाद सम्मेलन' का आयोजन किया गया। 1956 में सिरसा, इलाहाबाद में हुई एक सभा में निषादों की उपजातियों के बीच अन्तर्जातीय विवादों को स्वीकृति दे दी गई, ताकि उनकी एकता के प्रयासों को बढ़ावा मिल सके।

इन सभी सभाओं में निषादों को एक साझे छत्र के नीचे लाने की जरूरत पर जोर दिया गया। यह बात भाषणों और पैम्फलेटों दोनों के माध्यम से समुदाय के सदस्यों तक पहुँचाने की कोशिश की गई। इन सभाओं में निषादों के गौरवशाली

अतीत को याद किया गया। उनकी पहचान और इतिहास को लेकर आर्यसमाजियों के लेखनों, जो ब्राह्मणवादी मूल्यों पर आधारित थे, और उपनिवेशीय एथनोग्राफरों (जातीय इतिहासकारों) के लेखनों, जिनमें उन्हें इस भूमि के मूल निवासी बताया गया था, को खुलकर उद्धरित किया गया। इन सभाओं के माध्यम से निषाद समुदाय में सामाजिक सुधारों पर जोर देते हुए उनके राजनीतिक प्रतिनिधित्व को बढ़ावा देने का प्रयास किया गया।

राजनीतिक प्रतिनिधित्व की यह आकांक्षा तब फलीभूत हुई जब 1936 में राम चरण एडवोकेट संयुक्त प्रान्त की विधान परिषद के सदस्य चुने गए (चौधरी, 1999)। इलाहाबाद में 23 जनवरी, 1997 को 'महाराजा निषादराज गुइया स्मारक समिति' की एक सभा में, जो निषाद, बिन्द, कश्यप और लोढ़ उपजातियों को एकजुट करने के लिए आयोजित की गई थी, समुदाय के बुद्धिजीवियों ने कहा कि प्राचीन युग में उनका समाज 'निषाद' नाम के अन्तर्गत एकजुट था और उनकी समृद्धि और सम्पन्नता का यही रहस्य था। उन्होंने सभी उपजातियों को एकजुट करके समुदाय को एक बार फिर सशक्त बनाने का आह्वान किया। देवरिया के गौरी बाजार में आयोजित एक अन्य सभा में समाजवादी पार्टी नेता और पूर्व मंत्री रघुवीर दयाल वर्मा ने कहा कि उनके समुदाय का सदियों से शोषण होता रहा है और यह प्रक्रिया अब भी जारी है। इसके खिलाफ लड़ने के लिए लोढ़ों, बिन्दों और पूरे निषाद समुदाय का एकजुट होना जरूरी है। इस दिशा में पहले कदम के रूप में लोढ़ों, बिन्दों और निषादों के लगभग 250 नेताओं ने आपस में रोटी-बेटी का सम्बन्ध कायम करने का फैसला किया ('दैनिक जागरण', 1997)।

इसके बाद से निषादों को एकजुट करने के बहुत से प्रयास होते रहे हैं। जाति सम्मेलनों के माध्यम से विभिन्न उपजातियों को एक साझी पहचान देकर समुदाय में एकता स्थापित की जा रही है। 23 मई, 1997 को इलाहाबाद के मिंटों पार्क में आयोजित 'विराट निषाद सम्मेलन' में सम्मेलन के उद्घाटनकर्ता श्री छेदीलाल साथी/साठी ने सभी मल्लाहों से अपने-आपको निषाद मानने और सभी उपजातियों के बीच एकता स्थापित करने की अपील की। उन्होंने कहा कि इससे उन्हें सत्ता की राजनीति में आगे बढ़ने में मदद मिलेगी और निषादों के लिए कल्याणकारी योजनाएँ शुरू करने के लिए भारत सरकार पर दबाव डाला जा सकेगा।

मई 1997 में इलाहाबाद की सोरॉव तहसील में शृंगवेरपुर गंगा के किनारे आयोजित निषादराज गुह्य जयन्ती समारोह में राष्ट्रीय मछुआरा संघ के अध्यक्ष और समारोह के आयोजक श्री सीताराम निषाद ने कहा कि निषादों की सभी उपजातियों के कुल-गौरव निषादराज गुह्य का जन्म शृंगवेरपुर में हुआ था। इसलिए यह स्थल निषादों के लिए बहुत महत्त्वपूर्ण था और निषादों की सभी उपजातियों के लिए एक तीर्थस्थल बन गया था।

जाति-नायकों के माध्यम से निषादों की सभी उपजातियों को एकजुट करने और उन्हें एक साझी पहचान देने के प्रयास समुदाय में एकता स्थापित करने का एक अन्य तरीका है। 23 नवम्बर, 1992 को राष्ट्रीय निषाद संघ की प्रादेशिक शाखा ने लखनऊ के दयानिधान पार्क में एक सम्मेलन का आयोजन किया। इस सम्मेलन का उद्देश्य निषादों की विभिन्न उपजातियों लोढ़, निषाद, बिन्द, कश्यप, धुरिया, बथम और रामकवर इत्यादि को एकजुट करके समुदाय में एकता स्थापित करना था। इस अवसर पर प्रकाशित एक पैम्फलेट में इस सम्मेलन को निषादों और उनकी उपजातियों के पहले और ऐतिहासिक सम्मेलन के रूप में वर्णित किया गया। एक दिलचस्प तथ्य यह है कि 'निषाद' खुद भी मल्लाहों की एक उपजाति है, लेकिन इस सभा में इसे पूरे समुदाय का पहचान-चिह्न घोषित किया गया। हालाँकि इस तरह के प्रयास पहले भी होते रहे थे, लेकिन पैम्फलेट में इसे पहला सम्मेलन घोषित करते हुए इसकी पथ-प्रवर्तक भूमिका पर जोर दिया गया। इस तरह, इस सम्मेलन का महत्त्व और प्रभाव और भी बढ़ गया (राष्ट्रीय निषाद संघ, 1992)।

निषादों द्वारा प्रकाशित 'निषाद ज्योति' जैसी कई पत्रिकाएँ भी विभिन्न उपजातियों को एकजुट करके उन्हें 'निषाद' नाम के एक साझे छत्र तले लाने की कोशिश कर रही हैं। 'निषाद ज्योति' में 'निषाद वंशीय संख्या बल' के शीर्षक से प्रकाशित एक लेख के अनुसार, निषाद और उनकी विभिन्न जातियाँ उत्तर प्रदेश की कुल आबादी का लगभग 18 प्रतिशत हैं। इस साझे जाति नाम के अन्तर्गत लगभग 54 उपजातियाँ आती हैं। इस लेख के लेखक ई.एस.डी. बिन्द (2001) ने यह भी कहा कि अगर सभी उपजातियाँ 'निषाद' या 'केवट' के रूप में एक साझा जाति नाम अपना लें तो यह बहुत बढ़िया विचार होगा, क्योंकि इन नामों का ऐतिहासिक और पौराणिक महत्त्व है।

मिथक, किंवदन्तियाँ और निषादों का लोक-इतिहास

निषादों के प्रकाशित साहित्य—जिनमें गाजीपुर से प्रकाशित 'निषाद ज्योति', इलाहाबाद से प्रकाशित 'कालिंदी' और 'निषाद सन्देश', पटना से प्रकाशित 'निषाद जागरण', दिल्ली से प्रकाशित 'जल श्रमिक' और रीवा से प्रकाशित 'झील पुत्र स्मारिका' जैसी पत्रिकाएँ और जाति-नायकों से जुड़े समारोहों के अवसरों पर प्रकाशित विभिन्न पैम्फलेट शामिल हैं—में निषाद समुदाय के इतिहास और गौरवशाली अतीत का वर्णन रहता है। इस प्रकाशित साहित्य के माध्यम से आज के निषाद यह स्थापित करने का प्रयास करते हैं कि भारत के पश्चिमी, उत्तर-पश्चिमी और मध्य भागों में आर्यों के आगमन से पहले वहाँ निषादों और द्रविड़ों के सुविकसित राज्य थे और उनके अपने-अपने किले थे। वे अपने-आपको सिन्धु घाटी सभ्यता के पूर्वज भी बताते हैं। इस दावे के समर्थन में वे उपनिवेशीय जातीय इतिहासकारों हॉल, कीथ,

डोसन, स्लेटर, हेविट और विलियम क्रूक के साथ-साथ श्री राम गोयल द्वारा लिखित 'विश्व की प्राचीन सभ्यताएँ', काशी नागरिक प्रचारक सभा, वाराणसी द्वारा प्रकाशित 'हिन्दी विश्वकोष, खंड 6' और कुबेर नाथ राय द्वारा लिखित उपन्यास 'निषाद बाँसुरी' को उद्धरित करते हैं (चौधरी, 1997)। वे 'ऋग्वेद' का भी सन्दर्भ देते हैं, जिसमें यह उल्लेख है कि आर्यों के आगमन से पहले उपमहाद्वीप में कई विकसित जातियाँ रहती थीं। इसके अनुसार, निषादों के कारण ही गंगा नदी संस्कृति का विकास हुआ। निषादों को कृषि की आधुनिक तकनीक की जानकारी थी और उनका एक पर्याप्त विकसित 'पंचांग' भी था, जो आज भी प्रचलित है।

ये लोग प्राचीन युग में अपने ऊँचे सामाजिक दर्जे को दर्शाने के लिए निषादों की गौरव गाथाओं का भी उल्लेख करते हैं। निषादों को वेदव्यास का वंशज माना जाता है, जिन्होंने 18 पुराणों के साथ-साथ महाग्रन्थ 'महाभारत' की भी रचना की थी। वेदव्यास के पिता ऋषि पराशर थे। उनकी माँ का नाम सत्यवती था। कल्पी (Kalpi) में व्यास जी का एक मन्दिर भी है, जहाँ उनकी मूर्ति की स्थापना की गई है। उनके मन्दिर के पास मदारपुर नाम का एक गाँव है जहाँ निषाद समुदाय के लोग रहते हैं। निषाद जाति के कुल-गौरवों में वेदव्यास, निषादराज गुह्य, एकलव्य, वीरांगना अवन्ती, रानी रसमणि, फूलन देवी, अमर शहीद हिम्मत राय धीवर और महर्षि नारद के गुरु कालू शामिल हैं।

निषादों के अनुसार उनकी जाति की वंशावली इस प्रकार है—श्री निषाद नारायण प्रभु, श्री हरि विष्णु, श्री आदि राजा-महाराजा निषादराज प्रभु, श्री निषाद राजा गुह्य महाबली चक्रवर्ती, श्री वीर निषाद एकलव्य कृष्ण जीत, श्री निषाद रत्न व्यास विश्व स्रष्टा महाप्रकाश, राजा वेणु, मछनवल मुणि, रघु, केवट, वटु, योगिराज मोनिया, निषाद राजा नल, दमयंती, मोतीराम महारा, सत्यवती, मत्स्यगंधा और रानी रसमणि। वे कोलम्बस और वास्कोडिगामा को भी अपनी जाति की वंशावली में गिनते हैं (बाथन, तिथि नहीं)।

इतना ही नहीं, सिन्धु घाटी सभ्यता के जनक भी उनकी जाति से सम्बन्धित थे। उस समय निषाद राज्य के लगभग पूरी दुनिया के साथ व्यापारिक सम्बन्ध थे। इस व्यापार के लिए समुद्री मार्ग का प्रयोग होता था। इस तथ्य का कई भारतीय और पश्चिमी इतिहासकारों और विद्वानों ने उल्लेख किया है। इन शास्त्रियों के अनुसार, प्राचीन युग में यह समुदाय पूरे उपमहाद्वीप में 'निषाद' नाम के अन्तर्गत एकजुट था और उसकी समृद्धि का यही रहस्य था (महाराजा निषादराज गुह्य स्मारक समिति, 1997)। निषादों का यह भी कहना है कि शृंगवेरपुर के राजा महाराजा निषादराज गुह्य सभी निषादों के जनक हैं। वे इस सन्दर्भ में तुलसीदास रचित 'रामचरितमानस' के एक प्रसंग को उद्धरित करते हैं, जिसके अनुसार वनवास काल के दौरान भगवान राम की निषादराज से मित्रता हो गई थी। ऐसा माना जाता है कि भगवान राम ने निषादराज

का आतिथ्य स्वीकार कर लिया था और शृंगवेरपुर में एक रात बिताई थी। इसके बाद निषादराज उन्हें प्रयाग तक छोड़ने गए और गंगा नदी को पार करने में उनकी मदद की। गंगा को पार करने के बाद भगवान राम सादियापुर गए, जो निषादों का गाँव है। इस मिथक के समर्थन में 'रामचरितमानस' की एक चौपाई को उद्धरित किया जाता है, जो इस प्रकार है—

उतरि थाढ़ भए सुरसरिरिता।
सीय रामु गुह्य लखन समेता॥

—चौधरी, 1997

अपने गौरवशाली इतिहास के सन्दर्भ में निषाद एकलव्य की कथा का भी उल्लेख करते हैं, जो प्रसिद्ध पौराणिक ग्रन्थ 'महाभारत' के एक पात्र हैं। उनका मानना है कि एकलव्य निषाद जाति के थे और पांडवों-कौरवों के गुरु द्रोणाचार्य से धनुर्विद्या सीखना चाहते थे। लेकिन द्रोणाचार्य ने उन्हें अपना शिष्य स्वीकार करने से इनकार कर दिया, क्योंकि वे सिर्फ राजाओं या क्षत्रियों के पुत्रों को ही शिक्षा देते थे। इसके बाद एकलव्य ने जंगल में द्रोणाचार्य की मिट्टी की मूर्ति बनाकर उसके सामने अभ्यास करना शुरू कर दिया। जल्दी ही वे धनुर्विद्या में अत्यन्त निपुण हो गए। एक दिन द्रोणाचार्य अपने शिष्यों के साथ जंगल में आए। उनके साथ उनके प्रिय शिष्य अर्जुन भी थे जो पृथ्वी पर सर्वश्रेष्ठ धनुर्धर के रूप में उभर रहे थे। द्रोणाचार्य एकलव्य की अद्‌भुत प्रतिभा को देखकर दंग रह गए और सर्वश्रेष्ठ धनुर्धर के रूप में अर्जुन के भविष्य को लेकर आशंकित हो उठके। एकलव्य को धनुर्विद्या में अर्जुन से आगे निकलने से रोकने के लिए उन्होंने गुरु-दक्षिणा के रूप में एकलव्य का अँगूठा माँग लिया। एकलव्य ने यह सोचे बगैर कि अँगूठे के बिना वे बाण का सन्धान नहीं कर सकेंगे, झट से अपना अँगूठा काटकर द्रोणाचार्य को भेंट कर दिया। इस तरह अर्जुन के सर्वश्रेष्ठ धनुर्धर बनने का रास्ता साफ हो गया। निषाद इस कथा का सन्दर्भ देकर न सिर्फ एकलव्य की दानवीरता को रेखांकित करते हैं, बल्कि क्षत्रिय न होने के कारण उनके साथ हुए अन्याय का भी उल्लेख करते हैं।

निषादों के एक अन्य मिथक नायक कालू धीवर हैं। उनका मानना है कि कालू धीवर महर्षि नारद मुनि के गुरु थे। नारद ब्राह्मण थे जबकि कालू धीवर मल्लाह जाति के थे। उनके पिता का नाम कौंडव और माता का नाम श्यामादेवी था। निषादों के अनुसार, भगवान विष्णु ने नारद को पृथ्वी पर जाकर किसी मनुष्य को अपना गुरु बनाने का आदेश दिया। नारद ने कहा कि वे किसी मनुष्य को अपना गुरु कैसे चुन सकते थे क्योंकि पृथ्वी के सभी मनुष्य भगवान के भक्त थे। तब भगवान विष्णु ने कहा कि उन्हें पृथ्वी पर जो भी पहला मनुष्य दिखाई पड़े उसे वे अपना गुरु बना लें। यह मनुष्य कालू धीवर नामक एक मछुआरा निकला, जो

मछलियाँ पकड़ने के लिए गंगा नदी पर जाल बिछा रहा था। भगवान विष्णु के निर्देश का पालन करते हुए नारद मुनि ने कालू धीवर को अपना गुरु बना लिया। लेकिन उन्हें शंका थी कि ऐसे गुरु से वे भला क्या सीख पाएँगे! उन्होंने अपनी शंका भगवान विष्णु से व्यक्त की तो भगवान विष्णु ने कहा कि अपने गुरु से सीख लेना उनका कर्तव्य था, अन्यथा उन्हें चौरासी बार स्त्री की योनि से जन्म लेना पड़ेगा। यह सुनकर नारद पृथ्वी पर लौट आए और उन्होंने कालू धीवर को अपना गुरु स्वीकार कर लिया। यही कारण है कि निषाद बड़े गर्व से कहते हैं कि पृथ्वी पर भले ही ब्राह्मणों को गुरु माना जाता हो, लेकिन ब्राह्मणों के गुरु निषाद हैं (मानव विकास संग्रहालय, तिथि नहीं)।[1]

अन्य धर्मों के विकास में निषाद समुदाय का योगदान भी निषादों के लिए गर्व का विषय है। इस सम्बन्ध में हिम्मत राय धीवर के मिथक का सन्दर्भ दिया जाता है, जिन्होंने सिख धर्म के लिए अपने प्राणों की आहुति दे दी। उनकी वीरता और शौर्य का उल्लेख बहुत भव्य और भावभीने शब्दों में किया जाता है। इस मिथक के अनुसार बाबा हिम्मत राय धीवर का जन्म 1661 में जगन्नाथ पुरी (उड़ीसा) में हुआ था। 1699 में आनन्दपुर साहिब में एक धर्मसभा को सम्बोधित करते हुए गुरु गोविन्द सिंह ने 75,000 की भीड़ में से पाँच ऐसे व्यक्तियों को आगे आने के लिए कहा जो उन्हें अपना सर भेंट करने के लिए तैयार हों। इन्हें गुरु गोविन्द सिंह के 'पाँच प्यारे' के रूप में जाना गया। अपना सर भेंट करने वाले इन पाँच व्यक्तियों में हिम्मत राय धीवर भी शामिल थे। उन्होंने अपने अनुयायियों की एक बड़ी सेना तैयार की, जो अन्याय और दमन के खिलाफ लड़ने के लिए अपने प्राण न्योछावर करने को तैयार थे। बाबा हिम्मत राय मरते दम तक गुरु गोविन्द सिंह के निष्ठावान साथी रहे, जो उनसे अत्यधिक स्नेह करते थे। बाबा हिम्मत राय 22 दिसम्बर, 1704 को पंजाब के रोपड़ शहर में मुगलों के खिलाफ लड़ते हुए शहीद हो गए। उनकी शौर्यगाथा अब निषाद धीवरों के लिए प्रेरणा-स्रोत बन चुकी है। इस कथा से उन्हें आत्म-सम्मान के साथ जीने और अपने समुदाय के उत्थान और सम्मान के लिए काम करने की प्रेरणा मिलती है (कश्यप, 2001)।

निषादों की मिथक कथाओं/परम्परा के विकास में तीन नायिकाओं का भी महत्त्वपूर्ण योगदान है। ये तीन नायिकाएँ हैं—अवन्तीबाई लोध, रानी रसमणि और फूलन देवी। अवन्तीबाई बुंदेलखंड की थीं और 1857 के स्वतंत्रता संग्राम में उन्होंने महत्त्वपूर्ण भूमिका निभाई थी। स्वतंत्रता संग्राम के दौरान उनकी शौर्यगाथा के माध्यम से निषाद स्वतंत्रता आन्दोलन और राष्ट्र-निर्माण में अपने योगदान को रेखांकित करते हैं। रानी रसमणि एक निषाद रानी थीं और कलकत्ता में हुगली नदी के किनारे बसे दक्षिणेश्वर की निवासी थीं। उन्होंने कलकत्ता में दक्षिणेश्वर मन्दिर की स्थापना की। इस मन्दिर के पुजारी श्री रामकृष्ण परमहंस देव थे, जो माँ काली के

भक्त थे। उन्हीं के नाम पर रामकृष्ण मिशन नामक धार्मिक पन्थ की स्थापना हुई। बंगाल में शुरू हुआ यह पन्थ अब दुनिया भर में फैल चुका है। निषादों की तीसरी नायिका फूलन देवी हैं, जो निषाद जाति की थीं और ऊँची जातियों के शोषण और अन्याय से लड़ने के लिए समाज से विद्रोह करके डाकू बन गई थीं। बाद में वे संसद-सदस्य भी बनीं, लेकिन कुछ वर्ष बाद उनकी रहस्यमय हत्या ने उनके जीवन का असमय ही अन्त कर दिया।

निषादों के ये इतिहास जातीय पत्रिकाओं, पुस्तिकाओं और जाति सम्मेलनों या जाति-नायकों की स्मृति में आयोजित विभिन्न समारोहों के अवसरों पर प्रकाशित होने वाले पैम्फलेटों के माध्यम से प्रसारित किए जा रहे हैं। समुदाय के कुछ चुने हुए सदस्यों के साथ मौखिक भेंटवार्ताओं से प्राप्त ऐतिहासिक जानकारी इस मुद्रित सामग्री से काफी मिलती-जुलती है, जैसा कि पाठक पिछले अध्यायों में देख चुके हैं। फर्क सिर्फ यह है कि मौखिक वृत्तान्तों में लोग निषादों के इस भूमि के मूल निवासी होने या उपमहाद्वीप की सबसे पुरानी सभ्यता—सिन्धु घाटी सभ्यता—के संस्थापक होने की बात नहीं करते, जैसा कि मुद्रित सामग्री में दावा किया जाता है। मौखिक बातचीत के दौरान अधिकांश लोगों ने निषादों के मिथकीय इतिहास का जिक्र करते हुए उनके जाति-नायकों और कुल-गौरवों की ख्याति, महानता और शूरवीरता का वर्णन किया। कुछ शिक्षित और प्रबुद्ध निषाद भेंटदाताओं ने भारतीय उपमहाद्वीप में अपनी जाति की उत्पत्ति से जुड़ी थियरियों का जिक्र किया, लेकिन अधिकांश लोग अपनी जाति से जुड़े मिथकों के वर्णन तक ही सीमित रहे।[2]

निषादों के जातीय गौरव और जाति-नायकों और किंवदन्तियों की कथाएँ आमतौर से 'निषाद वंशावली' जैसे ग्रन्थों से ली जाती हैं। इस ग्रन्थ की रचना 1907 में उपनिवेशीय काल के दौरान आर्यसमाज के श्री देवी प्रसाद ने की थी। इस पुस्तक में निषाद जाति के पौराणिक इतिहास का अध्ययन किया गया था। आर्यसमाजियों द्वारा रचित इसी तरह की कई अन्य कुल-कथाओं और वंशावलियों के माध्यम से जल-केन्द्रित निषाद समुदाय की विभिन्न उपजातियों की पहचान करके उन्हें पूरी तरह से पौराणिक युग की हिन्दू संस्कृति से जोड़ने का प्रयास किया गया था। उपनिवेशीय काल में जनगणनाओं और गजेटियरों के रूप में दस्तावेजी अभियानों की शुरुआत के बाद सभी जातियों में अपने आपको ब्राह्मणीकृत और संस्कृतकृत दर्शाने की आकांक्षा जाग उठी थी। इस प्रक्रिया में आर्यसमाजियों ने बहुत महत्त्वपूर्ण भूमिका निभाई, क्योंकि वे अधिक-से-अधिक गैर-ब्राह्मण जातियों को ब्राह्मणवाद की छत्रछाया में लाकर उनका संस्कृतीकरण करने के इच्छुक थे। बहुत से समुदायों के नेता और बुद्धिजीवी भी इस अभियान से जुड़ गए थे और इस तरह के जातीय इतिहासों और वंशावलियों का प्रकाशन करने लगे थे। इस तरह के लगभग सभी इतिहासों में वेदों, पुराणों और 'रामायण' और 'महाभारत' जैसे ग्रन्थों के विस्तृत

सन्दर्भ रहते थे। निषाद समुदाय ने इस चलन को देखते हुए खुद भी अपनी जाति के कई आत्म-इतिहासों का प्रकाशन किया। एक दिलचस्प तथ्य यह है कि स्वयं को इस भूमि के मूल गैर-आर्य निवासी बताने के लिए निषाद लेखक उपनिवेशीय जातीय-इतिहासकारों का सन्दर्भ देते हैं, लेकिन अपने गौरवशाली अतीत के वर्णन के लिए वे आर्यसमाजी लेखनों का सहारा लेते हैं, जिनमें उनके नायकों और हिन्दू सन्तों और ऋषियों का उल्लेख रहता है।

ये जातीय-इतिहास निषादराज गुह्य के माध्यम से राम के प्रतीक के साथ बहुत ज्यादा जुड़े होते थे और अनेक संस्कारगत रस्मों-रिवाजों, प्रतीकों, रीतियों, मान्यताओं और मूल्यों का प्रचार करके मछुआरों को पौराणिक हिन्दू पहचान के साथ जोड़ने का प्रयास करते थे। आर्यसमाजियों द्वारा अतीत की पुनर्स्थापना के इन प्रयासों ने गंगा किनारे बसे मछुआरों के मूल्यों और संस्कृति को गढ़ने में बहुत महत्त्वपूर्ण भूमिका निभाई। इन पौराणिक जातीय-इतिहासों को उपनिवेशीय काल में गठित विभिन्न निषाद संस्थाओं ने पीढ़ी-दर-पीढ़ी आगे बढ़ाने और आम लोगों तक पहुँचाने का काम किया, खासकर उत्तर भारत में। निषाद समुदाय की इस पौराणिक और ब्राह्मणवादी पहचान को कुबेर नाथ राय जैसे उच्च वर्णीय लेखकों के उपन्यासों से भी बढ़ावा मिला, जिन्होंने एक के बाद एक तीन लोकप्रिय उपन्यासों की रचना की—'निषाद बाँसुरी', 'किरत नदी में चन्द्र मधु' और 'मन पवन की नौका' (राय, 1974, 1982, 1983)।

निषाद समुदाय को एकजुट करने का एक अन्य तरीका नाटकों का मंचन है। सदियापुर के निषाद समुदाय के नेता और एक वृद्ध बुद्धिजीवी अविनाश चौधरी याद करते हुए बताते हैं कि जब गाँवों में 'रामलीला' का मंचन होता था तो केवट के प्रसंग से जुड़ा दृश्य रात भर चलता था। इस दृश्य में निषादराज गुह्य गंगा नदी को पार करने में भगवान राम की मदद करते हैं।[3] इन मंचनों के माध्यम से निषादराज के शौर्य और पुरुषोचित गुणों को उभारकर उन्हें एक गौरवशाली छवि देने का प्रयास किया जाता था। धीरे-धीरे यह प्रसंग जनमानस का हिस्सा बनता चला गया और वे अपनी पहचान को इस कथा से जोड़कर देखने लगे।

निषादों के मिथकों से जुड़ी लोक-राजनीति

1990 के दशक से निषादराज के मिथक ने तब राजनीतिक रंग ले लिया जब निषादों की विभिन्न संस्थाएँ उनकी स्मृति में समारोहों का आयोजन करने लगीं।[4] 13-14 मई, 1987 को इलाहाबाद के राष्ट्रीय मछुआरा संघ ने शृंगवेरपुर में निषादराज गुह्य की जन्मशताब्दी मनाई। इस अवसर पर उनका मुख्य नारा था—'भगवान राम के सखा निषादराज गुह्य अमर रहें'। 1993 में इलाहाबाद के भारतीय मल्लाह संघ ने भी निषादराज गुह्य के जन्मशताब्दी समारोह का आयोजन किया। इसी तरह, महाराजा

निषादराज गुह्य स्मारक समिति, इलाहाबाद और महाराज निषादराज गुह्य स्मृति समिति, प्रयाग जैसी कई अन्य संस्थाओं ने भी उनकी जन्मशताब्दी पर अपने-अपने समारोहों का आयोजन किया। इन संस्थाओं ने कई शोभा-यात्राओं और सम्मेलनों का भी आयोजन किया, जिनमें निषादों की विभिन्न उपजातियों के बीच एकता स्थापित करने पर जोर देते हुए प्रदेश की सत्ता में उनकी उपयुक्त राजनीतिक भागेदारी की माँग की गई। हालाँकि ये संस्थाएँ राजनीतिक इकाइयाँ नहीं थीं, लेकिन इन्हें विभिन्न राजनीतिक पार्टियों का परोक्ष समर्थन प्राप्त था, क्योंकि इन पार्टियों के लिए निषादों की विभिन्न उपजातियों को एक सामूहिक वोट-बैंक में बदलने का यह एक अच्छा अवसर था।

जब भाजपा ने भगवान राम को अपने राजनीतिक प्रतीक के रूप में प्रयोग करना शुरू किया, तो उसने निषादराज गुह्य के मिथक और भगवान राम के प्रति उनके समर्पण और सेवा-भाव का भी खुलकर उपयोग किया, ताकि निषादों को अपनी छत्रछाया में लाया जा सके। भाजपा के लिए निषादराज गुह्य का मिथक अत्यन्त महत्त्वपूर्ण है, क्योंकि उनकी कथा को आसानी से भगवान राम के साथ जोड़ा जा सकता है। 1990 में जब एल.के. आडवाणी ने देश भर में अपनी रथयात्रा शुरू की[5] और तत्कालीन मुलायम सिंह सरकार ने उन्हें अयोध्या पहुँचने से रोक दिया, तो निषादों से नदी के रास्ते कार-सेवकों को 30 अक्टूबर तक अयोध्या पहुँचाने का आह्वान किया गया। उन्हें संगठित करने की रणनीति के रूप में निषादराज गुह्य द्वारा भगवान राम को गंगा पार करवाने की स्मृति का उपयोग किया गया। निषादों से कहा गया कि निषादराज के वंशजों के रूप में उन्हें भी उसी तरह से मदद करनी चाहिए जैसे निषादराज गुह्य ने भगवान राम की मदद की थी ('दैनिक जागरण', 1990)।

इन आह्वानों का निषादों पर इतना गहरा प्रभाव पड़ा कि वे बलिया, देवरिया, गोरखपुर, आजमगढ़, फैजाबाद और अन्य स्थानों से 50,000 से अधिक कार-सेवकों को घाघरा नदी पार करवाने के लिए सहमत हो गए। इतना ही नहीं, वे आडवाणी के रथ को सड़क के रास्ते अयोध्या पहुँचने से रोके जाने की स्थिति में उन्हें उनके रथ समेत कश्ती से सरयू नदी पार करवाने के लिए भी तैयार हो गए। कार-सेवकों को अयोध्या पहुँचाने के अलावा सरयू और घाघरा नदियों के किनारे बसने वाले लगभग 20,000 निषाद खुद भी मन्दिर-निर्माण के लिए कार-सेवकों के रूप में काम करने के लिए अयोध्या जा पहुँचे ('अमर उजाला' 2004, डी)। निषादराज गुह्य के चित्रों की शैली पर भी भाजपा का प्रभाव दिखाई देता है। 1990 के दशक के बाद से निषादराज गुह्य पर प्रकाशित पुस्तिकाओं और पैम्फलेटों के मुखपृष्ठों के चित्रों में उन्हें आक्रामक क्षत्रिय मुद्रा में मुकुट पहने और हाथों में धनुष-बाण पकड़े दिखाया जाने लगा है (चित्र 5.1)। यह छवि भाजपा द्वारा प्रसारित

चित्र 5.1 : एक पत्रिका के मुखपृष्ठ पर निषादराज का चित्र | स्रोत : निषाद ज्योति पत्रिका

भगवान राम की छवि से बहुत मिलती-जुलती है। यही नहीं, बल्कि इसी अवधि में शृंगवेरपुर में राम, लक्ष्मण और सीता की मूर्तियों के साथ स्थापित निषादराज गुह्य की मूर्ति में भी उन्हें एक क्षत्रिय राजा की तरह भगवान राम जैसी ही वेशभूषा में दिखाया गया है (चित्र 5.2)।

चित्र 5.2 : निषादराज मन्दिर शृंगवेरपुर | स्रोत : लेखक

भाजपा ने निषादराज गुह्य के मिथक का भरपूर प्रयोग किया, क्योंकि यह पार्टी की राजनीतिक रणनीति में पूरी तरह फिट बैठता था। लेकिन निषादों को लुभाने में लगी अन्य पार्टियों ने अपनी राजनीतिक विचारधारा के अनुसार एकलव्य और फूलन देवी जैसे कई अन्य मिथकों, किंवदन्तियों और जाति-नायकों का भी प्रयोग किया। इसीलिए यादवों और पटेलों जैसी गैर-ब्राह्मण जातियों के समर्थन पर निर्भर समाजवादी पार्टी (सपा) ने निषादों की पहचान स्थापित करने के लिए और उन्हें अपने झंडे तले लाने के लिए एकलव्य के मिथक का प्रयोग किया।

गैर-भाजपा पार्टियों ने भाजपा का मुकाबला करने के लिए एकलव्य के मिथक का प्रयोग किया, क्योंकि एकलव्य की कथा एक ब्राह्मण गुरु द्रोणाचार्य के खिलाफ विद्रोह की कथा है। समाजवादी पार्टी ने इस कथा की व्याख्या ब्राह्मणों के खिलाफ विद्रोह के रूप में की। यह इस दृष्टि से भी एक उपयुक्त रणनीति थी कि भाजपा ब्राह्मणकारी प्रतीकों का प्रयोग कर रही थी और एक उच्च वर्ण पार्टी के रूप में देखी जा रही थी। 1994 के बाद से एकलव्य निषादों के कुल-गौरव के रूप में उभरने लगे

और उनसे जुड़े उत्सवों, समारोहों और मूर्ति-स्थापनाओं का एक सिलसिला-सा चल पड़ा। 1997 में इलाहाबाद के गवर्नमेंट प्रेस चौराहे पर एकलव्य की पहली कांस्य मूर्ति की स्थापना की गई (चित्र 5.3)। इसी अवधि के आसपास समाजवादी पार्टी और अन्य गैर-भाजपा पार्टियों द्वारा एकलव्य से जुड़े समारोहों के आयोजन का चलन भी शुरू हो गया।

जब बहुजन समाज पार्टी (बहुजन समाज पार्टी) इस खेल में शामिल हुई तो उसने एकलव्य के मिथक को उन दलितों के प्रतिनिधि के रूप में चित्रित किया, जो

चित्र 5.2 : एकलव्य की मूर्ति, इलाहाबाद| स्रोत : निवेदिता सिंह

अत्यन्त प्रतिभावान होते हुए भी अपनी निचली जाति के कारण ब्राह्मणों के अन्याय के शिकार रहे थे। एकलव्य को दलितों की वर्तमान दशा के प्रतीक के रूप में प्रयोग किया गया, जो उच्च वर्णों के षड्यंत्र के कारण निर्धनता और अशिक्षा में घिरे हुए थे।

1990 के दशक में मंडल आयोग की सिफारिशों के लागू होने के बाद एकलव्य के मिथक का महत्त्व और भी बढ़ गया, क्योंकि आरक्षित पदों के लिए बहुत कम प्रत्याशी उपलब्ध थे। अधिकांश दलितों के पास इन पदों के लिए पर्याप्त शैक्षणिक योग्यता ही नहीं थी। समाजवादी पार्टी और जनता दल की तुलना में बहुजन समाज पार्टी ने एकलव्य के मिथक का कहीं ज्यादा जोर-शोर से उपयोग किया। हालाँकि मायावती भाजपा के समर्थन से एक संयुक्त सरकार चला रही थीं, फिर भी उत्तर प्रदेश में अपने मुख्यमंत्रित्व काल में उन्होंने ब्राह्मणों और हिन्दू परम्पराओं पर प्रहार करने के लिए एकलव्य के मिथक का बढ़-चढ़कर उपयोग किया, जिन्हें भाजपा की राजनीति का आधार माना जाता है। अपने शासनकाल में उन्होंने एकलव्य के नाम पर आगरा में एक खेल स्टेडियम का उद्घाटन किया, जिसका निर्माण सरकार ने किया था। इसके अलावा, बहुजन समाज पार्टी की स्थानीय समितियों ने उत्तर प्रदेश के विभिन्न हिस्सों में एकलव्य की छोटी-छोटी प्रतिमाओं की भी स्थापना की।

एकलव्य के प्रतीक में निहित शक्ति और बहुजन समाज पार्टी-सपा द्वारा इसके प्रयोग को देखकर भाजपा ने भी निषादों और अन्य दलित जातियों को लुभाने के लिए इस मिथक का अपने तरीके से इस्तेमाल करने का फैसला किया। 2004 के संसदीय चुनावों के प्रचार अभियान के दौरान इलाहाबाद से भाजपा के प्रत्याशी मुरलीमनोहर जोशी ने नैनी में आयोजित निषादों की एक जनसभा को सम्बोधित करते हुए कहा कि अयोध्या में राम मन्दिर का निर्माण करते समय निषादराज को नहीं भुलाया जा सकता, क्योंकि निषादराज ने ही भगवान राम को गंगा पार करवाई थी। उन्होंने निषादों से निषादराज के पदचिह्नों का अनुसरण करके भाजपा की चुनावी-नैया को पार लगाने का आह्वान किया। उन्होंने यह आश्वासन भी दिया कि चुनाव जीतने के बाद वे शृंगवेरपुर में एकलव्य की मूर्ति की स्थापना करवाने का ध्यान रखेंगे ('हिन्दुस्तान', 2004 सी)। लेकिन उसी दिन मेजा में एक अन्य चुनावी सभा को सम्बोधित करते हुए उन्होंने जाति और धर्म पर आधारित राजनीति पर कड़ा प्रहार किया और लोगों को इसके भयंकर परिणामों के प्रति सचेत किया। उन्होंने कहा कि सिर्फ वाजपेयी सरकार ही राष्ट्र के विकास के प्रति वचनवद्ध थी और अशिक्षा का उन्मूलन करने के लिए दृढ़-संकल्प थी (टाइम्स ऑफ इंडिया, 2004 बी)। चुनावों से कुछ ही पहले, 28 अप्रैल, 2004 को, अखिल भारतीय एकलव्य कल्याण समिति ने इलाहाबाद की सिविल लाइंस में स्थित एकलव्य चौराहे पर एकलव्य जयंती

समारोह का आयोजन किया। इस अवसर पर भाजपा नेता और इलाहाबाद (उत्तर) से पार्टी के विधायक नरेन्द्र गौड़ ने एक जनसभा को सम्बोधित करते हुए एकलव्य को निषादों के एक ऐसे सपूत के रूप में चित्रित किया जिसका धार्मिक और सांस्कृतिक जीवन एक आदर्श भारतीय का प्रतीक था और राष्ट्र के लिए अमूल्य धरोहर था। उन्होंने श्रोताओं को बताया कि मुरलीमनोहर जोशी ने कुछ ही समय पहले रेडियो पर एकलव्य चैनल के नाम से एक शिक्षा चैनल शुरू किया था, और नैनी में निषाद गाँवों के एक समूह के नजदीक एकलव्य के नाम पर एक सड़क का भी उद्घाटन किया था। इस अवसर पर निषाद समाज के नाम मुरलीमनोहर जोशी का सन्देश पढ़कर भी सुनाया गया ('हिन्दुस्तान', 2004 सी)।

दूसरी तरफ, जब समाजवादी पार्टी ने बहुजन समाज पार्टी को एकलव्य के मिथक का भरपूर प्रयोग करते और पार्टी के पक्ष में इसका प्रचुर प्रभाव पड़ते देखा तो उसने भी निषादों को एकजुट करने के लिए एक प्रतीक की तलाश शुरू कर दी। उसे यह प्रतीक फूलन देवी के रूप में मिला, जिनकी कथा उच्च वर्ण ठाकुरों के शोषण और दमन के खिलाफ एक स्त्री के विद्रोह और डाकू बनने से जुड़ी हुई थी। इस कथा में एक मिथक के सभी आदर्श तत्त्व थे। जब फूलन देवी ने आत्म-समर्पण कर दिया और उन्हें जेल भेज दिया गया तो निषादों ने उनकी रिहाई के लिए आन्दोलन शुरू कर दिया। समाजवादी पार्टी और इसके मुखिया मुलायम सिंह यादव के प्रयासों से आखिरकार उन्हें रिहा करवाने में सफलता भी मिल गई। इस बीच उनकी रिहाई के आन्दोलन ने उन्हें निषाद समुदाय में बहुत लोकप्रिय बना दिया था। वे जेल में थीं तो उनके बारे में बिरहा, कव्वालियों और फूलन देवी की कथा के रूप में तरह-तरह की रचनाएँ और पुस्तिकाएँ प्रकाश में आने लगी थीं (पवन, 1992, अकेला, 1993)। कई स्थानीय गायकों द्वारा गाए गए इन बिरहा और कव्वालियों की सस्ती ऑडियो कैसेटों के रूप में बाढ़-सी आ गई थी, जो उत्तर प्रदेश के गाँवों-शहरों में खूब लोकप्रिय हो रही थीं।

सपा ने फूलन देवी की छवि में निहित शक्ति को पहचाना और उन्हें मिर्जापुर की भदोही सीट का टिकट दे दिया। इससे पार्टी को निषाद समुदाय के एक वर्ग को अपनी तरफ आकर्षित करने में मदद मिली। फूलन देवी के निधन के बाद, 2004 के संसदीय चुनावों के प्रचार अभियान के दौरान अरैल (Arail) में आयोजित निषादों की एक सभा में समुदाय के एक नेता विशम्भर निषाद, जो मुलायम सिंह सरकार में मंत्री भी रह चुके थे, ने कहा कि उनका समुदाय जेल से फूलन देवी की रिहाई के लिए समाजवादी पार्टी का ऋणी था, और समुदाय को यह ऋण इस पार्टी को सत्ता में लाकर चुकाना चाहिए ('अमर उजाला', 2004 जी)। इस तरह, फूलन देवी निषादों के जातीय-इतिहास में गौरव का प्रतीक बन गईं।

निषादों की पहचान स्थापित करने के तरीकों के अध्ययन से पता चलता है कि

जहाँ एक तरफ उनकी पहचान को ब्राह्मणवादी मेटा-नरेटिव के साथ जोड़ने की कोशिशें की जा रही हैं, वहीं दूसरी तरफ उन्हें 'महाभारत' और पुराणों जैसे भारतीय ग्रन्थों के परम्परागत विद्रोही नायकों के साथ जोड़ा जा रहा है। जैसे ही किसी विद्रोही नायक का मिथक ब्राह्मणवादी मेटा-नेरेटिव के लिए खतरा बनने लगता है, ब्राह्मणवादी शक्तियाँ उसकी पुनर्व्याख्या और पुनर्संरचना में जुट जाती हैं और उसे निषादों के परम्परागत प्रतीकों की शृंखला में ले आती हैं। इन सांस्कृतिक और पहचान स्रोतों का राजनीतिक शक्तियों द्वारा निरन्तर प्रयोग किया जा रहा है, ताकि समुदाय के राजनीतिक समर्थन को अपने पक्ष में मोड़ा जा सके। समुदाय की पहचान से जुड़े ये वृत्तान्त धीरे-धीरे समुदाय की सामूहिक पहचान का हिस्सा बनने लगते हैं, जिन्हें राजनीतिक पार्टियाँ अपने-अपने हितों के लिए अलग-अलग तरीके से उपयोग करने की कोशिश करती हैं।

जातीय एकजुटता के इन अधिकांश प्रयासों के साथ समुदाय के आन्तरिक भेदों को दूर करके सभी उपजातियों को एक सामूहिक पहचान देने के प्रयास भी जुड़े हुए हैं। लेकिन जैसे ही किसी पार्टी को इस प्रयास में सफलता मिलती है, कोई दूसरी पार्टी उन्हें अपने पक्ष में मोड़ने के लिए उनकी पहचान की कोई दूसरी व्याख्या सामने ले आती है। इस तरह समुदाय की एकता के प्रयास धरे-के-धरे रह जाते हैं। लेकिन इसके बावजूद समुदाय को चुनावी दृष्टि से आकर्षित करने के प्रयास बड़ी हद तक सफल हो रहे हैं। इन प्रयासों को समुदाय में उभरते नए नेतृत्व के कारण भी सफलता मिल रही है, जिसमें शहरों में रहने वाले शिक्षित और मध्यवर्गीय निषाद बहुत महत्त्वपूर्ण भूमिका निभा रहे हैं। समुदाय के इस शहरी विशिष्ट वर्ग से लेकर सामान्य स्तर तक हर जगह इस नए नेतृत्व का प्रभाव दिखाई दे रहा है। हालाँकि यह सब एक नए युग में घट रहा है, लेकिन इसके लिए परम्परागत मिथक, स्मृति और इतिहास की भाषा का प्रयोग किया जा रहा है। इस प्रक्रिया को जाति पंचायतों जैसे परम्परागत नेतृत्व, मूल्यों और सामाजिक नेटवर्क से भी मदद मिल रही है। वर्तमान सामाजिक-राजनीतिक परिदृश्य में प्रासंगिक मिथकों के आसपास नई रस्मों, उत्सवों और प्रतिमा-स्थापनों की रचना हो रही है और एक नई तरह की 'आइकोनोग्राफी' उभर रही है। इस तरह ये मिथक वृत्तान्तों से आगे बढ़कर समुदाय की पहचान का एक अभिन्न अंग बन जाते हैं। जिन मिथकों का वर्तमान परिपेक्ष्य में उपयोग नहीं हो पाता, वे वृत्तान्त तक ही सीमित रहते हैं।

एक समरस इतिहास और पहचान की रचना करते समय यह बात भी दिखाई देती है कि हर जाति अपनी भौगोलिक स्थिति और इससे जुड़े सांगठिक तत्त्वों के अनुसार बँटी और बिखरी हुई होती है। लेकिन इसके बावजूद उपेक्षित समुदायों के राजनीतिक प्रतिनिधित्व के संघर्ष में मिथकों और जातीय-इतिहासों के महत्त्व की शक्ति को नजरअन्दाज नहीं किया जा सकता। ये सभी समुदाय अपने-आपको

सामाजिक, राजनीतिक और आर्थिक दृष्टि से विकसित करके धीरे–धीरे एक शक्तिशाली समूह बनने की प्रक्रिया में जुटे हुए हैं। इतिहास और मिथकों से जुड़ी यह लड़ाई न सिर्फ एक नई उभरती हुई लोक–संस्कृति का हिस्सा है, बल्कि सत्ता के खेल और चुनावी राजनीति से भी बहुत गहराई से जुड़ी हुई है।

टिप्पणियाँ

1. अविनाश चन्द्र चौधरी के साथ मौखिक भेंटवार्ता (सादियापुर में निषाद समुदाय की जाति पंचायत के प्रधान)।
2. इलाहाबाद में निषाद समुदाय की 16 पंचायतों के चौधरियों (प्रधानों) के मौखिक वृत्तान्तों पर आधारित
3. अविनाश चौधरी का मौखिक वृत्तान्त, 4 मई, 2003
4. 4 मई, 2003 को एकत्रित मौखिक वृत्तान्त
5. अयोध्या में बाबरी मसजिद के विवादित स्थल पर राममन्दिर के निर्माण के लिए कार–सेवकों को इकट्ठा करने के उद्देश्य से भाजपा नेता एल.के. आडवाणी ने देशभर की रथयात्रा की थी। उन्हें उत्तर प्रदेश सरकार द्वारा गिरफ्तार कर लिये जाने और उनके काफिले को अयोध्या पहुँचने से रोके जाने की आशंका थी।

सांस्कृतिक स्रोतों की राजनीति
उत्तर भारत के मुसहर

दलितों में राम किसी और रूप में पैदा हुए हैं।

—स्वामी प्रपन्नाचार्य

विहिप नेता और सन्त

(माघ मेला, प्रयाग, 2003 में रिकॉर्ड किया हुआ)।

अकसर ऐसा होता है कि कोई उपेक्षित समुदाय, विभिन्न राजनीतिक पार्टियों द्वारा आयोजित चुनावी सभाओं की प्रजातांत्रिक धाराओं के सम्पर्क में आने की प्रक्रिया के परिणामस्वरूप और उस समुदाय के कम-से-कम एक वर्ग द्वारा शिक्षा ग्रहण करने के माध्यम से भी, प्रजातांत्रिक सत्ता में भागीदारी की आकांक्षा करने लगता है। इस प्रक्रिया में, समुदाय का अग्रणी वर्ग अपनी जाति के मिथकों, किंवदन्तियों और जाति-नायकों की इस तरह पुनर्रचना करने लगता है कि वे सामयिक प्रजातांत्रिक सत्ता की धारा में फिट बैठते हुए समुदाय के सदस्यों में आत्म-सम्मान की भावना पैदा कर सकें। इसके बाद इन मिथकों और नायकों को विभिन्न राजनीतिक पार्टियों द्वारा उठा लिया जाता है, जो अपने-अपने राजनीतिक एजेंडे के अनुसार एक बार फिर इनकी पुनर्व्याख्या और पुनर्संरचना करके इन उपेक्षित समुदायों को अपने राजनीतिक खेमे में लाने की कोशिश करती हैं। इस प्रक्रिया में ये सभी पार्टियाँ समुदाय के भविष्य को लेकर आशाओं, आकांक्षाओं और स्वप्नों की एक ऐसी भाषा तैयार करती हैं जो उनके मिथकीय अतीत पर आधारित होती है। इस तरह, समुदाय के वोटों को लेकर विभिन्न राजनीतिक पार्टियों में कड़ी प्रतिस्पर्द्धा के कारण और साथ ही देश की प्रजातांत्रिक प्रक्रिया में भाग लेने और अपने समुदाय को लेकर आत्म-सम्मान की भावना महसूस करने की इन समुदायों की तीव्र आकांक्षा के कारण भी, ये जातीय मिथक, किंवदन्तियाँ और नायक इन उपेक्षित समुदायों के लिए एक शक्तिशाली सांस्कृतिक पूँजी का रूप ले चुके हैं।

जैसा कि पिछले अध्यायों में कहा जा चुका है, यह प्रक्रिया उत्तर प्रदेश में और बिहार के कुछ हिस्सों में सबसे ज्यादा दिखाई दे रही है, जहाँ अपनी पहचान की

स्थापना को लेकर उपेक्षित समुदायों की आकांक्षा समुदाय के विकास की आकांक्षा के साथ बड़ी गहराई से जुड़ चुकी है। विकास की यह आकांक्षा बहुमुखी और लम्बी मनोवैज्ञानिक प्रक्रिया होती है, जिसमें अपनी पहचान को लेकर निरन्तर स्मरण, संरचना और पुनर्संरचना की जरूरत होती है। इसे विभिन्न राजनीतिक पार्टियों द्वारा जगाई गई उम्मीदों से हवा मिलती रहती है। लेकिन किसी एक पार्टी द्वारा जगाई गई उम्मीदें समुदाय को लम्बे समय तक सन्तुष्ट नहीं कर पातीं। उसे विभिन्न पार्टियों द्वारा जगाई गई बहुत सारी उम्मीदों और बहुत सारे सपनों की जरूरत होती है। इसलिए विभिन्न राजनीतिक पार्टियों को इन उपेक्षित समुदायों के लिए उम्मीदों के उत्पादन, पैकेजिंग और मार्केटिंग की गुंजाइश दिखाई देने लगती है। यह भी जरूरी नहीं है कि इन समुदायों के विकास के साथ इन पार्टियों की सचमुच ही कोई नैतिक प्रतिबद्धता हो। चूँकि पहचान की स्थापना की आकांक्षा विकास की इच्छा के साथ बड़ी गहराई से जुड़ी होती है, इसलिए समुदाय की स्मृतियों और मिथकों के पुनर्सृजन और पुनर्व्याख्या में दक्षिणपन्थी हस्तक्षेप की हमेशा गुंजाइश रहती है। हमारी मौखिक सांस्कृतिक स्मृति में मौजूद विविधता के कारण भिन्न-भिन्न और परस्पर विरोधी विचारधारा वाली राजनीतिक पार्टियाँ एक ही मिथक को अपने-अपने तरीके से इस्तेमाल करती हैं। पिछले अध्यायों में हम देख चुके हैं कि पासी और निषाद जैसी उपेक्षित जातियों की पहचान और आत्म-सम्मान को उभारने के लिए बहुजन समाज पार्टी द्वारा इस्तेमाल किए जाने वाले मिथकों का भाजपा किस तरह भगवाकरण कर रही है।

इस अध्याय में हम देखेंगे कि उत्तर भारत की एक अत्यधिक उपेक्षित अछूत जाति मुसहरों ने किस तरह अपनी सांस्कृतिक पूँजी को देश की प्रजातांत्रिक प्रक्रिया में अपनी भागेदारी का अभिन्न अंग बना लिया है। उन्होंने इसे सिर्फ अपने समुदाय के सदस्यों के लिए एक सांस्कृतिक धरोहर तक सीमित नहीं रहने दिया है। समुदाय के अगुवा जहाँ एक तरफ ब्राह्मणवादी प्रतीकों और मिथकों की पुनर्व्याख्या करके हिन्दू वंश-परम्परा में अपनी सामाजिक स्थिति को गरिमा-मंडित कर रहे हैं, वहीं दूसरी तरफ इनके माध्यम से ऊँची जातियों के वर्चस्व को भी चुनौती दे रहे हैं। इन मिथकों की समुदाय के सशक्तीकरण, सामाजिक समानता और विकास के लिए पुनर्व्याख्या की जा रही है। लेकिन इसके साथ ही, चुनाव के मैदान में मुसहरों के वोटों के लिए बढ़ती प्रतिस्पर्द्धा को देखते हुए राजनीतिक पार्टियाँ भी उन्हें लुभाने के लिए इन मिथकों और प्रतीकों का बढ़-चढ़कर प्रयोग कर रही हैं। इस तरह संस्कृति और राजनीति के बीच की विभाजन-रेखा धीरे-धीरे धुँधली पड़ती जा रही है। इस अध्याय में हम मुख्य रूप से यह जानने की कोशिश करेंगे कि भाजपा इस उपेक्षित समुदाय के पहचान-प्रतीकों को नए चौखटों में फिट करके, और उनकी स्मृतियों और मिथकों में संशोधन करके किस तरह उनकी सांस्कृतिक पूँजी के उपयोग की होड़ में लगी हुई है।

मुसहर एक अनुसूचित जाति है, जो मुख्यत: बिहार में और उत्तर प्रदेश के कुछ हिस्सों में बसी हुई है। 2001 की जनगणना के अनुसार, बिहार में उनकी कुल आबादी 21,12,136 थी। इसमें से 59,165 आबादी शहरों में और शेष 20,52,971 आबादी गाँवों में बसी हुई थी (भारत सरकार, 2001)। बिहार के मधुबनी, मुजफ्फरपुर, दरभंगा, चम्पारण, हजारीबाग, सन्थाल परगना, भागलपुर, मुंगेर, पूर्णिया और गया इत्यादि जिलों में मुसहरों की अच्छी-खासी आबादी है। उत्तर प्रदेश में वे प्रान्त के मध्य और पूर्वी भागों में बसे हुए हैं। ऐसा माना जाता है कि 'मुसहर' शब्द का अर्थ मांस की खोज या शिकार करने वाले से जुड़ा हुआ है ('मसु' अर्थात् मांस और 'हेरा' अर्थात्, खोजी)। कुछ अन्य लोग मानते हैं कि इसका सम्बन्ध चूहे को पकड़ने या खाने से है ('मुस' अर्थात्, चूहा) (शर्मा, 2002, 20)। इस जाति को एक-दो अन्य नामों से भी जाना जाता है। अवध के जिलों में उन्हें आमतौर से 'बनमानुष' के नाम से जाना जाता था। कुछ जगह तो सिर्फ यही नाम प्रचलित है। कुछ अन्य कम प्रचलित नामों में बनसत्ता, सियोरी और दियोसिया नाम शामिल हैं, जो उनके महान पूर्वज दियोसी से जुड़ा हुआ है, अर्थात् बनराज या जंगल का राजा। इसी तरह भुइयाँ नाम भी कहीं-कहीं प्रचलित है (नेसफील्ड, 1888, 3)।

वर्तमान में मुसहर अत्यधिक पिछड़ा हुआ और उपेक्षित समुदाय है। अधिकांश मुसहर भूमिहीन मजदूर हैं। कुछ थोड़े से मुसहर खेती-बाड़ी करते हैं या उद्योगों और दफ्तरों में काम करते हैं। 2001 की जनगणना के अनुसार, 6,92,526 मुसहर कृषि से जुड़े श्रमिक वर्ग से सम्बन्ध रखते थे, जिनमें 4,54,670 पुरुष और 2,37,856 स्त्रियाँ थीं। अन्य मुसहरों में कृषक (21,038), घरेलू उद्योग श्रमिक (3,997) और अन्य तरह के श्रमिक (27,653) शामिल थे (भारत सरकार, 2001)।

उपेक्षितता, मिथक और संस्कृति

मुसहरों की उत्पत्ति को लेकर तीन लोकप्रिय मिथक प्रचलित हैं और इन तीनों से उनके तीन जाति-नायक जुड़े हुए हैं। पहले मिथक के अनुसार उनका सम्बन्ध चेरू की कोल जनजाति और दियोसी (Deosi) से है। मध्य और उत्तरी उत्तर प्रदेश के मुसहरों की मौखिक स्मृति में दियोसी का मिथक काफी लोकप्रिय है। इसे सुल्तानपुर और मिर्जापुर जिलों में दर्ज किया गया।[1] यह कथा इस प्रकार है—

गंगा के नजदीक पिपरी के दुर्ग में एक महान चेरू योद्धा और नरेश रहा करते थे, जिनका नाम मकर दुर्गा राय था। न सिर्फ आसपास के पहाड़ी दुर्गों के राजा उन्हें अपना प्रधान मानते थे, बल्कि गंगा के किनारे बसने वाले सभी किसान भी उन्हें राजस्व दिया करते थे। गंगा के उत्तरी किनारे से बीस मील दूर एक अन्य महान योद्धा लोरिक का दुर्ग था। यह दुर्ग गौरा के नाम से जाना जाता था। लोरिक अहीरों या चरवाहों के मुखिया थे और उनके पास असंख्य मवेशी थे। ये दोनों योद्धा बहुत अच्छे

दोस्त थे, हालाँकि उनके कबीलों, चेरू और अहीर, में पुरानी दुश्मनी चली आ रही थी। इसका कारण यह था कि जहाँ एक कबीला गाय की पूजा करता था, वहीं दूसरा उसका शिकार करता था और उसका भक्षण करता था। इन दोनों योद्धाओं के बीच मित्रता के सूत्र का आधार सनवर (Sanwar) और सुबचन (Subchan) नामक दो अनाथ जुड़वाँ बच्चे थे। इनमें से एक को दुर्गा राय की माँ ने तो दूसरे को लोरिक की माँ ने पाला-पोसा था। दोनों जुडवाँ भाइयों के एक-दूसरे के कबीले के लोगों के साथ बड़े गहरे और घनिष्ठ सम्बन्ध थे, लोरिक और मकर के बीच दोस्ती का यही कारण था। लेकिन धीरे-धीरे ऐसी परिस्थितियाँ पैदा हो गईं कि दोनों घरानों के मुखिया बर्बादी के शिकार हो गए और यह दोस्ती खत्म हो गई। रोमांचक प्रकृति के लोरिक अपने विवाह के कुछ ही समय बाद घर छोड़कर हरदी (Hardi) नामक जगह पर चले गए। वे अपने साथ एक ऐसी स्त्री को भी लेते गए जिसका पति अभी जीवित था। जाते समय वे अपने मवेशियों की देखभाल की जिम्मेदारी सनवर पर छोड़ गए थे। जब 12 वर्ष बाद भी लोरिक की कोई खबर नहीं मिली तो उस स्त्री की माँ, जिसे वे अपने साथ भगा ले गए थे, मकर के पास गई और उनसे इस अपमान का बदला लेने की विनती करने लगी। उसका कहना था कि लोरिक की जगह सनवर को मारकर उसकी बेटी के अपहरण का बदला लिया जा सकता था। कुछ हिचकिचाहट के बाद मकर ऐसा करने के लिए सहमत हो गए। उन्होंने अपने सबसे बहादुर बेटे दियोसी को अपने साथ लेकर बोहा पर चढ़ाई कर दी, जहाँ सनवर का राज्य था। लेकिन हमले के समय सनवर अपने महल में मौजूद नहीं था। उसके सन्तरी और गायों के रखवाले इस हमले से हक्के-बक्के रह गए। उनके पास अपने बचाव का कोई उपाय नहीं था। लेकिन जब गायों को पिपरी की तरफ ले जाया जाने लगा तो उन्होंने अचानक पीछे पलटकर मकर की सेना पर धावा बोल दिया। मकर ने देवी को प्रसन्न करने के लिए कुछ बालकों की बलि दी और पिपरी पर फिर से चढ़ाई कर दी। तब तक सनवर बोहा लौट आया था और इस हमले में मकर के हाथों मारा गया। इसके साथ ही लोरिक का सबसे मजबूत गढ़ 'गौरा' मकर के कब्जे में आ गया।

अब यह खबर लोरिक के पास पहुँची तो उन्होंने मकर से बदला लेने के लिए बड़ी चालाकी भरी चाल चली। उन्होंने अपने एक आदमी को अपने खेमे के भगोड़े के रूप में चेरू कबीले के पास पिपरी भेजा। इस आदमी ने उस कबीले से जाकर कहा कि अगर उसे उनके कबीले में शामिल कर लिया जाए तो वह उन्हें लोरिक की सभी योजनाओं के भेद बताने के लिए तैयार था। कबीले का विश्वास जीतने के बाद उसने एक रात उनकी शराब में भँग मिला दी। शराब पीने के बाद जब सब लोग नशे में धुत होकर लुढ़क गए तो उसने एक-एक करके मकर और महल में मौजूद उसके चारों बेटों के साथ-साथ उसके सभी आदमियों की हत्या कर दी। इसके बाद उसने गधों-खच्चरों की मदद से हल चलाकर उनकी सारी जमीन को भी तहस-नहस कर

दिया। इस हत्याकांड के बाद भी मकर के तीन बेटे जीवित बच गए थे। इनमें से दो अपने रिश्तेदारों के यहाँ गए हुए थे, जबकि दियोसी शिकार पर निकला हुआ था। शिकार से लौटने के बाद उसने यह खबर सुनी तो वह अपने भाइयों को इस तबाही की सूचना देने गया। उसके भाई उसे यह कहकर कोसने लगे कि वह अपने पिता की रक्षा करने में असफल रहा था। उन्होंने कहा कि आज के बाद उसे 'मुसहेरा' कहकर बुलाया जाएगा क्योंकि उसे शिकार का जुनून था, और उसे सुहेरा के जंगल में ही रहना होगा। इसके बाद दियोसी और उसकी पत्नी जंगल में रहने लगे और मुसहर समुदाय के संस्थापक बने, जिन्हें दियोसिया के नाम से भी जाना जाता है। दियोसी ने मरते दम तक अहीरों पर हमले करने जारी रखे और अपने उत्तराधिकारियों को भी यही निर्देश दिया। अहीरों और दियोसियों के बीच यह परम्परागत शत्रुता आज भी जारी है। कबीले में यह कहावत आज भी प्रचलित है कि 'जब तक जीवे दियोसिया, अहीर न चजे (चराए) गाय'।

जंगल में प्रवेश करने के बाद दियोसी ने सबसे पहले 'गदाला' (Gahdala) नामक औजार का आविष्कार किया, जो बाद में कबीले का बैज बन गया। एक दिन संयोगवश दियोसी का निहत्थे लोरिक से आमना-सामना हो गया और उसने उन्हें मार डाला। इस तरह यह पुरानी दुश्मनी और भी खूँखार हो गई। दियोसी के डर के कारण लोरिक के बेटों को उनकी माँ बस्ती से बाहर नहीं जाने देती थी। इसके बाद दियोसी बोहा जा पहुँचा जहाँ लोरिक के मवेशी बँधे हुए थे। वह अपने पिता की तरह उनका अपहरण करके उन्हें अपने साथ ले जाना चाहता था। लेकिन इस बीच सनवर का बेटा सनवरजीत चुपके से उस पहाड़ी पर जा पहुँचा जहाँ उसकी माँ अपने पति की मृत्यु के बाद सती हो गई थी। उसने अपनी सती माँ से शक्ति के लिए प्रार्थना की। उसकी प्रार्थना सफल रही और उसके एक तीर से दियोसी की मृत्यु हो गई।

इस मिथक से पता चलता है कि चेरू कबीले से सम्बन्ध रखने वाले मुसहर किस तरह अपने मूल कबीले से अलग हो गए और उनका एक नया मुखिया बन गया। पिपरी का नया किला, जिसे पुराने दुर्ग की जगह निर्मित किया गया था, मिर्जापुर पर्वत श्रृंखला की तलहटी पर स्थित है। इसके पास ही पूर्व की तरफ बराही (Barhi) नदी बहती है जो पश्चिम से बहने वाली सतेसगढ़ (Satesgarh) नदी से जाकर मिल जाती है। इस संगम के बाद यह जारगो (Jargo) नदी कहलाने लगती है, जो आगे चलकर गंगा में मिल जाती है। दोनों नदियों के संगम पर और बहाव के बीचोबीच बेहिया देवी की एक प्रकृति निर्मित आकृति है। मकर ने इसी देवी को प्रसन्न करने के लिए पहले पाँच और फिर सात बालकों की बलि दी थी। यह देवी पिपरी की आराध्य देवी मानी जाती थी। मुसहेरा मिथक के अनुसार, पहले यह देवी लोरिक के बड़े भाई सनवर की आराध्य देवी हुआ करती थीं, लेकिन जब मकर और चेरू कबीले ने कई बालकों की बलि देकर उन्हें अपने पक्ष में कर लिया, और

सनवर मारा गया, तो वे अहीरों के शक्ति-केन्द्र 'गौरा' को छोड़कर चेरू कबीले के गढ़ 'पिपरी' में आ बसीं।

इस मिथक के अनुसार यह भी कहा जाता है कि जब पिपरी पर लोरिक ने कब्जा कर लिया था और गधों-खच्चरों की मदद से वहाँ की सारी जमीन पर हल चलवा दिया था तो बेहिया देवी अपमानित होने से बचने के लिए दोनों नदियों के संगम के बीचोबीच जा खड़ी हुई थीं, जहाँ वे आज भी विराजमान हैं। पिपरी के आसपास के निवासी उन्हें निकुन्दी के नाम से पुकारते हैं। पिपरी अब एक उजाड़ क्षेत्र है, यह लोरिक और अहीरों द्वारा उजाड़ दिए जाने के बाद से इसी स्थिति में है। कोई भी अहीर या अन्य हिन्दू वहाँ जाना पसन्द नहीं करता। लेकिन मुसहरों के लिए यह एक श्रद्धेय स्थल है। हर मुसहर मरने से पहले इस पवित्र स्थान के दर्शन करना चाहता है और अपनी पार्थिव देह को किले के आसपास नदियों में बहा दिए जाने की कामना करता है। कबीले के लोग यहाँ आधी रात को चोरी से सभाएँ करते हैं। वे यहाँ रहना चाहते हैं, लेकिन आसपास के अहीर उन्हें बाहर खदेड़ते रहते हैं और इस तरह पुरानी परम्पराओं को जारी रखते हैं। चेरू कबीले का यह मिथक सिर्फ इससे जुड़े लोगों में प्रचलित है, जिसमें ब्राह्मणों ने कभी कोई दखल नहीं दिया है।

एक अन्य मिथक जो आज बहुत ज्यादा प्रचलित है, सवरी (शबरी) से जुड़ा हुआ है, जो हिन्दू महाग्रन्थ 'रामायण' की एक पात्रा है। आज के मुसहरों का मानना है कि सवरी उनकी एकमात्र पूर्वज है और वे उसी के वंशज हैं। 'रामायण' की कथा के अनुसार, सवरी एक नीच जाति की स्त्री थी और भगवान राम के दर्शनों के लिए वर्षों से अपनी कुटिया में प्रतीक्षा कर रही थी। जब भगवान राम लक्ष्मण और सीता के साथ उसकी कुटिया में आए तो उसने उन्हें आधे खाए हुए (जूठे) बेर भेंट किए। भगवान राम ने उसके इन जूठे बेरों को सहर्ष स्वीकार कर लिया, हालाँकि वह नीच जाति की थी।[2]

सवरी से जुड़ा एक अन्य मिथक भी है, जिसे काफी अलंकारपूर्ण भाषा में 'शिव पुराण' में वर्णित किया गया है। यह मिथक उपनिवेशीय काल में एक उपनिवेशीय जातीय इतिहासकार (नेसफील्ड, 1888, 15) द्वारा खोजा गया था। यह मिथक इस प्रकार है—

अर्जुन, जो 'महाभारत' के पाँच नायकों में शामिल हैं, कुछ समय के लिए शिव के 108 नामों का जप करने के लिए जंगल में चले गए थे। उनकी तपस्या को परखने के लिए भगवान ने उनके सामने एक जंगली सूअर छोड़ दिया। लेकिन जंगली जानवरों का शिकार करने की अपनी तीव्र चाह के बावजूद अर्जुन ने इस प्रलोभन में नहीं आए और तपस्या पूरी करने के बाद ही अपना धनुष और बाण उठाया। जंगली सूअर झाड़ियों में उनके आगे-आगे दौड़ता हुआ उन्हें एक साधु की कुटिया तक ले गया, जहाँ भगवान शिव और पार्वती सवर और सवरी (इस नाम के समुदाय के पुरुष

और स्त्री) के भेष में बैठे हुए थे। शिव के हाथ में एक गदाला थी, जबकि पार्वती ने सिर पर एक टोकरी उठा रखी थी। अर्जुन और सवर दोनों ही जंगली सूअर का पीछा करते हुए उसके शिकार में जुट गए। आखिर जब सूअर मारा गया तो यह विवाद पैदा हो गया कि उस पर किसका अधिकार था। इसके लिए अगले दिन दोनों के बीच मल-युद्ध के आयोजन का फैसला किया गया, जो उन दिनों विवादों के निपटारे का सामान्य तरीका था।

अगले दिन अर्जुन सवर के भेस में छिपे भगवान से सूर्यास्त तक मल-युद्ध करते रहे। आखिर उन्होंने प्रार्थना की कि उनकी तपस्या का समय हो गया है, इसलिए उन्हें मल-युद्ध छोड़कर जाना होगा। उनकी तपस्या इतनी पक्की थी कि तपस्या के दौरान उन पर यह प्रकट हो गया कि वे जिसके साथ मल-युद्ध करते रहे थे वह कोई सवर न होकर साक्षात् भगवान थे। वे कुटिया में लौटकर भगवान शिव के चरणों में गिर पड़े, जो वहाँ अब भी सवर के भेस में विराजमान थे। शिव ने प्रसन्न होकर उन्हें वरदान दिया, जिसके बाद अर्जुन अपने चारों भाइयों के पास लौट गए। साधु की इसी कुटिया में एक कन्या भी रहा करती थी, जिसके माता-पिता का कुछ पता न था। वह दिन भर साधु की सेवा में जुटी रहती थी और उनके लिए भोजन पकाती थी। एक दिन वह नहाने के बाद कुटिया में लौटी तो वहाँ शिव और पार्वती सवर और सवरी के भेस में बैठे हुए थे। जैसे ही भगवान शिव की दृष्टि उस कन्या पर पड़ी, वह गर्भवती हो गई और उसने दो जुड़वाँ बच्चों को जन्म दिया, एक लड़का और एक लड़की। इन दोनों बच्चों के अनगढ़ नयन-नक्श और काली रंगत को देखकर साधु ने सोचा कि वह एक पतित कन्या थी और किसी बनमानुष को अपना सतीत्व सौंपती रही थी। उसने उसे अपनी कुटिया से निष्कासित कर दिया।

इन्हीं दो बच्चों से मुसहर जनजाति की उत्पत्ति हुई, जिसके पुरुष आज भी गदाला का प्रयोग करते हैं और स्त्रियाँ टोकरी उठाए देखी जाती हैं। हालाँकि आजकल मुसहरों में सवरी की बजाय दियोसी या बनमानुष की स्मृति अधिक प्रचलित है, लेकिन सवरी को पूरी तरह नहीं भुलाया गया है। कुछ क्षेत्रों में विवाह के अवसर पर उसके सम्मान में धोती या कोई अन्य वस्त्र खरीदा जाता है और उसे मिठाई चढ़ाई जाती है। कहीं-कहीं उसे बनस्पति या बनसत्ती के नाम से कबीले की आराध्य देवी के रूप में भी जाना जाता है, जिसे सृष्टि की सर्वोच्च शक्ति के रूप में देखा जाता है। मुसहरों से उनके पूर्वजों के बारे में पूछा जाता है तो वे कभी-कभी अपने-आपको सवरी के वंश का बताते हैं। लेकिन उनकी जनजाति की उत्पत्ति को महान देवी माँ बनसत्ती से जोड़ा जाता है।

उत्तरी बिहार के मुसहरों में दीना-भदरी (Dina-Bhadri) का मिथक भी काफी लोकप्रिय है।[3] यह मिथक दीना-भदरी की काव्य (बिरहा) गाथा पर आधारित है और इस अंचल के लोक-नाट्यों का हिस्सा है। हालाँकि नई पीढ़ी में यह बिरहा अब

उतना लोकप्रिय नहीं रहा है, फिर भी इसे बड़ी दिलचस्पी के साथ सुना जाता है। यह एक लम्बी काव्य-गाथा है, जिसमें बहुत सी लड़ाइयों का जिक्र रहता है। इस बिरहा के एक प्रस्तुतकर्त्ता के अनुसार इस लड़ाई के 52 भाग थे। इस बिरहा में गरीब मजदूरों को अमीर जमींदारों के शोषण से बचाने वाले दीना और भदरी नामक दो भाइयों की बहादुरी का जिक्र रहता है। दीना छोटे और भदरी बड़े थे। उनके माता-पिता का नाम कालू और निरसौन था। उनका जन्म जोगिया नगर में हुआ था (जो अब बिहार के मधुबनी जिले के उत्तर-पूर्व में लदानिया प्रखंड का एक छोटा-सा गाँव है)। दोनों भाई बहुत 'वीर' थे। अपनी छोटी-सी जिन्दगी में उन्होंने कई लड़ाइयाँ लड़ीं और समुदाय की रक्षा के लिए अपने प्राण न्योछावर कर दिए। समुदाय के लोग उनका बड़ा मान करते थे। आज उन्हें दादा और बाबा के नाम से पुकारा जाता है, जिसका अर्थ है कि मुसहर उन्हें अपने पूर्वजों के रूप में आदर और श्रद्धा की दृष्टि से देखते हैं।

दोनों भाइयों को बचपन से ही बहुत से लोगों से टक्कर लेनी पड़ी। इसलिए 12 वर्ष की उम्र में ही वे महान योद्धा बन गए। वे मजदूरी करने की बजाय राज बेल्का के जंगल में शिकार करना पसन्द करते थे और क्रूर जमींदारों द्वारा सताए जाने वाले मजदूरों के अधिकारों के लिए लड़ा करते थे। उनका पहला बड़ा टकराव रुचौली राज्य के जमींदार के लठैत धामिया कनक सिंह के साथ हुआ। दूसरी बड़ी लड़ाई कंगालिया दुसाध के साथ हुई। वह एक ठेकेदार था और एक जमींदार के लिए 900 मुसहरों से जबरन काम करवा रहा था।

एक अन्य मामले में देवी बागेश्वरी दीना और भदरी के सपने में आईं। देवी ने उन्हें बताया कि लड़ी लड़वाड़ (Lari Larwar) में मुसहरों के साथ बड़ा जुल्म हो रहा था, जहाँ उनसे एक तालाब खुदवाया जा रहा था। खुदाई के काम में मुसहर हमेशा से बड़े कुशल माने जाते हैं। हंसराज और बंसराज नामक दो बलवान भाई इन मुसहर मजदूरों को एक-एक करके खत्म कर रहे थे और जमीन में गाड़ रहे थे, ताकि वे खुद ही यह खुदाई करके मजदूरों को मिलने वाले सारे पैसे हड़प सकें। समुदाय के सदस्यों की संख्या दिनोदिन कम हो रही थी। देवी ने दीना और भदरी से किसानों के भेस में वहाँ जाकर मजदूरों की रक्षा करने के लिए कहा। दीना और भदरी देवी की आज्ञा का पालन करते हुए वहाँ गए और उन्होंने हंसराज और बंसराज नामक उन दो हत्यारे भाइयों को मारकर मुसहर मजदूरों की जान बचाई।

दीना और भदरी की ये लड़ाइयाँ उत्तरी बिहार के तिरुहट या मिथिलांचल क्षेत्र में हुई थीं। आखिरी लड़ाई, जिसमें दोनों भाई शहीद हो गए, काटिया खाप में हुई थी, जो अब नेपाल के सतपदी जिले में पड़ता है। इस जगह पर अब दीना-भदरी का एक मन्दिर भी स्थित है। इस मन्दिर के बारे में यह कथा सुनने में आती है कि जब दीना और भदरी ने लड़ते-लड़ते अपने प्राण न्योछावर कर दिए, तो विद्रोह में उनका साथ

देने वाले मुसहर धामिया कनकसिंह के जमींदार मालिक के डर से काटिया खाप से भाग खड़े हुए। दीना और भदरी का दाह-संस्कार आसपास के कुछ चरवाहों (ग्वालों या यादवों) द्वारा सम्पन्न किया गया और उन्होंने ही इस मन्दिर का निर्माण किया।

मिथक, असन्तोष और विकास की धारा

ऊपर वर्णित मिथकों, बिरहों और लोक-वृत्तान्तों को कुछ लोकगायकों और मुसहर समुदाय के सदस्यों से संगृहीत किया गया है, जिन्हें इस समुदाय की आकांक्षाओं और इच्छाओं की अभिव्यक्ति का माध्यम माना जा सकता है। इस तरह, उनके वृत्तान्तों को समूचे समुदाय के सामूहिक मानस का प्रतिनिधि कहा जा सकता है। ये मिथक और किंवदन्तियाँ सभी मुसहरों में नहीं पाई जातीं बल्कि कुछ खास अंचलों तक सीमित हैं। मध्य उत्तर प्रदेश में सुल्तानपुर के आसपास के क्षेत्र में और उत्तर प्रदेश में पिपरी और मिर्जापुर में दियोसी का मिथक अधिक प्रचलित है, जबकि मध्य बिहार के गया और मगध अंचल में सवरी का मिथक अधिक प्रचलित है। उत्तरी बिहार के दरभंगा और मिथिलांचल में दीना-भदरी का मिथक अधिक लोकप्रिय है, जिसे खूब गाया, सुनाया और पूजा जाता है। ये तीनों मिथक और इनसे जुड़े जाति-नायक अब समुदाय के एकीकरण के लिए एक प्रभावशाली माध्यम बन चुके हैं।

इन तीनों मिथकों का विश्लेषण करके और इनके कथानकों की गहराई में जाकर हम यह समझ सकते हैं कि ये मुसहरों की समाज में बराबरी का दर्जा पाने की आकांक्षा को अभिव्यक्त करते हैं। इससे उन्हें आत्म-शक्ति और आत्म-सम्मान की भावना महसूस करने में भी मदद मिलती है। इन मिथकों के वर्णन और पुनर्वर्णन से उन्हें राष्ट्रीय विकास में भागेदारी पाने में भी मदद मिलती है। विभिन्न राजनीतिक पार्टियों ने भी समुदाय को चुनावी दृष्टि से एकजुट करने में इन मिथकों के महत्त्व को समझ लिया है। वे अब समुदाय द्वारा अपने जाति-नायकों के सम्मान में आयोजित मेलों और उत्सवों में बढ़-चढ़कर दिलचस्पी लेने लगी हैं और इनके माध्यम से उन तक अपने चुनावी सन्देश पहुँचाने लगी हैं।

आज के कमजोर, शक्तिहीन और सीधे-सादे मुसहरों के लिए, जो बड़ी मुश्किल से दो वक्त की रोटी जुटा पा रहे हैं, दियोसी का मिथक आत्म-गरिमा की भावना महसूस करने का एक महत्त्वपूर्ण माध्यम है। इस मिथक के अनुसार मुसहर दियोसी के वंशज हैं, जो एक शक्तिशाली राजा मकर का बेटा था। यादवों के साथ टकराव और दुश्मनी के कारण उन्हें जंगलों में शरण लेने के लिए बाध्य होना पड़ा और उनकी आज की दयनीय स्थिति के पीछे यही कारण है। दियोसी के इस मिथक के माध्यम से मुसहर यह बताना चाहते हैं कि एक तो वे एक शक्तिशाली और समृद्ध समुदाय से सम्बन्ध रखते थे, जिसका अपना एक बड़ा राज्य और राजपाठ था। दूसरे, उन्हें जंगलों में पाए जाने वाले विविध संसाधनों की गहरी जानकारी थी, जिन्हें उन्होंने

कुशलतापूर्वक अपनी आजीविका के साधनों में बदल लिया था। तीसरे, वे गदाला नामक एक विशिष्ट शस्त्र का प्रयोग करने में भी कुशल थे, जिसका आविष्कार स्वयं उन्होंने ही किया था। सिर्फ उन्हें ही इस शस्त्र का प्रयोग करना आता था। चौथे, वे एक बहादुर और योद्धा समुदाय थे और उन्होंने यादवों का डटकर मुकाबला किया था। इन लड़ाइयों में उन्होंने जंगली संसाधनों से बनाए गए हथियारों का इस्तेमाल किया था। पाँचवें, वे यह बताने की भी कोशिश करते हैं कि वे यादवों की बराबरी पर थे, जिन्हें आज एक शक्तिशाली मध्यजाति माना जाता है। वे कोई अछूत जाति नहीं थे, जैसा कि आज की उच्च वर्ण जातियाँ आमतौर से समझती हैं।

इस किंवदन्ती के माध्यम से मुसहर मुख्य रूप से इस तथ्य पर जोर देना चाहते हैं कि मुसहर और यादव पहले दोस्त हुआ करते थे, लेकिन बाद में दुश्मन बन गए। दियोसी को एक ऐसे व्यक्ति के रूप में चित्रित किया जाता है जो यादवों द्वारा मुसहरों की जमीन-जायदाद छीन लिये जाने और उन्हें जंगलों में खदेड़ दिए जाने के बाद यादवों की गायों पर निरन्तर हमले करते रहे। इस तरह इस मिथक के माध्यम से मुसहर आत्म-विश्वास और आत्म-सम्मान की भावना महसूस करते हैं और यह याद करते हैं कि समाज में कभी उनका बहुत अच्छा दर्जा था।

सवरी का मिथक मध्य बिहार में अधिक प्रचलित है।[4] यह 'रामायण' का एक लघु प्रसंग है, और नेसफील्ड के 'रामायण' के संस्करण में शामिल तक नहीं है। लेकिन मुसहर इस मिथक को अपनी जाति के गौरव, सामाजिक दर्जे और आत्म-विश्वास के साथ जोड़कर देखते हैं। इस पूरे क्षेत्र में सवरी के नाम पर विभिन्न उत्सवों का आयोजन और साथ ही स्मारकों और मन्दिरों का निर्माण किया जाने लगा है। सबसे पहला मन्दिर मगध अंचल के शंकरबीघा गाँव में एक छोटी-सी पहाड़ी पर निर्मित किया गया। एक अन्य मन्दिर घरैया (Gharaiya) में निर्मित किया गया। सीतामढ़ी में निर्मित एक बड़े मन्दिर की देखभाल कौशल्या देवी और राधो देवी नामक दो पुजारिनों के जिम्मे हैं। अन्य अधिकांश मन्दिरों में पुरुष पुजारी हैं। मुसहर इन मन्दिरों में नियमित रूप से और बड़े श्रद्धा भाव से आते हैं हालाँकि मुसहर मूलतः मांसाहारी हैं, लेकिन पूजा के दिन वे स्वच्छ वस्त्र धारण करते हैं और शाकाहारी भोजन करते हैं। वे यह भी दिखाने की कोशिश करते हैं कि वे सवरी देवी की उसी तरह पूजा करते हैं जैसे उच्च वर्ण जातियाँ दुर्गा की पूजा करती हैं।[5]

सवरी की स्मृति में मेलों का आयोजन भी किया जाता है। इन मेलों में भगवान राम और लक्ष्मण को बेर खिलाती हुई सवरी की मूर्तियाँ स्थापित की जाती हैं। कई जगह इस मूर्ति की झाँकी भी निकाली जाती है, ताकि गाँव में अन्य जातियों के लोग यह समझ सकें कि मुसहर (जिन्हें इस क्षेत्र में 'भुइया' भी कहा जाता है) अछूत नहीं हैं और भगवान राम ने सवरी के हाथ के बेर खाए थे। वे यह भी बताने की कोशिश करते हैं कि उनके समुदाय में भी ऋषि-मुनि पैदा हो चुके हैं। 1988 में गया में

समुदाय के कुछ सदस्यों द्वारा 'ग्राम निर्माण केन्द्र' नामक एक संस्था की स्थापना के बाद इस मिथक को समुदाय के विकास का माध्यम बनाने की सम्भावना की पुष्टि हो गई। समुदाय के इन सदस्यों का खयाल था कि जहाँ अन्य जातियाँ विकास की राह पर चल पड़ी हैं, वहीं मुसहर काफी पीछे रह गए हैं। उन्होंने इस मिथक को समुदाय को सुदृढ़ बनाने के मंच के रूप में प्रयोग किया और अब, 1988 के बाद से, इस मन्दिर के पास नियमित रूप से एक मेले का आयोजन किया जाने लगा है।

वजीरगंज प्रखंड के कोआमाथ (Kowamath) में आयोजित पहले मेले में समुदाय के लगभग 6,000 लोग शामिल हुए। 1989 में गड़ेरिया, भिंदास और बागधा में भी आयोजित इसी तरह के मेलों में हर बार लगभग 3,000 लोग शामिल हुए।[6] बिहार के उत्तरी अंचलों में प्रचलित दीना-भदरी के मिथक के विश्लेषण से पता चलता है कि ये दोनों भाई गरीब मुसहरों के अधिकारों के लिए लड़े थे, जिन्हें बँधुआ मजदूर की तरह काम करने के लिए बाध्य किया जा रहा था। उनकी लड़ाई जमींदारों द्वारा एक उपेक्षित जाति के शोषण और दमन के खिलाफ लड़ाई थी, जो तरह-तरह के सामन्ती बन्धनों में जकड़ी हुई थी। मुसहरों का मानना है कि यह बिरहा मात्र एक बिरहा न होकर दीना-भदरी की इतिहास-कथा है। इस बिरहा के अनुसार, जिस तरह राम और लक्ष्मण बुराई का नाश करने के लिए पृथ्वी पर आए थे, उसी तरह इस क्षेत्र के लोगों का दुख दूर करने के लिए दीना और भदरी ने जोगिया नगर में जन्म लिया था। उनमें इन्द्र और देवी बागेश्वरी जैसी दैवी शक्तियों को चुनौती देने का भी साहस था, जो जमींदारों और उनके दरबानों का साथ दे रहे थे। दरबानों का उल्लेख बहुत महत्त्वपूर्ण है, क्योंकि वे दीना-भदरी और जमींदारों के बीच एक दीवार की तरह थे। इस मिथक में सामन्तशाही और बँधुआ मजदूरी के विरोध में और किसानों के पक्ष में मौजूद सशक्त तत्त्वों के कारण इसे मुसहरों के एकीकरण के लिए बड़े प्रभावी ढंग से इस्तेमाल किया जा सकता है। यह तथ्य कि दीना और भदरी मजदूरों के अधिकारों के लिए लड़े थे, उन्हें इस क्षेत्र के सभी उपेक्षित और शोषित किसानों की नजरों में नायक का दर्जा प्रदान कर देता है। मुसहर जब भी इस मिथक को याद करते हैं तो वे जमींदारों के हाथों अपने शोषण के इतिहास को भी याद करते हैं।

दीना-भदरी का मिथक कई तरीकों से मुसहरों की स्मृति का अंग बना रहा है। इस मिथक का प्रतीक हर मुसहर के घर में देखा जा सकता है। हर मुसहर के टोल (Tol) यानी घर के बाहर और कभी-कभी घर के ठीक सामने मिट्टी का एक चौकोर मंच या चबूतरा बना रहता है, जो 3 से 5 फीट चौड़ा होता है। इसमें लगभग 30 फीट लम्बे दो बाँस गड़े रहते हैं, जो एक-दूसरे के समानान्तर और थोड़ी दूरी पर होते हैं। इसे 'दीना-भदरी स्थान' कहा जाता है, जिसके दो बाँस दो महान योद्धाओं दीना और भदरी के प्रतीक होते हैं। मिथिलांचल (उत्तरी बिहार) क्षेत्र में इन बाँसों को देखकर

किसी मुसहर के घर का पता लगाया जा सकता है।[7]

दीना-भदरी के सम्मान में कई मुसहर गाँवों में दीना-भदरी मन्दिर भी निर्मित किए गए हैं। एक दिलचस्प तथ्य यह है कि इस तरह का सबसे पहला मन्दिर काटिया खाप (अब नेपाल के सतपदी जिले में) में यादवों द्वारा निर्मित किया गया था। यह वह जगह है जहाँ दीना और भदरी किसानों के लिए लड़ते-लड़ते शहीद हो गए थे। चूँकि उनकी मृत्यु के बाद सभी मुसहर जमींदार के डर से भाग खड़े हुए थे, इसलिए उनका अन्तिम संस्कार कुछ चरवाहों (ग्वालों या यादवों) द्वारा सम्पन्न किया गया था। उन्होंने ही इस मन्दिर का निर्माण भी किया था। हर वर्ष आषाढ़ (अगस्त-सितम्बर) के महीने में यहाँ बहुत बड़े मेले का आयोजन किया जाता है, जिसमें क्षेत्र के सभी लोग भाग लेते हैं। इस मेले के दौरान लगातार पाँच रातों तक दीना-भदरी का बिरहा गाया जाता है। इसमें चार से पाँच गायक मृदंग, झाल और हारमोनियम के साथ भाग लेते हैं। बिरहा विशुद्ध मैथिली भाषा में होता है, लेकिन इससे जुड़ी कथा हिन्दी और मैथिली की मिली-जुली भाषा में सुनाई जाती है।

इस बिरहा के लिए तीन भिन्न-भिन्न शैलियों का प्रयोग किया जाता है। पहली है मरौती (Marauti) जिसे गीतों के माध्यम से दीना-भदरी की गतिविधियों और लड़ाइयों के काव्यात्मक वर्णन के लिए प्रयोग किया जाता है। दूसरी है जगर (Jagar), जिसमें उनकी जीवन-गाथा एक कथा के रूप में सुनाई जाती है। और तीसरी है झूमर (Jhoomar), जिसे बीच-बीच में मूड बदलने के लिए प्रयोग किया जाता है। मरौती और जगर की कथा-वस्तु में कोई अन्तर नहीं होता, सिर्फ उनके स्वरूप और शैली में अन्तर होता है। दूसरी तरफ, झूमर गायकी की एक तेज और धड़ाकेदार शैली है, जिसमें देवी-देवताओं के साथ-साथ नदियों, पर्वतों और अन्य प्राकृतिक धरोहरों का वर्णन रहता है। इन झूमरों को 'कमल का झूमर' या 'कोसी का झूमर' जैसे नामों से जाना जाता है।[8] इन बिरहों के अलावा दीना-भदरी की जीवन-कथा पर नाटकों का मंचन भी किया जाता है, जिनमें उनके शौर्य और पराक्रम को प्रदर्शित किया जाता है। समय-समय पर इन नाटकों के मंचन से मुसहर समुदाय में दीना-भदरी की स्मृति फिर से ताजा होती रहती है।[9]

इस तरह दीना-भदरी का मिथक मुसहरों के लिए मात्र मनोरंजन का साधन न होकर उनकी संस्कृति का प्रतिबिम्ब है। इस मिथक को उत्सवों, रीति-रिवाजों, बिरहों और लोक-संस्कृति के अन्य माध्यमों से जोड़ दिए जाने के कारण इसकी स्मृति हमेशा सजीव रहती है। इस बार-बार के पुनर्स्मरण के कारण यह समुदाय की सामूहिक स्मृति का अंग बन चुका है। साथ ही, इस मिथक में वास्तविक स्थानों के सन्दर्भों के कारण इन स्थानों पर स्मारकों और मन्दिरों का निर्माण करना या मेलों और उत्सवों का आयोजन करना भी सम्भव हो जाता है। दीना और भदरी का राम और लक्ष्मण के अवतारों के रूप में वर्णन और 'रामायण' की लघु पात्रा सवरी का प्रसंग

समुदाय में सामाजिक आत्म-विश्वास की भावना पैदा करता है। यह उत्तर भारत के सामयिक सामाजिक परिदृश्य में उनकी पहचान का एक महत्त्वपूर्ण तत्त्व बन चुका है। समय के साथ और समुदाय की सामूहिक आकांक्षाओं के अनुरूप इस तरह के मिथकों के स्वरूप और कथावस्तु में धीरे-धीरे कुछ परिवर्तन भी आते रहते हैं। ऐसा माना जाता है कि छोटी परम्पराएँ बड़ी परम्पराओं में मिल जाना चाहती हैं। लेकिन हम अकसर भूल जाते हैं कि एक अन्य प्रक्रिया भी होती है, जिसके अन्तर्गत उपेक्षित समुदाय अपनी सामाजिक स्थिति, मूल्यों और आचार-संहिता को परिभाषित करने के लिए बड़ी परम्पराओं के प्रतीकों का प्रयोग करते हैं। उदाहरण के लिए, दीना और भदरी को राम और लक्ष्मण के अवतार मानकर उपेक्षित मुसहर यह स्थापित कर सकते हैं कि उनके समुदाय में भी वीर पुरुष पैदा हुए हैं, जो दबी-कुचली जातियों के उद्धार के लिए उसी तरह लड़े थे जैसे राम और लक्ष्मण रावण के खिलाफ लड़े थे। दूसरी तरफ, सवरी के अछूत होते हुए भी राम और लक्ष्मण द्वारा उसके जूठे बेर खाए जाने के प्रसंग का हवाला देकर समुदाय के लोग अस्पृश्यता के कलंक से मुक्त हो सकते हैं और समाज की अन्य जातियों के बीच एक सम्मानजनक दर्जा पाने की आकांक्षा कर सकते हैं।

इन मिथकों के वर्णन और पुनर्वर्णन से मुसहर समाज में अपनी उपेक्षित स्थिति से मुक्त हो सकते हैं और इसे ऊँची जातियों के दमन का परिणाम मानकर विकास की प्रक्रिया का हिस्सा बन सकते हैं। इसका एक उदाहरण गाँवों में निकाली जाने वाली सवरी की झाँकी है, जिसमें यह दिखाकर कि खुद भगवान राम ने सवरी के जूठे बेर खाकर समाज में उसकी बराबर की स्थिति की घोषणा की थी, ऊँची जातियों को इस समुदाय को अछूत न मानने का सन्देश दिया जाता है। गाँवों में जगह-जगह दीना-भदरी को समर्पित 'चौरसों' (मंचों या चबूतरों) के निर्माण में भी यही आकांक्षा झलकती है। आमतौर से ऐसा माना जाता है कि सांस्कृतिक पूँजी जहाँ ऊपरी छोर के वर्गों की ऊँची स्थिति को बरकरार रखने की भूमिका निभाती है, वहीं निचले छोर के लोगों की आकांक्षाओं को सीमित करने, भेद-भाव को प्रोत्साहित करने और गतिशीलता को अवरुद्ध करने का काम करती है। लेकिन मुसहरों के मामले में इस सांस्कृतिक पूँजी का इस्तेमाल ब्राह्मणवादी व्यवस्था को ध्वस्त करने और समुदाय के लिए समाज में बराबरी का दर्जा प्राप्त करने के लिए किया जा रहा है। मुसहर इन प्रयासों के माध्यम से यह भी दिखाने की कोशिश कर रहे हैं कि ऊँची जातियों के षड्यंत्र के कारण ही वे अपनी वर्तमान स्थिति में पहुँचे हैं, हालाँकि कभी वे न सिर्फ दूसरों के बराबर समझे जाते थे बल्कि शासन भी किया करते थे। वे इन मिथकों को सिर्फ कथाओं के रूप में प्रस्तुत न करके इन्हें वर्तमान सामाजिक, सांस्कृतिक और राजनीतिक परिवेश में समुदाय के सामाजिक-सांस्कृतिक-राजनीतिक आख्यान के रूप में देख रहे हैं। इससे समुदाय को अपना आत्म-विश्वास बटोरने में भरपूर मदद मिल रही है।

यह आत्म-विश्वास न सिर्फ उनकी पहचान की स्थापना में मदद कर रहा है, बल्कि उनमें सामाजिक समानता और आत्म-सम्मान की भावना पैदा करके उन्हें प्रदेश की विकास प्रक्रिया के साथ भी जोड़ रहा है। इस तरह हम देख सकते हैं कि मुसहरों के उपेक्षित समुदाय में आत्म-विश्वास जगाने, उनमें सामाजिक समानता की भावना पैदा करने और उनमें विकास प्रक्रिया के साथ जुड़ने की आकांक्षा का संचार करने में उनके इन मिथकों और इनसे जुड़े उत्सवों और समारोहों की कितनी महत्त्वपूर्ण भूमिका रही है।

समुदाय की युवा पीढ़ी अपने और अपने समुदाय के भविष्य को लेकर पुरानी पीढ़ी से कहीं ज्यादा उत्साहित है। वह अपने मिथकों, किंवदन्तियों, और जाति-नायकों को लेकर, इन्हें अपने सामाजिक आत्म-विश्वास और विकास का माध्यम बनाने की सम्भावनाओं को लेकर कहीं ज्यादा जागरूक है। समुदाय की सांस्कृतिक पूँजी में छिपी सम्भावनाओं को टटोलने और उन्हें सामयिक जरूरतों के अनुरूप ढालने का काम मुख्य रूप से यही पीढ़ी कर रही है। यहाँ हमने मुसहर समुदाय के मिथकों, किंवदन्तियों और जाति-नायकों से जुड़े जितने भी वृत्तान्त प्रस्तुत किए हैं, वे हमें अधिकांशतः उनकी युवा पीढ़ी से प्राप्त हुए हैं। लेकिन इसका अर्थ यह भी नहीं है कि पुरानी पीढ़ी इस प्रक्रिया में शामिल नहीं है। वह इन युवाओं के लिए परामर्शदाता और मार्गदर्शक की भूमिका निभाने के साथ-साथ सांस्कृतिक पूँजी की उनकी जानकारी के आधार में मौजूद कमियों को भी पूरा करने का काम कर रही है।

प्रजातांत्रिक प्रक्रियाएँ, सामाजिक स्वीकृति और राजनीति

देश में प्रजातांत्रिक प्रक्रिया के बढ़ते दबाव को देखते हुए सभी छोटे-छोटे समुदायों में इस प्रक्रिया का हिस्सा बनने की उत्कंठा जाग उठी है। राजनीतिक पार्टियों के लिए भी इन लघु समुदायों को अपने वोट-बैंकों में बदलने की बाध्यता पैदा हो गई है। अगर हम विगत कुछ वर्षों में हुए चुनावों से ठीक पहले विभिन्न राजनीतिक पार्टियों के चुनावी आख्यानों का विश्लेषण करें तो पाएँगे कि ये विभिन्न समुदायों के मिथकों, किंवदन्तियों और प्रतीकों के सन्दर्भों से भरे पड़े हैं। इन चुनावी आख्यानों में इस तरह की भाषा प्रयोग की जाती है जो सम्बन्धित पार्टी के राजनीतिक एजेंडे में फिट होने के साथ-साथ लक्षित समुदाय की आशाओं और आकांक्षाओं पर भी खरी उतर सके। लघु समुदायों में जागरूकता के बढ़ते स्तर और अपनी पहचान को लेकर उनकी प्रबल भावनाओं को देखते हुए राजनीतिक पार्टियाँ उन्हें उनके अपने मिथकों और किंवदन्तियों के सन्दर्भ देकर सम्बोधित करने के लिए बाध्य हो गई हैं।

पहले जब लघु समुदायों में यह जागरूकता काफी कम दिखाई देती थी तो उन्हें सम्बोधित करने के लिए एक समग्र और वृहत् चुनावी भाषा का प्रयोग किया जाता था, जिसमें उनकी आधारभूत जरूरतों को पूरा करने के वायदे रहते थे। लेकिन इन

समुदायों में अपनी पहचान और आत्म-सम्मान को लेकर विकसित हुई भावनाओं को देखते हुए चुनावी आख्यानों की भाषा में एक बड़ा परिवर्तन दिखाई देने लगा है। अब यह भाषा हरेक समुदाय के अपने-अपने मिथकों, किंवदन्तियों, नायकों और प्रतीकों से बहुत गहराई से जुड़ी होती है।

समुदाय के सदस्यों द्वारा अपने जाति-नायकों की स्मृति में आयोजित मेले और उत्सव सभी राजनीतिक पार्टियों के लिए समुदाय के एकीकरण के लिए एक सुनहरा अवसर होते हैं। मुसहरों के मामले में यह बात संसदीय चुनावों से कुछ पहले 2003 में 'सवरी मेलों' के दौरान देखी गई, जब मुसहर समुदाय द्वारा आयोजित इन मेलों का विभिन्न राजनीतिक पार्टियों ने भरपूर लाभ उठाया। एक दिलचस्प तथ्य यह है कि ये पार्टियाँ इन मेलों का आयोजन न करके इनमें सिर्फ भाग लेती हैं और जेनरेटर इत्यादि सुविधाओं का प्रबन्ध करके उनकी मदद करती हैं। अपने चुनावी भाषणों में सबरी का उल्लेख करके वे समुदाय के लोगों को अपनी राजनीतिक छत्रच्छाया में लाने की कोशिश करती हैं।[10]

बिहार के मुसहर-बहुल अंचलों में, जहाँ सबरी का मिथक काफी लोकप्रिय है, इस तरह के बहुत से उदाहरण देखे जा सकते हैं। वजीरगंज के पुनामा गाँव में आयोजित एक जनसभा में राष्ट्रीय जनता दल (आर.जे.डी.) के सांसद रामजी माझी, जो मुसहर समुदाय से हैं, ने सबरी की एक झाँकी की स्थापना का शुभारम्भ किया। इस अवसर पर भाजपा के कुछ सदस्य भी उपस्थित थे। भाजपा नेता सुशील कुमार मोदी ने सभा को सम्बोधित करते हुए कहा कि सबरी के सभी वंशजों को रामकाज (राम के अपूर्ण कार्य) में मदद करनी चाहिए। इसका एकमात्र तरीका यह था कि वे भाजपा का समर्थन करके उसके संघर्ष में उसकी मदद करें।[11]

नवादा (Navada) प्रखंड के नरदीगंज गाँव में आयोजित मुसहरों की एक अन्य सभा में बहुत ज्यादा दिलचस्पी दिखाते हुए आर.जे.डी. ने इसके आयोजन के लिए वित्तीय मदद दी थी। आर.जे.डी. विधायक जीतन माँझी ने बड़े उत्साह के साथ इस मेले में भाग लिया। इस अवसर पर 'सबरी परिवार मंच' ने भी वहाँ एक सभा की।[12]

परयन (Paraian) प्रखंड के सरबदीपुर गाँव में भी लोक शक्ति शिक्षण केन्द्र द्वारा ऐसी ही एक सभा आयोजित की गई, जिसमें सांसद रामजी माँझी समेत भाजपा के कई सदस्य शामिल हुए।[13] बेलागंज गाँव में एक बड़े सबरी मेले का आयोजन किया गया, जिसमें भाजपा और आर.जे.डी. दोनों पार्टियों के सदस्यों ने भाग लिया।[14] एक अन्य मेला दलित चेतना ट्रस्ट और कुछ सामाजिक कार्यकर्ताओं द्वारा बाराचेत्ती प्रखंड के गोसाईपेसरा में आयोजित किया गया, जिसमें मुसहर समुदाय के लोग बड़ी संख्या में शामिल हुए।[15]

मुसहरों को लुभाने के लिए भाजपा भी दीना-भदरी के मिथक का खुलकर प्रयोग कर रही है। जैसा कि पहले कहा जा चुका है, अपने प्रलोभन को प्रभावी बनाने

के लिए यह दीना और भदरी को राम और लक्ष्मण के अवतारों के रूप में चित्रित कर रही है, जो समाज की दानवी शक्तियों के साथ उसी तरह लड़े थे जैसे राम और लक्ष्मण रावण के खिलाफ लड़े थे। पार्टी इस बात पर खास जोर देती है कि क्योंकि वह राम और लक्ष्मण के उद्देश्य और मिशन के लिए संघर्ष कर रही है, इसलिए मुसहरों को पार्टी के इस सामाजिक-सांस्कृतिक और राजनीतिक अभियान में मदद करनी चाहिए। एक दिलचस्प तथ्य यह है कि भाजपा दीना-भदरी के मिथक के सिर्फ उन्हीं अंशों की व्याख्या पर जोर दे रही है जो गौ-रक्षा से जुड़े हुए हैं। ठेकेदारों और उनके आदमियों के खिलाफ नोनिया और बेलदारों के संघर्ष पर वह उतना ध्यान नहीं दे रही है। मिथक के ये हिस्से वामपन्थियों और अन्य श्रमिक-समर्थक क्रान्तिकारी शक्तियों के लिए मुसहरों को एकजुट करने के लिए बहुत प्रभावशाली माध्यम साबित हो सकते थे। लेकिन बड़े खेद की बात है कि उन्होंने इन सांस्कृतिक संसाधनों के महत्त्व को नहीं पहचाना है। दूसरी तरफ, हिन्दुत्ववादी शक्तियाँ बड़ी होशियारी से स्थानीय मिथकों, परम्पराओं और लोककथाओं के उन अंशों का प्रयोग कर रही हैं जो उनकी राजनीतिक विचारधारा के साथ मेल खाते हैं, या थोड़ा फेर-बदल करके इसके खाँचे में फिट किए जा सकते हैं, और इन उपेक्षित समुदायों को एकजुट करने का माध्यम बन सकते हैं। इस अध्याय में हमने देखा है कि दीना-भदरी की कथा के सिर्फ एक अंश या प्रसंग को, जो दलित-मिथकों के भगवाकरण और उन्हें एक व्यापक हिन्दुत्व-आख्यान (हिन्दुत्व मेटा-नरेटिव) के साथ जोड़ने के राजनीतिक एजेंडे के अनुरूप बैठता है, किस तरह बढ़ा-चढ़ाकर और नाटकीय अन्दाज में प्रस्तुत किया जा रहा है।

इस तरह, देश के प्रजातांत्रिक मंच के विस्तार के साथ, समाज के हाशिए पर पड़े अधिकाधिक उपेक्षित समुदायों की सांस्कृतिक पूँजी उनकी पहचान की स्थापना का अभिन्न अंग बनती जा रही है, जैसा कि उत्तर भारत की गंगा पट्टी में बसे उपेक्षित अछूत समुदाय मुसहरों के मामले में देखा जा रहा है। इन समुदायों के प्रतीकों और मिथकों की पुनर्व्याख्या के माध्यम से जहाँ हिन्दू वंशावली में उनकी सामाजिक स्थिति को गौरवान्वित करने के प्रयास हो रहे हैं, वहीं इनके माध्यम से उच्च वर्णों के दबदबे को भी चुनौती दी जा रही है। इस तरह यह बिल्कुल स्पष्ट है कि ये समुदाय स्वयं ही इन मिथकों के प्रयोग के माध्यम से अपने विकास की परियोजनाओं में जुटे हुए हैं। लेकिन इसके साथ-साथ राजनीतिक पार्टियाँ भी इन्हीं मिथकों और समुदायों में मौजूद अन्य सम्भावनाओं का चुनावी राजनीति से जुड़े अपने हितों के लिए उपयोग कर रही हैं। यह इस तथ्य से भी स्पष्ट है कि हिन्दुत्ववादी शक्तियाँ इन मिथकों और लोक-परम्पराओं के सिर्फ उन्हीं अंशों पर जोर दे रही हैं जिन्हें ब्राह्मणवादी धर्मग्रन्थों और पुराणों, खासकर 'रामायण', से जोड़ा जा सकता है। बिहार और उत्तर प्रदेश के विभिन्न अंचलों के मुसहरों में प्रचलित दियोसी, सबरी और दीना-भदरी के

मिथकों में समुदाय के सशक्तीकरण, सामाजिक सम्मान और विकास का माध्यम बनने की पर्याप्त सम्भावनाएँ हैं, लेकिन हिन्दुत्ववादी शक्तियाँ दलित समुदायों के हिन्दूकरण के अपने वृहत् एजेंडे के अन्तर्गत इन मिथकों की भगवाकृत पुनर्व्याख्या और पुनर्वर्णन के प्रयासों में जुटी हुई हैं। इसी एजेंडे के अन्तर्गत मन्दिरों, रीति-रिवाजों, उत्सवों, मेलों और जाति-नायकों के चित्रों और मूर्तियों के रूप में इन उपेक्षित समुदायों के मिथकों को धीरे-धीरे उच्च वर्ण हिन्दुओं के मिथकों और नायकों की छवियों में ढाला जा रहा है।

इस तरह, धीरे-धीरे मॉब्लिाइजेशन की एक ऐसी भाषा सामने आ रही है जो इन मिथकों, किंवदन्तियों और जाति-नायकों के सन्दर्भों से भरी हुई है। ऊपर-ऊपर से इन समुदायों की अस्मिता और गौरव को उभारने वाली यह भाषा अन्दर-ही-अन्दर इन प्रतीकों की ऐसी पुनर्व्याख्या से जुड़ी हुई है जो हिन्दुत्व के राजनीतिक एजेंडे से मेल खाती हो। इस तरह, मुसहरों को चुनावी दृष्टि से लुभाने के उद्देश्य से हिन्दुत्ववादी शक्तियाँ इन मिथकों से जुड़ी स्मृति को एक सच्चाई के रूप में फिर से गढ़ने के प्रयास में जुटी हुई हैं।

टिप्पणियाँ

1. राम समुझ के साथ मौखिक भेंटवार्ता, गाँव पिजरी, जिला मिर्जापुर।
2. रामराज माँझी के साथ मौखिक भेंटवार्ता, मंझोली गाँव, वजीरगंज प्रखंड, गया जिला।
3. जोगेसर सदाई के साथ मौखिक भेंटवार्ता, गाँव मैना राही फुल्काही टोल, प्रखंड मध्यापुर, झाँझरपुर के नजदीक, जिला मधुबनी
4. रामराज माँझी के साथ भेंटवार्ता।
5. रामराज माँझी के साथ भेंटवार्ता।
6. धनंजय कुमार की फील्ड डायरी, देशकाल, नवम्बर 2004
7. धनंजय कुमार की फील्ड डायरी, देशकाल, नवम्बर 2004
8. धनंजय कुमार की फील्ड डायरी, देशकाल, नवम्बर 2004
9. धनंजय कुमार की फील्ड डायरी, देशकाल, नवम्बर 2004
10. फील्ड दौरा, बद्री नारायण, अप्रैल 2005
11. राम औतार के साथ मौखिक भेंटवार्ता, पुनामा, वजीरगंज
12. त्रिलोकी लाल के साथ मौखिक भेंटवार्ता, गाँव नरदीगंज, प्रखंड नवादा।
13. किशनलाल के साथ मौखिक भेंटवार्ता, गाँव सरबदीपुर, प्रखंड परयन।
14. रामजी के साथ मौखिक भेंटवार्ता, गाँव बेलागंज।
15. शामलाल के साथ मौखिक भेंटवार्ता, गोसाईपेसरा, प्रखंड बाराचेत्ती।

एक दलित नायक का भगवाकरण
उत्तरी बिहार के सलहेस की कथा

हर युग में राम आते हैं।

—स्वामी प्रपन्नाचार्य

माघ मेला, प्रयाग, 2003

जैसा कि पिछले अध्यायों में विस्तार से चर्चा की गई है, दलित स्मृतियों में घुसपैठ करके उनका भगवाकरण करने के लिए हिन्दुत्ववादी शक्तियाँ दलित समुदायों के नेताओं को प्रान्तीय और राष्ट्रीय राजनीति में प्रतिनिधित्व देने के साथ-साथ उनकी मौखिक परम्पराओं में मौजूद सांस्कृतिक प्रतीकों और लोक-नायकों की पुनर्व्याख्या कर रही हैं। इस तरह, वे उत्तर भारत के स्थानीय समाजों को पुनर्परिभाषित कर रही हैं। हम यह भी देख चुके हैं कि हिन्दुत्ववादी शक्तियाँ उत्तरी भारत के कई क्षेत्रों में इन पुनर्मूल्यांकनों को किस तरह दलित समुदायों के एकीकरण के लिए इस्तेमाल कर रही हैं। इन शक्तियों की सफलता का एक कारण यह भी है कि ये दलित समुदाय स्वयं भी प्रभुत्वशाली शक्तियों द्वारा स्वीकार कर लिया जाना चाहते हैं। लेकिन प्रभुत्वशाली शक्तियों द्वारा अपना लिये जाने की यह आकांक्षा कोई सीधा-सादा गणित नहीं है। यह एक बहुत उलझी हुई प्रक्रिया है, जिसमें उन्हीं लोगों के खिलाफ नकार और विद्रोह की भावना भी दिखाई देती है जिनके द्वारा वे अपना लिया जाना चाहते हैं। यह प्रक्रिया उत्तर भारत के गाँवों में बसे दलितों के सांस्कृतिक जीवन की कुछ मौखिक अभिव्यक्तियों में बिलकुल साफ दिखाई देती है। उत्तरी उत्तर प्रदेश और भोजपुरी अंचल के चमारों की भाषा के अध्ययन (तिवारी, 1998) से पता चलता है कि उनकी मौखिक परम्पराओं में वृहत् परम्परा द्वारा अपना लिये जाने की बहुत ज्यादा आकांक्षा झलकती है, जिसके लिए वे वृहत् परम्परा के प्रत्युत्तर में और उसके समानान्तर अपनी एक संस्कृति गढ़ने की कोशिश करते हैं। इस प्रक्रिया में इस वृहत् और महान परम्परा के भीतर अपने लिए करुणा और सहानुभूति पैदा करके थोड़ी जगह बनाने की कोशिश भी दिखाई देती है।

लेकिन उनकी मौखिक संस्कृति में उसी व्यापक परम्परा के खिलाफ विद्रोह की

एक भावना भी दिखाई देती है जिसकी वे स्वीकृति पाना चाहते हैं, भले ही यह विद्रोह एक महीन आवरण में लिपटा हुआ हो। उदाहरण के लिए उनकी प्रार्थनाएँ, जो उनकी युगों पुरानी अधीनता के कारण करुणा से भरी हुई हैं, कभी-कभी विरोध का पुट भी लिये रहती हैं (तिवारी, 1998, 179)। यह भावना निम्नलिखित पंक्तियों में बिल्कुल साफ दिखाई देती है—

आज साहेब हमारे घर आए हैं
हमारे दीनदयाल आए हैं

बनवारी हम ही पर निर्दयी हैं
अपने पैरों से छूकर उन्होंने गौतम की पत्नी अहल्या का उद्धार कर दिया
कृष्ण ने सुदामा की निर्धनता मिटा दी
लेकिन हमारे साथ निर्दयी ही रहे बनवारी[1]

इन पंक्तियों से पता चलता है कि चमार अपनी दयनीय स्थिति को अभिव्यक्त करने के लिए किस तरह उच्च वर्णों के भगवान की तरफ देखते हैं। वे उसे 'साहेब' कहकर सम्बोधित करते हैं। यह शब्द आमतौर से उन छोटे-मोटे सरकारी अधिकारियों के लिए इस्तेमाल किया जाता है जिनसे उनका रोज वास्ता पड़ता रहता है, उदाहरण के लिए अमीन, चौकीदार, दफादार, पुलिसकर्मी इत्यादि। ऊँची जातियों के अपने मालिकों के लिए भी वे इसी शब्द का इस्तेमाल करते हैं, जिनकी वे सामाजिक-सांस्कृतिक स्वीकृति पाना चाहते हैं। 'साहेब' शब्द उन लोगों को सम्बोधित करने के लिए इस्तेमाल किया जाता है जो सामाजिक और सांस्कृतिक दर्जे में उनसे ऊपर होते हैं या जो उनके सम्मानित गुरु या नेता होते हैं, जैसे कि कबीर और कांशीराम। उनकी लोक-संस्कृति में ऐसे बहुत से उदाहरण मिलते हैं जिनमें वे 'साहेब' में विलीन होकर उसके साथ एकरूप हो जाना चाहते हैं। यह शब्द आध्यात्मिक और राजनीतिक दोनों तरह के गुरुओं/नेताओं के लिए इस्तेमाल किया जाता है। यह उनसे वरिष्ठ लोगों का सूचक है। लेकिन उच्च जातियों की सहानुभूति और स्वीकृति पाने की आकांक्षा के बावजूद इन जातियों के देवी-देवताओं के प्रति विद्रोह की एक भावना भी दिखाई देती है। जैसा कि निम्नलिखित पंक्तियों से स्पष्ट है, वे ब्रह्मा का सर फोड़ने का विचार तक करने लगते हैं—

अरे मछिंदर,[2] *...नाच ताल पर नाच*
तोड़ दे ब्रह्मा का सिर

—तिवारी, 1998

जिन लोगों ने इन समुदायों को उपेक्षित बनाने में महत्त्वपूर्ण भूमिका निभाई उन्हीं की स्वीकृति पाने की आकांक्षा और साथ ही उनके खिलाफ विद्रोह की यह विरोधाभासपूर्ण मनोस्थिति सामान्य तौर पर दलित समुदायों की सांस्कृतिक अभिव्यक्तियों में ही नहीं, बल्कि उनकी राजनीतिक अभिव्यक्ति में भी दिखाई देती है, जैसा कि बहुजन समाज पार्टी (बहुजन समाज पार्टी) के मामले में देखा जा सकता है। 2007 के विधानसभा चुनावों में ब्राह्मणों द्वारा बहनजी मायावती को सम्मानित किए जाने से बहुजन समाज पार्टी कार्यकर्ता बेहद खुश थे, हालाँकि बहुजन समाज पार्टी की समूची दलित राजनीति इन्हीं ब्राह्मणों के खिलाफ रही है (तिवारी, 1998)। उन्हीं लोगों द्वारा स्वीकृति की आकांक्षा, जिन्होंने उनका बहिष्कार और दमन किया था, दलितों को एक ऐसे विद्रोहात्मक प्रतिनिधित्व की तरफ ले जाती है जो कभी-कभी उन्हें उन्हीं मूल्यों, आचार-संहिताओं और सांस्कृतिक व्यवस्थाओं को स्वीकार करने के लिए प्रेरित कर देता है जिन्होंने कभी उनका दमन किया था।

दलित समुदायों में मौजूद इस विरोधाभास की गहरी जानकारी के कारण हिन्दुत्ववादी शक्तियों के लिए उनके सांस्कृतिक प्रतीकों की अपने ढंग से व्याख्या करना आसान हो जाता है, जिन्हें वे उनकी विद्रोही भावनाओं को नियंत्रित करने के लिए शक्तिशाली औजारों की तरह इस्तेमाल करते हैं। जातीय इतिहासों, मिथकों और जाति-नायकों से जुड़े इन सांस्कृतिक प्रतीकों की इस ढंग से पुनर्व्याख्या और पुनर्संरचना की जा रही है कि दलितों के मानस और स्मृतियों का भगवाकरण करके अन्ततोगत्वा उन पर राजनीतिक नियंत्रण हासिल किया जा सके।

जैसा कि पिछले अध्यायों से समझा जा सकता है, राजनीतिक शक्तियों की इन समुदायों के सांस्कृतिक जीवन में कुछ विशेष रुचि नहीं है। वे सिर्फ उनकी पहचान से जुड़े सांस्कृतिक तत्त्वों को राजनीतिक उत्पादों में बदलकर उनकी सामूहिक स्मृति को नियंत्रित करना चाहती हैं। ऊपरी स्तर पर बहुत रूखी दिखाई देने वाली राजनीति सामान्य तौर पर उतनी ही रचनाशील है, खासकर समुदायों की पहचान की स्थापना और इसके राजनीतीकरण के मामले में। इस पहचान की स्थापना की प्रक्रिया में अकसर परम्परागत आदिम स्मृतियों को झकझोरा जाता है और इन्हें केन्द्र में रखकर पार्टियों के राजनीतिक एजेंडे के अनुसार समुदायों की पहचान की पुनर्व्याख्या का प्रयास किया जाता है। यह प्रक्रिया उत्तर प्रदेश और बिहार की नई प्रजातांत्रिक राजनीति में देखी जा सकती है, खासकर भाजपा और बहुजन समाज पार्टी के मामले में, जैसा कि हम पिछले अध्यायों में जिक्र कर चुके हैं। आदिम पहचान को उभारने की यह प्रक्रिया पश्चिम बंगाल के मामले से बिल्कुल भिन्न है, जहाँ जैसा कि पार्थ चटर्जी ने अपने अध्ययन में लिखा है, समाज के कमजोर वर्गों तक विकास की नीतियों के लाभ पहुँचाने के लिए राज्य द्वारा परिभाषित विभिन्न श्रेणियों के अन्तर्गत

नई सामुदायिक पहचानें स्थापित हो रही हैं, उदाहरण के लिए बीपीएल (गरीबी रेखा के नीचे) वर्ग, झोंपड़-पट्टी वासी, रिक्शा-चालक इत्यादि (चटर्जी, 2004, 173)।

उत्तर भारतीय समाज में, खासकर बिहार और उत्तर प्रदेश के प्रान्तों में, जहाँ राज्य-परिभाषित आर्थिक श्रेणियों की बजाय हर व्यक्ति की पहचान का मुख्य आधार उसकी जाति है, उपेक्षित और दलित समुदाय ऐसे पहचाने जा सकने वाले समूहों के रूप में उभर रहे हैं जो सरकार से तरह-तरह के लाभ प्राप्त करने के लिए राजनीतिक शक्तियों और आधुनिक प्रजातांत्रिक राज्य पर दबाव बनाने की क्षमता रखते हैं। दूसरी तरफ, राजनीतिक मंच पर नए-नए जाति-समूहों के निरन्तर और दिनोंदिन बढ़ते प्रवेश के कारण प्रजातांत्रिक राजनीति की प्रकृति में भी बदलाव आ रहा है। एक दिलचस्प तथ्य यह है कि चमार और पासी जैसी प्रमुख दलित जातियों के अलावा अब धोबी, कोइरी और जोगी जैसी अपेक्षाकृत छोटी जातियाँ भी उत्तर प्रदेश में अपनी उपस्थिति जताने लगी हैं, हालाँकि वे प्रदेश की प्रजातांत्रिक राजनीति में अभी अपेक्षाकृत नई हैं। अन्य जातियों की तरह ये जातियाँ भी अपने जातीय इतिहास और पहचान को उभारने में लगी हुई हैं, ताकि सत्ता और विकास परियोजना में अपनी भागेदारी के लिए दबाव बना सकें। इन उपेक्षित समुदायों का बढ़ता प्रवेश विभिन्न राजनीतिक पार्टियों द्वारा अपनाई जा रही एकजुटता की राजनीति का एक प्रमुख कारक है। यह राजनीति मुख्य रूप से जातीय पहचान, स्मृतियों, जाति-नायकों और जातीय-इतिहासों पर केन्द्रित है। जैसा कि इस पुस्तक की भूमिका में कहा गया है, राजनीतिक पार्टियों के सत्ता के समीकरणों को सँवारने या बिगाड़ने में इन समुदायों की बढ़ती भूमिका को देखते हुए भाजपा समेत लगभग सभी राजनीतिक पार्टियाँ पहचान की राजनीति में कूद पड़ी हैं। ये सभी पार्टियाँ देश के राजनीतिक मंच पर अपनी जगह को लेकर इन समुदायों की बढ़ती आकांक्षाओं के साथ तालमेल बिठाने की होड़ में लगी हुई हैं। भाजपा भी इसी उद्देश्य को ध्यान में रखकर इन उपेक्षित समुदायों के सांस्कृतिक संसाधनों को खोद-खोद कर निकाल रही है और हिन्दुत्व की तर्ज पर उनकी पुनर्व्याख्या करके उनका भगवाकरण कर रही है। इस प्रक्रिया में अगर उन्हें कोई ऐसा दलित मिथकीय वृत्तान्त मिल जाता है जो थोड़ा ब्राह्मणवादी स्पर्श लिये हुए हो, तो हिन्दुत्व के खाँचे में इसकी पुनर्व्याख्या का उनका काम और आसान हो जाता है।

इस अध्याय में हम इसी तरह की एक तैयारशुदा सांस्कृतिक सामग्री और हिन्दुत्ववादी शक्तियों द्वारा इसके प्रयोग का उदाहरण देखेंगे। यहाँ हम यह बताएँगे कि बिहार के मिथिलांचल और उत्तरी क्षेत्रों में, खासकर बिहार और नेपाल की सीमा से जुड़े क्षेत्रों में, अत्यधिक लोकप्रिय दुसाध दलित नायक का किस तरह ब्राह्मणीकरण कर दिया गया है। इसके पीछे मिथिलांचल के ब्राह्मणों, खासकर सामाजिक-राजनीतिक दृष्टि से सम्भ्रान्त वर्ग का प्रतिनिधित्व करने वाले ब्राह्मणों के लम्बे प्रयास के परिणामस्वरूप उत्तर बिहार के सामाजिक-राजनीतिक रूपान्तरण की एक लम्बी प्रक्रिया

रही है। यह ब्राह्मणीकृत मिथक अब हिन्दुत्ववादी शक्तियों के लिए एक ऐसी तैयारशुदा सांस्कृतिक सामग्री का काम कर रहा है, जिसका पुनर्मूल्यांकन और पुनर्व्याख्या करके दुसाध जाति को हिन्दुत्व के खेमे में लाने की कोशिश की जा रही है।

सलहेस का मिथक

कामेश्वर चौपल बिहार में भाजपा के एक महत्त्वपूर्ण नेता हैं और इसकी अनुसूचित जाति शाखा के प्रमुख भी। बिहार के चमारों का दलित नेता होने के नाते उन्होंने अयोध्या में रामजन्मभूमि का शिलान्यास भी किया था। कामेश्वर चौपल भाजपा द्वारा निचली जातियों को पार्टी में महत्त्वपूर्ण पद दिए जाने के प्रतीक हैं। उनका मानना है कि दलितों, जिन्हें वे वंचित जातियाँ कहते हैं, का अपना गौरवशाली इतिहास रहा है और उनके अपने-अपने कुल-गौरव हैं। दलितों का गौरव उनके इन कुल-गौरवों या जाति-नायकों से बहुत गहराई से जुड़ा हुआ है। कामेश्वर के अनुसार, बिहार के दुसाध सलहेस और चुहड़मल की पूजा करते हैं, मुसहर दीना-भदरी को पूजते हैं, चमार ननथा (Nantha) चमार को पूजते हैं और डोम रैया रणपाल (Raiya Ranpal) की पूजा करते हैं। इन जातियों का गौरव उनके इन नायकों से जुड़ा हुआ है (चौपल, 1994, 36)।

सलहेस, जिन्हें कामेश्वर चौपल दुसाधों के जाति-नायक बताते हैं, राजा सलहेस (या सल्हेस), देवता सलहेस और वीर सलहेस के नामों से भी जाने जाते हैं। उन्हें एक 'मनुख देवता' (मनुष्य देवता) के रूप में पूजा जाता है। इन क्षेत्रों में पीपल और बरगद के पेड़ के नीचे कई 'सलहेस थान' देखे जा सकते हैं। इन जगहों को स्थानीय भाषा में 'गह्वर' (Gahwar) भी कहा जाता है। इन गह्वरों के भीतर सलहेस और उनकी कथा के अन्य पात्रों की छोटी-छोटी मूर्तियाँ होती हैं। सलहेस को आमतौर से एक दाँत वाले हाथी पर बैठे दिखाया जाता है, जिसे भौरानन्द कहा जाता है। हाथी की पीठ पर मंगला नामक एक महावत भी बैठा रहता है। सलहेस के दाईं तरफ उनके भाई मोतीराम और बाईं तरफ उनके दूसरे भाई बबुआ बुद्धेश्वर होते हैं, जिन्हें घोड़ों पर बैठे दिखाया जाता है। सलहेस के दोनों तरफ दो पुष्पबालाएँ खड़ी होती हैं, जिनके हाथों में फूलों की टोकरियाँ होती हैं। सलहेस के अंगरक्षक केवला किरान्त को हाथ में नंगी तलवार लिये दिखाया जाता है (झा, 2002, 107)।

सलहेस एक अत्यन्त लोकप्रिय लोक-नायक हैं, जो निचली जाति दुसाध से सम्बन्धित थे। उनकी कथा बिहार के मिथिलांचल के वन और पर्वतीय क्षेत्रों में खूब प्रचलित है। इनमें दरभंगा, मधुबनी, समस्तीपुर, मुंगेर के जिले आते हैं। इनके अलावा नेपाल से जुड़े तेराई क्षेत्रों में भी यह खूब लोकप्रिय है, जिनमें मोरांग, विराट नगर, जयनगर, राप्ती और अन्य सीमावर्ती जिले आते हैं। इन क्षेत्रों में उन्हें ऐसे भगवान के रूप में पूजा जाता है जो अपने भक्तों की मनोकामना पूरी कर सकते हैं। उनके प्रति अपनी आस्था व्यक्त करने के लिए यहाँ के लोग हर वर्ष स्थानीय त्योहार

सतुआनी (Satuani) के दिन एक मेले का आयोजन करते हैं, जिसमें उनकी अर्चना की जाती है। इस मेले में इन क्षेत्रों की सभी जातियों के लोग भाग लेते हैं और पूजा-अर्चना करते हैं। ऐसा माना जाता है कि भगवान सलहेस के पास कई चमत्कारी शक्तियाँ हैं। उनके चमत्कारों को लेकर बहुत से किस्से सुनने में आते हैं। एक मान्यता के अनुसार, हर वर्ष मेले के दिन सलहेस की प्रेयसी दोना फूलों के रूप में पृथ्वी पर आती है। ये फूल ठीक मेले की जगह पर 'हरम' नामक एक पेड़ पर खिलते हैं। एक दूसरी मान्यता यह है कि अगर किसी घोड़ा-गाड़ी या बैल-गाड़ी का पहिया कीचड़ में फँस जाए तो 'जय सलहेस' या 'जय राजाजी' का उच्चारण करने से यह आसानी से बाहर निकल जाता है (झा, 2002)।

हालाँकि सलहेस दुसाध जाति के थे, लेकिन बिहार के बहुत से भागों में जुटने वाले मेलों में इस जाति के लोगों को पूजा करवाने की अनुमति नहीं होती। नेपाल की सीमा से जुड़े क्षेत्रों में यह बात खासतौर से देखी जाती है। यह विशेषाधिकार डोनवर (Donwar) नामक जाति का माना जाता है। यह क्षत्रियों की एक उपजाति है, जो राजा सलहेस को अपना भगवान मानते हैं। लेकिन मिथिलांचल में दुसाध जाति के लोग ही पूजा-अर्चना का संचालन करते हैं और कुछ खास अवसरों पर यादवों और डोमों को भी पूजा करवाने की अनुमति होती है। पूजा करवाने वाले को भगत, भगता या घोरा कहा जाता है। ऐसा माना जाता है कि सलहेस का वरदान प्राप्त करने के बाद ही कोई व्यक्ति पूजा करवा सकता है। ऐसा तब होता है जब सलहेस किसी धार्मिक प्रवृत्ति के व्यक्ति के सपने में आकर उसे 'भगत' की भूमिका निभाने की आज्ञा देते हैं। सलहेस के इस तरह किसी व्यक्ति के सपने में आकर उसे पूजा करवाने की आज्ञा देने को स्थानीय भाषा में 'सपनौती' कहते हैं। भगत को सलहेस का प्रतिनिधि माना जाता है जो उनके और भक्तों के बीच पुल का काम करता है। ऐसा माना जाता है कि सलहेस भगत को दैवी शक्तियाँ प्रदान कर देते हैं, जिनकी मदद से वह भक्तों के दुख-तकलीफों को दूर कर सकता है। वह अकसर सभा या दरबार भी लगाता रहता है, जिसे 'भगतई' कहा जाता है। इस भगतई में वह लोगों की समस्याएँ सुनता है, जो जमीन के झगड़ों के निपटारे से लेकर विभिन्न बीमारियों से जुड़ी होती हैं। इनके अलावा भगत किसी भक्त को अपने घर में बुलाकर विशेष पूजा-पाठ भी करवा सकता है, जिसे 'गोहरी' कहा जाता है। जब किसी बाँझ स्त्री की गोद भरवाने के लिए गोहरी करवाई जाती है तो इसे 'कोखिया गोहरी' कहते हैं। जब यह किसी बच्चे की बीमारी के इलाज के लिए की जाती है तो इसे 'बालक गोहरी' कहते हैं, और जब किसी स्त्री की कोई स्त्री-रोग सम्बन्धी समस्या होती है तो इसे तिरिया गोहरी' कहते हैं। गायों की बीमारी को दूर करने के लिए की जाने वाली गोहरी को 'गाय गोहरी' कहते हैं। समस्या का समाधान हो जाने के बाद भक्त का परिवार सलहेस के गह्वर पर पूजा करने जाता है।

सतुआनी के अवसर पर जुटने वाले वार्षिक मेले में सभी जातियों के लोग शामिल होते हैं। इसके अलावा दुसाध एक विशेष पूजा-सत्र का भी आयोजन करते हैं, जिसमें सिर्फ उनकी जाति के लोग सलहेस के सभी गह्वरों पर मिल-जुलकर पूजा करते हैं। इसे 'सलहेस भाओ' या 'बहरिया पूजा' कहा जाता है। यह पूजा आमतौर से सावन के महीने में सोमवार, बुधवार या शुक्रवार को की जाती है। इस पूजा के संचालन के लिए दुसाध जाति के ही किसी भगत को आमंत्रित किया जाता है। सलहेस के सम्मान में आयोजित यह अनुष्ठान सचमुच बहुत दिलचस्प होता है। पूजा से पहले गह्वर के सामने की जमीन पर गोबर का लेप किया जाता है और चार कोनों में केले के चार पेड़ खड़े करके मंडप बनाया जाता है। पूजा के संचालन के लिए चावल की खीर, पान के पत्ते,...सुपारी, तम्बाकू, जनेऊ, चावल, फल, फूलों के हार, तुलसी के पत्ते, अगरबत्तियाँ इत्यादि सामग्री का प्रबन्ध किया जाता है। भगत के साथ आमतौर से गवैयों की एक टोली भी रहती है, जिन्हें 'गोहनिया' कहा जाता है। ये गोहनिया धार्मिक भजन गाते हैं जिनमें सलहेस की महिमा का बखान रहता है। इन भजनों के लिए झाल और मृदंग जैसे संगीत-वाद्यों का उपयोग किया जाता है। गवैयों की टोली के मुखिया को 'गितहर' कहा जाता है।

पूजा-पाठ के लिए भगत को विशेष प्रकार का परिधान धारण करना पड़ता है। उसकी कमर से ऊपर का हिस्सा नग्न रहता है, जबकि कमर के नीचे वह लाल रंग का एक लँगोट पहने रहता है। इस लँगोट के आसपास चमड़े की एक घुँघरुओं वाली बेल्ट (चन्नर घुँघरू) सिली रहती है। भगत ने अपने गले में और सर पर आड़हुल (Orhul) और कनेर (Kaner) फूलों के हार पहन रखे होते हैं। उसके माथे पर सिन्दूर की एक बड़ी और लम्बी रेखा खिंची रहती है और पूरे शरीर पर धूल जैसे किसी पाउडर का लेप रहता है। भगत की पूरी वेश-भूषा उसे एक अनूठा व्यक्तित्व प्रदान कर देती है और वह सलहेस एवं भक्तों के बीच एक विश्वसनीय माध्यम की तरह दिखाई देता है। उसकी टोली के अन्य सदस्य पीली धोतियाँ और लम्बी कमीजें पहने होते हैं और उनके गलों में मफलर जैसा कोई कपड़ा लटका रहता है। भगत गह्वर के ठीक सामने बिछी दरी पर बैठ जाता है, जबकि उसकी टोली के अन्य लोग उसके आसपास खड़े रहते हैं।

पूजा का आरम्भ सलहेस और दुसाधों के अन्य देवी-देवताओं के नाम प्रार्थनाओं से होता है। इसके बाद भगत घुटनों के बल बैठ जाता है और नीचे झुकते हुए अपना सर जमीन पर टेक देता है। उसके दोनों हाथों में एक-एक छड़ी रहती है। इसके साथ ही गवैये उन मंत्रों का उच्चारण करना शुरू कर देते हैं जिनके माध्यम से सलहेस को भगत के शरीर में प्रवेश करने के लिए आमंत्रित किया जाता है। इन मंत्रों या श्लोकों को सलहेसक गोहरी कहते हैं। मंत्रों के शुरू होते ही भगत का शरीर संगीत की धुन के साथ-साथ हिलने लगता है। जैसे-जेसे संगीत की धुन तेज होती जाती है वैसे-वैसे भगत का शरीर भी और ज्यादा तेजी से हिलने लगता है। अन्त में उसका पूरा

शरीर काँपने लगता है, वह लम्बी-लम्बी साँसें लेने लगता है और बड़ी तेजी से अपना सर दाएँ-बाएँ झुलाने लगता है। उसके नथुने फड़फड़ाने लगते हैं, आँखें ऊपर चढ़ जाती हैं और होंठ काँपने लगते हैं। ये लक्षण इस बात का संकेत होते हैं कि सलहेस भगत के शरीर में प्रवेश कर रहे हैं। संगीत अपने चरमोत्कर्ष पर पहुँच जाता है तो भगत अचानक उछलते हुए चिल्लाता है, 'जय गंगा, जय बिस (विष्णु)'।

यह देखते ही दर्शक समझ जाते हैं कि सलहेस पधार चुके हैं और धीरे-धीरे पीछे हटने लगते हैं। इसके बाद संगीत टोली का एक सदस्य भगत को गाय का ताजा दूध भेंट करता है, जिसमें कुछ मिठाइयाँ मिली रहती हैं। भगत इसे एक ही बार में लम्बा घूँट भरकर पी जाता है। इसके बाद गवैये सलहेस की महिमा में भजन गाने लगते हैं, जिनमें उनके गौरवशाली और अद्‌भुत कृत्यों का उल्लेख रहता है। भगत भी अपनी छड़ी हिलाने लगता है और संगीत की धुन के साथ-साथ नाचने लगता है। अकसर अन्य भक्तगण भी इस नृत्य में शामिल हो जाते हैं। इस संगीत और नृत्य के दौरान सलहेस पूरी तरह भगत के शरीर में प्रवेश कर जाते हैं और ऐसा लगता है मानो अब वह पूरी तरह सलहेस में रूपान्तरित हो चुका हो।

संगीत धीमा होते-होते रुक जाता है तो भगत भी शान्त हो जाता है और नीचे दरी पर बैठ जाता है। वह समुदाय के अतीत, वर्तमान और भविष्य को लेकर बात करने लगता है। वह समुदाय के किसी खास सदस्य के खराब आचरण को लेकर अपनी अप्रसन्नता व्यक्त करता है और आने वाली प्राकृतिक विपदाओं के प्रति समुदाय को सचेत करता है, ताकि वे अपनी फसलों के बचाव का उपाय कर सकें। वह कुछ लोगों को अपना शिकार बनाने वाले सम्भावित रोगों की भी चेतावनी देता है और सभी को अच्छी सेहत और समृद्धि का वरदान देता है। इस सत्र के दौरान भगत कुछ चमत्कारी कृत्यों का भी प्रदर्शन करता है, जैसे—उबलते दूध के बर्तन में हाथ डालना, अपनी छड़ी की नोक पर पानी से भरा जग उठाना, आग पर नंगे पाँव चलना और जलते हुए लैम्प को अपनी जीभ से छूना इत्यादि।

सलहेस के रूप में होने के दौरान भगत दुसाधों की व्यक्तिगत समस्याएँ भी सुलझाता है। इन समस्याओं में जमींदारों द्वारा अपने खेतों में काम करने वाले मजदूरों (बनिहरों) का दमन, कई सरकारी संस्थाओं, खासकर जमींदारों के इशारों पर चलने वाले पुलिस वालों द्वारा शोषण, और क्षेत्र की राजनीतिक स्थिति इत्यादि शामिल रहती हैं। चूँकि इस तरह की समस्याएँ लोग खुद नहीं सुलझा पाते, इसलिए सलहेस के रूप में भगत से बात करके वे रोजमर्रा की अपनी सामाजिक, राजनीतिक, सांस्कृतिक परेशानियों को लेकर अपना मन हल्का कर लेते हैं। जिन लोगों को सलहेस से कोई विशेष विनती करनी होती है, वे भगत के सलहेस के रूप में आने से पहले अपने चढ़ावे की टोकरी (जिसमें फल और मिठाइयाँ इत्यादि रहती हैं) को गह्वर के सामने रख देते हैं। सलहेस के भगत के शरीर में कथित प्रवेश के बाद भगत

इन सभी को एक-एक करके अपने पास बुलाता है और उनकी समस्याएँ सुनता है। हरेक की बात सुनने के बाद वह उसकी समस्या का समाधान हो जाने का आश्वासन देता है, उसके मुँह पर फूँक मारता है, और उसके हाथ में फूल रखकर या उसके सर पर अपना हाथ रखकर उसे आशीर्वाद देता है।

इस तरह, आए दिन सरकारी कर्मचारियों, जमींदारों और उच्च वर्णों द्वारा अपमान और शोषण का शिकार होने वाले दलितों को भगत के शरीर में प्रकट हुए सलहेस से बात करके थोड़ी राहत मिल जाती है। इस समाधि जैसी स्थिति में भगत इस तरह बात करता है जैसा वह अपनी सामान्य स्थिति में नहीं कर पाता। उसका यह रूप उसे समुदाय के लोगों के रक्षक की भूमिका निभाने की शक्ति प्रदान कर देता है, जो उसके हर शब्द को सलहेस के मुँह से निकले शब्दों के रूप में देखते हैं। कुछ देर बाद यह समाधि जैसी स्थिति समाप्त हो जाने के बाद भगत अपने स्वाभाविक रूप में लौट आता है और ऐसा माना जाता है कि सलहेस की आत्मा उसके शरीर को छोड़कर चली गई है। अपनी सामान्य स्थिति में भगत पहले जैसा व्यवहार नहीं कर पाता। समुदाय के अन्य लोगों की तरह वह भी एक दमित दुसाध की तरह महसूस करने लगता है।

सलहेस के बारे में प्रचलित कथा यह है कि वे दुसाध समुदाय के एक बहादुर नवयुवक थे। वे जंगली जानवरों, राक्षसों और चोरों-लुटेरों को अपने वश में करना जानते थे। ये सभी उनसे डरते थे और कुछ तो उनकी सेना में भी शामिल थे। सलहेस क्षेत्र के कमजोर राजाओं और ग्रामीणों की बाहरी हमलावरों, राक्षसों और चोरों से रक्षा किया करते थे। ऐसा माना जाता है कि उनके पास ऐसी दैवी शक्तियाँ थीं जिनकी मदद से वे लोगों को बाढ़ और अकाल जैसी प्राकृतिक विपदाओं से बचा सकते थे। वे ऐसी जगहों पर भी जमीन से पानी निकाल सकते थे जहाँ पानी का घोर अभाव होता था। वे जमीन में एक तीर मारकर वहाँ एक तालाब पैदा कर सकते थे। राहगीरों पर हमला करने वाले जंगली जानवर उनका नाम सुनते ही भाग खड़े होते थे। इसी तरह चोर, राक्षस और प्राकृतिक विपदाएँ भी उनका नाम सुनकर उड़न-छू हो जाती थीं। सलहेस की दैवी और अद्‌भुत शक्तियों की ये कथाएँ कई लोकप्रिय नाटकों और नौटंकियों का आधार हाने के साथ-साथ पूरे क्षेत्र में आज भी खूब रस लेकर सुनाई जाती हैं (मणिपदम, 1973)।

इस कथा का गहराई से अध्ययन करने से पता चलता है कि सलहेस मिथिलांचल के एक राजा के महल में द्वारपाल (दरबान) का काम करते थे राक्षसों और चोरों को महल में प्रवेश करने से रोकते थे। ऐसा लगता है कि वे चोरों की चालबाजियों से वाकिफ थे, क्योंकि उनकी अपनी सेना में भी चोर भरे पड़े थे। उस जमाने में चोरी एक महत्त्वपूर्ण पेशे के रूप में उभरी थी, और चोरों को महलों में महत्त्वपूर्ण पदों पर रखा जाता था। ये चोर जासूसों (ऐयारों) की भूमिका भी निभाते थे और आसपास के राज्यों से सूचनाएँ बटोरने या वहाँ उत्पात मचाने का काम भी करते थे। चोरों और

ऐयारों से इसी तरह के खतरों को देखते हुए सलहेस को द्वारपाल के पद पर नियुक्त किया गया था। सलहेस की कथा में चुहड़मल के साथ उनकी लड़ाई का उल्लेख है, जिन्हें चोरों के सरदार (आला या अव्वल चोर) के रूप में जाना जाता था। यह लड़ाई दो पड़ोसी राज्यों के द्वारपालों के बीच लड़ाई थी (नारायण, 2001)। इस तरह के बहादुर द्वारपाल अधिकांशतः दुसाध जाति के होते थे।

मिथिला और बिहार-नेपाल क्षेत्र के राजाओं के रक्षक और संरक्षक की भूमिका निभाते-निभाते सलहेस धीरे-धीरे इतने शक्तिशाली हो गए कि उन्होंने अपने खुद के एक राज्य की स्थापना कर ली। इस राज्य को माहीसाऊथ (Mahisauth) के नाम से जाना जाता था। सलहेस को एक दलित (शूद्र) राजा और सभी निचली जातियों के नायक के रूप में देखा जाने लगा। प्रचलित कथाओं के अनुसार, उन्हें दलित होने के कारण बहुत सी कठिनाइयों का सामना करना पड़ा। लेकिन अपनी वीरता और चतुराई से उन्होंने धीरे-धीरे इन सभी कठिनाइयों पर विजय प्राप्त कर ली। इसीलिए सभी दलित जातियाँ उन्हें एक महानायक के रूप में देखने लगीं, जैसा कि उन्हें आज भी देखा जाता है। आज भी अधिकांश निचली जातियाँ ऊँची जातियों के वर्चस्व को चुनौती देने की स्थिति में नहीं हैं, जिन्होंने प्राचीन धर्मग्रन्थों के माध्यम से निचली जातियों के सामाजिक-सांस्कृतिक दमन और शोषण को वैधता प्रदान कर रखी है। सलहेस के नाम की कीर्ति और ख्याति इतनी ज्यादा बढ़ गई कि उस जमाने के एक महत्त्वपूर्ण राजा हितेश्वर ने अपनी बेटी समर का हाथ उनके हाथ में देने का प्रस्ताव रखा। लेकिन, प्रचलित लोक-मान्यताओं के अनुसार, हितेश्वर का बेटा अपनी बहन का विवाह एक छोटी जाति के व्यक्ति के साथ करने के लिए तैयार नहीं था। इसके बाद, समर को पाने के लिए सलहेस ने और ज्यादा प्रसिद्धि बटोरने और अपने राज्य को और ज्यादा बड़ा करने की कोशिश की। धीरे-धीरे वे मिथिला और नेपाल-बिहार की सीमा से जुड़े तराई क्षेत्रों के एक महत्त्वपूर्ण और बड़े राजा बन गए और 'लोक-देवता' के नाम से जाने जाने लगे। उनकी कथा एक मिथक के रूप में आज भी इस क्षेत्र की सभी दलित जातियों, खासकर दुसाधों में खूब लोकप्रिय है। वे यहाँ एक महत्त्वपूर्ण लोक-नायक हैं।

मैथिली पहचान और सलहेस का मिथक

बिहार राज्य को भोजपुरी, मागधी, मैथिली, अंगिका और बज्जिका क्षेत्रों में बाँटा जा सकता है। इनमें से हर क्षेत्र की अपनी विशिष्ट भाषा और संस्कृति है। स्वाधीनता के बाद इन सभी क्षेत्रों में हिन्दी को आधिकारिक भाषा के रूप में मान्यता दे दी गई, ताकि देश के सभी राज्यों को एक सूत्र में जोड़ने के लिए हिन्दी को राष्ट्रीय भाषा के रूप में विकसित किया जा सके। लेकिन इस प्रयास के बावजूद इनमें से हरेक क्षेत्र की अपनी स्थानीय भाषा पर आधारित अपनी विशिष्ट संस्कृति आज भी बरकरार है।

हर क्षेत्र के लोक-साहित्य और लोक-स्मृतियों की अभिव्यक्ति इसी भाषा के माध्यम से होती है। यह सही है कि हिन्दी और आधुनिकता के प्रभाव के कारण इन स्मृतियों, मूल मिथकों और किंवदन्तियों के स्वरूप में कुछ परिवर्तन आए हैं, लेकिन मौखिक स्मृतियों पर आधारित वृत्तान्त आज भी मौजूद हैं।

मिथिलांचल बिहार के उत्तर में नेपाल की सीमा से सटा हुआ है। वहाँ मैथिली भाषा बोली जाती है, जो मागधी, भोजपुरी और बिहार के अन्य क्षेत्रों में बोली जाने वाली भाषाओं से बहुत अलग है। मैथिली संस्कृति, जिसमें इसकी मौखिक संस्कृति भी शामिल है, इस क्षेत्र की अपनी विशिष्ट संस्कृति है जो अन्य क्षेत्रों की संस्कृतियों से काफी भिन्न है। मिथिलांचल राजनीतिक और सांस्कृतिक दृष्टि से बिहार के सबसे महत्त्वपूर्ण अंचलों में शामिल है। स्वाधीनता के बाद मैथिलीभाषी ब्राह्मण, जो बिहार के सबसे धनी जमींदारों में शामिल थे, बहुत शक्तिशाली हो गए और इसका प्रभाव बिहार में मैथिली भाषायी और सांस्कृतिक पहचान के दबदबे में भी दिखाई देने लगा। मैथिली ब्राह्मणों के समर्थन पर टिकी राजनीतिक पार्टियों ने कई सामाजिक-सांस्कृतिक आन्दोलन शुरू किए, जिनके परिणामस्वरूप मैथिली को भारतीय संविधान के आठवें संशोधन में शामिल कर लिया गया, हालाँकि भोजपुरी की तुलना में मैथिली बोलने वालों की संख्या कम थी। 1970 के दशक में डॉ. जगन्नाथ मिश्र, जो एक मैथिली ब्राह्मण थे और कांग्रेस पार्टी के एक महत्त्वपूर्ण नेता होने के साथ-साथ बिहार के मुख्यमंत्री भी थे, मैथिली को प्रशासनिक सेवाओं की परीक्षाओं में एक विषय के रूप में शामिल करवाने में भी सफल रहे। इस प्रक्रिया में, सिर्फ बिहार में ही नहीं बल्कि भारत-नेपाल सीमा से जुड़े नेपाल के तराई क्षेत्र में भी मैथिली पहचान बहुत मुखर हो गई, जहाँ यह भाषा प्रयोग की जाती है। नेपाल में मैथिली भाषा संघों का गठन किया जाने लगा और इनके माध्यम से मैथिली गौरव को पुनर्परिभाषित और पुनर्स्थापित किया जाने लगा। 'भाषीय अधिकार संयुक्त समिति' नामक एक संस्था का भी गठन किया गया। इस दौर में मैथिली समाज, मैथिली विकास मंच, विराट नगर जैसी कई संस्थाएँ भी खूब सक्रिय रहीं। इन संस्थाओं ने अपने स्थानीय राजाओं और नायकों के माध्यम से मैथिली गर्व और अस्मिता को परिभाषित करना शुरू किया (ठाकुर, 1980, 5)। चूँकि इस बीच राजनीतिक क्षेत्र में निचली जातियों के महत्त्व को भी महसूस किया जाने लगा था, इसलिए मैथिली पहचान के प्रतीक के रूप में सलहेस को चुना गया।

डॉ. जगन्नाथ मिश्र के मुख्यमंत्रित्व काल में पटना के विद्यापति भवन में सलहेस विभाग की स्थापना की गई। सलहेस के जीवन पर कई उपन्यास और नाटक भी लिखे जाने लगे। इसी शृंखला में श्री मणिपदम ने 1973 में मैथिली भाषा में एक प्रसिद्ध ऐतिहासिक उपन्यास 'राजा सलहेस' की रचना की (नरेन्द्र, 1985, 2)। मैथिली अकादमी नामक एक सरकारी संस्था भी सहलेस की कथा को बहुत महत्त्व देने लगी। इसके पीछे भाषायी और सांस्कृतिक पहचानों के बढ़ते महत्त्व के साथ-

साथ बिहार की चुनावी राजनीति में दलितों की बढ़ती भूमिका का भी हाथ था। अन्य राजनीतिक पार्टियों ने भी दलितों के बढ़ते महत्त्व को देखकर उनके मिथकों, किंवदन्तियों और नायकों को महत्त्व देना शुरू कर दिया। वे न सिर्फ स्थानीय दलित समुदायों द्वारा आयोजित समारोहों में भाग लेने लगीं, बल्कि स्वयं भी इस तरह के समारोह आयोजित करने लगीं।

ऐसे ही एक नेता ताराकान्त झा थे। वे भी एक मैथिली ब्राह्मण थे और भाजपा की हिन्दुत्ववादी राजनीति से बहुत नजदीक से जुड़े हुए थे। वे पहले जनसंघ में थे, फिर जनता पार्टी में, और अन्ततः भारतीय जनता पार्टी के एक महत्त्वपूर्ण नेता के रूप में उभरे। उन्होंने मधेपुरा और दरभंगा क्षेत्रों में ग्रामीण दलित समुदायों द्वारा आयोजित बहुत सी सलहेस पूजा में भाग लिया। चूँकि सलहेस के मिथक का प्रयोग ब्राह्मणों द्वारा किया जा रहा था, इसलिए मैथिली ब्राह्मण राजनीति में सलहेस को एक विद्रोही नायक की बजाय एक देवता और चमत्कारी शक्तियों वाले भगवान की छवि दी जाने लगी। इस छवि को प्रकाशनों और चर्चाओं–व्याख्यानों के माध्यम से भी खूब उभारा गया, जिनमें उन्हें मिथिलांचल के एक विराट देवता के रूप में चित्रित किया जा रहा था (मणिपदम, 1973)। इस तरह, तत्कालीन ब्राह्मणवादी शक्तियों के खिलाफ लड़ने वाले एक विद्रोही और वीर दलित नायक के चमत्कारक पहलुओं को बढ़ा–चढ़ाकर प्रस्तुत करते हुए उसे पूरे मिथिलांचल के गौरव के रूप में महिमा–मंडित किया जाने लगा।

हिन्दुत्ववादी राजनीति और दुसाध कुल-गौरव

जैसा कि पिछले अध्यायों में चर्चा की गई है, पिछले कुछ दशकों से चुनावी राजनीति के दबाव को देखते हुए हिन्दुत्ववादी शक्तियाँ उत्तर भारत के विभिन्न हिस्सों में दलितों को अपने साथ जोड़ने का अभियान चला रही हैं, जिसके अन्तर्गत उन्हें हिन्दू समाज, संस्कृति और राजनीति में सम्मान और प्रतिनिधित्व देने का प्रयास किया जा रहा है। इस प्रक्रिया में उन्होंने दलितों के मिथकीय नायकों को खोजकर उनका भगवाकरण करने और हिन्दू धर्म–संस्कृति के रक्षकों के रूप में उनकी पुनर्व्याख्या करने की रणनीति अपनाई है। उन्हें दलितों और हिन्दुओं दोनों की अस्मिता और गौरव के प्रतीकों के रूप में चित्रित किया जा रहा है। बिहार के मिथिलांचल और नेपाल की सीमा से जुड़े तराई क्षेत्र में बसे दुसाधों की अच्छी–खासी आबादी को अपने साथ जोड़ने के लिए ये शक्तियाँ, समुदाय के एक ऐसे मिथकीय नायक की खोज में थीं जिसमें ब्राह्मणवादी वृत्तान्त के अच्छे–खासे तत्त्व हों। उन्हें सलहेस के रूप में ऐसा ही एक जाति–नायक दिखाई दिया, जिसका 1970 के दशक की मिथिला राजनीति द्वारा पहले ही ब्राह्मणीकरण किया जा चुका था।

अब हिन्दुत्ववादी राजनीतिक शक्तियाँ इस मिथक में इस तरह संशोधन कर रही हैं कि इसे हिन्दुत्व के एजेंडे में फिट करने के साथ–साथ दुसाधों और अन्य दलित

जातियों की अच्छी-खासी संख्या को भगवा खेमे में लाया जा सके। इस प्रक्रिया में इन शक्तियों से जुड़े नाटककार और लेखक सलहेस के जीवन पर ऐसे नाटकों और कहानियों की रचना कर रहे हैं जो इस मिथक के हिन्दू प्रारूप पर आधारित हैं। इन नाटकों का बिहार के विभिन्न हिस्सों में मंचन भी किया जा रहा है, ताकि मिथक के हिन्दू प्रारूप का अधिकाधिक प्रचार किया जा सके। 1990 के दशक में 'पंचकोसी मंच' और 'सलहेस माँगिया' (पटना) जैसी थिएटर कम्पनियाँ हिन्दुत्ववादी शक्तियों द्वारा पुनर्रचित इन नाटकों के प्रसार में जुट गई थीं ('कुसुमा-सलहेस नाटक', तिथि ज्ञात नहीं)। इन नाटकों में सलहेस को भगवान राम के अवतार के रूप में दिखाया गया था, जिन्होंने चोरों और राक्षसों जैसी दुष्ट शक्तियों का विनाश किया था। सलहेस के मिथक के हिन्दूकरण के प्रयास तब और भी स्पष्ट हो गए जब रक्सौल, सपतारी, मधेपुरा और दरभंगा इत्यादि जिलों के ग्रामीण क्षेत्रों में भाजपा के एक दलित नेता कामेश्वर चौपल के नेतृत्व में सलहेस पूजा का आयोजन किया जाने लगा। कामेश्वर चौपल अयोध्या में प्रस्तावित राममन्दिर का शिलान्यास करने के लिए भी जाने जाते हैं ('हिन्दुस्तान', 2001)। एक अन्य रणनीति के तहत, हिन्दुत्ववादी शक्तियाँ भगतों को अपने प्रभाव में लेने का प्रयास कर रही हैं, ताकि उनके माध्यम से दुसाध समुदाय को अपने खेमे में लाया जा सके। इसके लिए भगतों के सम्मेलन आयोजित किए जा रहे हैं, जिनमें उन्हें सलहेस को एक हिन्दू देवता के रूप में चित्रित करने के लिए प्रेरित किया जाता है।[4] जैसा कि पहले कहा जा चुका है, सलहेस के रूप में आने के बाद भगतों में समुदाय को प्रभावित करने की शक्ति आ जाती है, जिसका हिन्दुत्ववादी शक्तियाँ राजनीतिक लाभ उठाने का प्रयास कर रही हैं।

यह कहना बहुत मुश्किल है कि दलितों को हिन्दुत्ववादी खेमे में लाने के इस अभियान का कितना प्रभाव पड़ रहा है। लेकिन भगवान राम के मिथक को तरह-तरह के राजनीतिक और सांस्कृतिक माध्यमों से धीरे-धीरे सलहेस के मिथक में विस्तारित किया जा रहा है, ताकि इस मिथक का एक लोकप्रिय भगवाकृत वृत्तान्त विकसित किया जा सके। अब तक सलहेस पीपल के पेड़ों के नीचे टेराकोटा की मूर्तियों तक सीमित थे और सिर्फ उन्हीं लोगों के लिए महत्त्व रखते थे जो उनके मिथक से परिचित थे। लेकिन अगर भाजपा और अन्य हिन्दुत्ववादी शक्तियाँ सलहेस को भगवान राम के मिथक में रूपान्तरित करने के अभियान को जारी रखते हुए उत्तर भारत के अन्य हिस्सों में भी महत्त्वपूर्ण चौराहों पर उनकी मूर्तियों की स्थापना, पैम्फलेटों-पोस्टरों-कैलेंडरों इत्यादि पर उनके चित्रों के प्रकाशन और उनकी स्मृति में महोत्सवों-मेलों के आयोजन जैसी गतिविधियों में इसी तरह जुटी रहती हैं, जैसा कि वे अन्य दलित नायकों के भगवाकरण की नीति के तहत कर चुकी हैं, तो वह दिन दूर नहीं जब सलहेस अपने मिथक की सीमाओं से निकलकर एक ऐसी विराट और अलौकिक छवि प्राप्ति कर लेंगे जो पूरे उत्तर भारत के दलितों की पहचान का प्रतीक बन सकती है।

इसके अलावा यह भी देखने में आ रहा है कि पिछले कुछ वर्षों से प्रवासी भारतीयों के आन्दोलन के परिणामस्वरूप वैश्विक स्तर पर वित्तीय मदद और धार्मिक पहचान का एक ऐसा नेटवर्क तैयार हो रहा है जो भारत की हिन्दू कट्टरपन्थी राजनीति से बहुत गहराई से जुड़ा हुआ है। इस वैश्विक गठजोड़ के प्रयासों से जहाँ भगवान राम को एक ऐसे वैश्विक प्रतीक में बदल दिया गया है, जिसमें विश्व भर के हिन्दुओं की धार्मिक और राजनीतिक भावनाओं को आन्दोलित करने की क्षमता है, वहीं सलहेस जैसे स्थानीय दलित मिथकों का हिन्दूकरण करके उन्हें भगवान राम के मेटा-नरेटिव के साथ जोड़ा जा रहा है। इतना ही नहीं, अब ये स्थानीय मिथक भी वैश्विक ब्रांड बनने की राह पर हैं, क्योंकि अत्याधुनिक मीडिया माध्यमों की मदद से इन्हें धीरे-धीरे आकर्षक उत्पादों और पैकेजों के रूप में निर्यात किया जा रहा है। इसके बाद इन जाति-नायकों की ये लिपी-पुती छवियाँ एक बार फिर स्थानीय स्तरों पर वापस लाई जाती हैं और इन नए रूपों में सम्बन्धित समुदायों को परोस दी जाती हैं। इस उद्देश्य के लिए इंटरनेट और सेटेलाइट टेलीविज़न जैसे इलेक्ट्रॉनिक माध्यम बहुत असरदार साबित हो रहे हैं, क्योंकि इनके माध्यम से स्थानीय से वैश्विक और वैश्विक से स्थानीय की दौड़ बहुत छोटी हो जाती है, और परिणामस्वरूप विचारों-छवियों का मिनटों में आदान-प्रदान हो सकता है। इस तरह, एक स्थानीय दलित नायक सलहेस जल्दी ही एक ग्लोबल-ब्रांड बन सकते हैं, उसी तरह जैसे भगवान राम बन चुके हैं। इससे दलितों का भगवाकरण करके उन्हें हिन्दुत्व के खेमे में लाने का रास्ता और भी आसान हो सकता है, जो इन साम्प्रदायिक शक्तियों का व्यापक एजेंडा है।

टिप्पणियाँ

1. (Sikraharta), भोजपुर की चमार टोली के कीर्तन कार्यक्रम में रिकॉर्डबद्ध, 15 अप्रैल, 2003
2. 'मच्छिन्दर' नाम बाबा मच्छिन्दर नाथ के लिए प्रयोग किया जाता है, जो नाथ पन्थ के एक प्रमुख गुरु थे। लेकिन भोजपुर लोक-संस्कृति में 'ब्रह्मा' शब्द एक गैर-ब्राह्मण सन्त के मिथक के सन्दर्भ में भी प्रयुक्त होता है, जिन्होंने एक बार ब्रह्मा को बदल दिया था। लेखक को मच्छिन्दर का यह अर्थ भोजपुर, बिहार के शिवराम दुसाध ने बताया था।
3. मिथिला का फील्ड दौरा, अप्रैल 2006
4. दरभंगा का फील्ड दौरा, 21 अप्रैल, 2003

कहाँ पहुँचे हैं और आगे क्या है

वह अमावस्या की रात थी। राजा के कथावाचक पक्षी जंगल में लालमुनि पक्षियों को हमेशा की तरह कहानियाँ सुना रहे थे। इन कहानियों और अपने विश्वसनीय वर्णनों के माध्यम से वे यह साबित करने में सफल रहे कि वह पूनम की रात थी। ऐसा प्रतीत होता था कि लालमुनि पक्षी इन शक्तिशाली पक्षियों की बात को चुपचाप स्वीकार कर लेंगे। लेकिन लालमुनि पक्षियों में इस प्रतियोगिता की प्रकृति ही बदल देने की क्षमता थी, क्योंकि विनाश करना और सत्ता का तख्ता पलटना उनकी मूलभूत चारित्रिक विशिष्टता थी, जिससे जंगल के अन्य पशु-पक्षियों को वहाँ चल रहे तरह-तरह के षड्यंत्रों और चालों से अवगत करवाया जा सकता था। आज भी ये लालमुनि पक्षी लोक-मान्यताओं को बहकाने की क्षमता रखने वाले शक्तिशाली और वर्चस्ववादी वृत्तान्तों के विरोध में अपनी कहानियाँ सुना रहे हैं।

—शहाबपुर की एक लोककथा,

शहाबपुर की एक वृद्धा चमार स्त्री झुरिया के वर्णन पर आधारित।

उत्तर भारत के आज के राजनीतिक परिदृश्य में लोक-राजनीति एक ऐसी रचनाशील प्रक्रिया में बदल गई है, जिसमें लोक-आकांक्षाओं और पहचानों का मानचित्रण, पुनर्गठन और उपयोग राजनीति का प्रमुख अंग बन गया है। लेकिन ये लोक-आकांक्षाएँ और पहचानें हमेशा सम्बन्धित समुदायों की उपज नहीं होतीं। अधिकतर ये अन्य लोगों द्वारा प्रेरित या उत्प्रेरित होती हैं, जिनमें राज्य, राजनीतिक पार्टियाँ और समाज की वर्चस्वशाली शक्तियाँ शामिल होती हैं। सम्बन्धित समुदाय या तो इनकी लीक पर चलते हैं या अपनी प्रतिक्रिया व्यक्त करते हैं। यह मुख्यतः उपेक्षित समुदायों के मामलों में देखा जा रहा है, जहाँ स्वास्थ्य, शिक्षा, सड़क, बिजली और पेयजल जैसे विकास के सूचकांकों को लेकर राजनीतिक भाषणबाजी की बजाय सम्बन्धित समुदायों की संस्कृति चुनावी राजनीति का सबसे प्रमुख अंग बनती जा रही है। इस प्रक्रिया में राजनीतिक कृत्य सांस्कृतिक कृत्य में बदल गया है। पहले नारेबाजी, जुलूस, हड़तालें और जनसभाएँ चुनावी प्रचार अभियान का सबसे प्रमुख अंग हुआ करते थे। लेकिन अब इनकी जगह विभिन्न समुदायों से जुड़े समारोहों और स्मरणोत्सवों के आयोजनों

और जगह-जगह उनके जाति-नायकों की मूर्ति-स्थापनाओं ने ले ली है। अब धन, शक्ति, कैडर और स्थानीय नेताओं जैसे दृश्य संसाधन का जुगाड़ करने की बजाय मिथकों, स्मृतियों, किंवदन्तियों और प्रतीकों जैसे अदृश्य संसाधन निर्मित और विकसित किए जा रहे हैं। इसके पीछे सम्बन्धित समुदायों की पहचान की स्थापना के साथ-साथ उन्हें अन्य जातियों और समुदायों की टक्कर में खड़ा करने और इस तरह उनके बीच विभाजन पैदा करने का भी उद्‌देश्य है।

राजनीतिक गुटबन्दीकरण के स्वरूप में यह परिवर्तन 1980 के दशक के अन्त में और 1990 के दशक के शुरू में ही दिखाई देने लगा था, जब उत्तर प्रदेश और बिहार में, खासकर उत्तर प्रदेश की राजनीति में, बदलाव की एक हवा बहती दिखाई देने लगी थी। इसका कारण यह था कि प्रदेश के दलित समुदाय धीरे-धीरे एक बड़ी राजनीतिक शक्ति के रूप में उभरने लगे थे, जिनमें किसी भी पार्टी का बेड़ा पार लगाने या उसे धूल चटाने की सामूहिक शक्ति थी। उत्तर प्रदेश में सक्रिय कई राजनीतिक पार्टियों ने भी इस विशाल समूह की शक्ति को पहचाना और अपने-अपने तरीके से उनका एकीकरण करना शुरू कर दिया।

इन पार्टियों ने दलितों की नब्ज को भाँपने में देर नहीं की। उन्हें जल्दी ही यह अहसास हो गया कि दलितों के लिए अपने अतीत की स्मृतियों से उबरना—जब ब्राह्मणवादी सांस्कृतिक और नैतिक आचार-संहिता के तहत उन्हें तरह-तरह का दमन और शोषण झेलना पड़ा था—उनकी पहचान की स्थापना और अभिव्यक्ति की एक जरूरी और अस्तित्वीय शर्त थी। इसलिए ये पार्टियाँ अपनी-अपनी राजनीतिक विचारधारा के अनुसार उनके अतीत के सृजन, पुनर्व्याख्या और पुनर्सृजन की निरन्तर प्रक्रिया में जुट गईं, ताकि उन्हें सामूहिक रूप से चुनावी दृष्टि से अपने-अपने खेमों में खींचा जा सके। चूँकि अतीत और अतीतानुभूति हर व्यक्ति और समुदाय के अतीत का यथार्थ भी होता है और कल्पना भी, और अतीत के स्मरण की प्रक्रिया के दौरान प्रकट होता/होती है, इसलिए इनमें से हर समुदाय के अतीत को—जो लोक-संस्कृति और सामूहिक स्मृतियों के रूप में वर्तमान में मौजूद है—ये राजनीतिक पार्टियाँ अपनी-अपनी विचारधारा के अनुसार अलग-अलग रूपों में ढालकर प्रस्तुत कर रही हैं। इन पार्टियों द्वारा इस तरह की रणनीतियाँ अपनाई जा रही हैं कि अपनी पहचान को लेकर समुदायों की आकांक्षा की तुष्टि करने के साथ-साथ उनमें पार्टी की राजनीतिक विचारधारा का भी संचार किया जा सके।

एक दिलचस्प तथ्य यह है कि सदियों तक ऊँची जातियों की सामाजिक-सांस्कृतिक उपेक्षा के शिकार रहे दलित—जिसे 'रामायण', 'महाभारत', 'मनु संहिता', वेदों और पुराणों जैसे प्राचीन ग्रन्थों के आधार पर वैध ठहराया जाता रहा था—स्वयं भी ऊँची जातियों की स्वीकृति पाने की आकांक्षा रखते हैं। यह बात उनकी लोक-संस्कृति में भी दिखाई देती है। लेकिन स्वीकृति पाने की इस आकांक्षा के साथ

ब्राह्मणवादी संहिता के खिलाफ विद्रोह की भावना भी बड़ी गहराई से जुड़ी हुई है, जिसके कारण उन्हें उपेक्षा का शिकार होना पड़ा। उनकी भावनाओं में मौजूद विरोधाभास का राजनीतिक पार्टियाँ लाभ उठाने की कोशिश कर रही हैं और पहचान की राजनीति अपनाकर उनका चुनावी एकीकरण करने में जुटी हुई हैं।

जैसा कि उत्तर प्रदेश के राजनीतिक परिदृश्य का अध्ययन करने वाले सभी लोग जानते हैं, पहचान की राजनीति के इस खेल में दो पार्टियाँ सबसे आगे हैं—बहुजन समाज पार्टी और भाजपा। दोनों ही पार्टियाँ एक जैसी रणनीति अपनाते हुए विभिन्न समुदायों, खासकर दलित समुदायों, के एकीकरण में उनके मिथकों, किंवदन्तियों और जाति-नायकों के रूप में उनके सांस्कृतिक संसाधनों का उपयोग कर रही हैं। लेकिन जहाँ बहुजन समाज पार्टी इन मिथकों का इस्तेमाल एक मूलगामी और मुक्तिदायिनी दलित पहचान की स्थापना के लिए कर रही है, जैसा कि मैंने अपनी पिछली पुस्तक (नारायण, 2006) में दिखाने की कोशिश की है, वहीं भाजपा इन मिथकों को एक संगठित और एकरूपी हिन्दू मेटा-नरेटिव के साथ जोड़ने की कोशिश कर रही है, जो उसके वृहत् राजनीतिक एजेंडे, अर्थात् सभी हिन्दुओं को एकजुट करके एक सांस्कृतिक राष्ट्र का निर्माण करने, उनमें और मुसलमानों में विभाजन पैदा करने का हिस्सा है। इसकी सफलता स्थानीय संस्कृतियों, मिथकों, पहचानों, लोक-प्रतीकों इत्यादि की पुनर्व्याख्या और पुनर्रचना करके उनमें 'साम्प्रदायिक क्षण' गढ़ने पर आधारित है, ताकि आक्रामक हिन्दू पहचानों की स्थापना करके उन्हें मुसलमानों के विरोध में खड़ा किया जा सके, जिन्हें शत्रुओं के रूप में चित्रित किया जाता है। भाजपा की यह राजनीतिक रणनीति 1990 के दशक की उसकी रणनीति से भिन्न है, जिसके अन्तर्गत भगवान राम को हिन्दू पहचान के एक सामूहिक प्रतीक के रूप में इस्तेमाल करके ऊँची और निचली जातियों, शहरों और गाँवों के सभी हिन्दुओं को एकजुट करने का प्रयास किया गया था। अब पार्टी की राजनीतिक रणनीति वैश्विक और राष्ट्रीय से स्थानीय स्तरों पर सिमट गई है, स्थानीय पहचानों और दायरों को वैश्विक दायरे के साथ जोड़ने का प्रयास किया जा रहा है।

जैसा कि मैंने पुस्तक के कई अध्यायों में दिखाने की कोशिश की है, अब भाजपा विभिन्न समुदायों, खासकर देश के विभिन्न भागों में बसी दलित जातियों के स्थानीय नायकों की खोज में जुटी हुई है और उन्हें हिन्दुत्व के मेटा-नरेटिव के साथ जोड़ने का प्रयास कर रही है। स्थानीय मिथकों और किंवदन्तियों की इस तरह से पुनर्संरचना और पुनर्व्याख्या की जा रही है, और क्षेत्र के अतीत को इस तरह से पुनर्वर्णित किया जा रहा है कि इन्हें पार्टी की राजनीतिक विचारधारा के खाँचे में फिट किया जा सके। स्थानीय मिथकों की प्रकृति को देखते हुए, कुछ जगह स्थानीय नायकों को ऐसे पराक्रमी और योद्धा नायकों की छवि दी जा रही है जो हिन्दू धर्म और संस्कृति की रक्षा के लिए मुस्लिम हमलावरों के खिलाफ लड़े थे। कुछ जगह

इन्हें हिन्दू पौराणिक कथाओं के साथ जोड़ते हुए इस तरह पुनर्व्याख्यायित और पुनर्सृजित किया जा रहा है कि इन्हें भगवान राम के साथ जोड़ा जा सके।

इस प्रक्रिया में भगवान राम के प्रतीक को—जो विश्व हिन्दू परिषद और आप्रवासी भारतीयों के प्रयासों के कारण एक वैश्विक प्रतीक बन चुका है—राष्ट्रीय स्वयंसेवक संघ और भाजपा की अन्य शाखाओं द्वारा स्थानीय स्तरों पर इस तरह खींचा-ताना जा रहा है कि या तो उनके और स्थानीय दलित नायकों के बीच समानताएँ दिखाकर उन्हें भगवान राम के अवतारों के रूप में चित्रित किया जा सके या किसी और तरह से उन्हें भगवान राम की कथा के साथ जोड़ा जा सके। इस तरह, भाजपा स्थानीय मिथकों और नायकों का 'रामकरण' करने में जुटी हुई है। हिन्दुत्व की राष्ट्रवादी धारा स्थानीय स्तर पर खिसक गई है। इस प्रक्रिया में हिन्दुत्ववादी राजनीति निरन्तर वैश्विक से स्थानीय और फिर वापस वैश्विक स्वरूप ले रही है। इस प्रक्रिया में बहुत से स्थानीय ग्रामीण समाजों और संस्कृतियों का अर्थ और स्वरूप भी बदलता जा रहा है। इन पुनर्परिभाषित और पुनर्निर्मित 'भगवाकृत स्थानिकों' के माध्यम से भाजपा एक संघटित और एकरूपी राष्ट्रीय और वैश्विक भगवाकृत हिन्दुत्व 'नरेटिव' विकसित करना चाहती है, ताकि अन्ततोगत्वा सभी हिन्दुओं को एक साझी संस्कृति के अन्तर्गत एकजुट किया जा सके।

हालाँकि 2007 में भाजपा उत्तर प्रदेश का विधानसभा चुनाव जीतने में असफल रही, जिसमें बहुजन समाज पार्टी प्रचंड बहुमत से विजयी हुई, लेकिन सामान्य तौर स्तर पर विभिन्न दलित-समुदायों का सम्प्रदायीकरण करने और उन्हें एक भगवा पहचान देने के उसके प्रयास अब भी जारी हैं, जिसमें अन्य हिन्दुत्ववादी शक्तियाँ भी उसका साथ दे रही हैं। वह अब भी दलितों की लोक-स्मृतियों में साम्प्रदायिक सम्भावनाओं की खोज में जुटी हुई है, ताकि सही साम्प्रदायिक क्षणों में इनका उपयोग करके उन्हें मुसलमानों के खिलाफ भड़काया जा सके। इस प्रक्रिया में भाजपा इनमें से कई लोककथाओं में मौजूद प्रेम और भावना-प्रधान कथानकों को घृणा और हिंसा का रंग दे रही है, जैसा कि मिथिलांचल में दुसाधों के लोक-नायक सलहेस के मामले में किया जा चुका है। इन साम्प्रदायिक शक्तियों की सफलता का कारण यह है कि अधिकांश दलितों में दलित चेतना का अभाव दिखाई देता है। दलितों को आमतौर से एक ऐसे विध्वंसक समूह के रूप में देखा जाता है जो राजनीतिक दृष्टि से जागरूक हैं और अपनी सामाजिक, आर्थिक और राजनीतिक मुक्ति के लिए समाज की वर्चस्वशाली शक्तियों के खिलाफ निरन्तर संघर्षरत है, लेकिन सच्चाई यह है कि आजादी के इतने वर्षों बाद भी, दलित राजनीति और अम्बेडकरवादी चेतना के उभरने के बावजूद, दलितों के एक छोटे-से वर्ग में ही दलित चेतना दिखाई देती है। यह छोटा-सा वर्ग भी अपनी पहचान को लेकर परम्परागत मान्यताओं से मुक्त नहीं हो पाया है। यह सच है कि उनकी पुरानी पहचान में कुछ हद तक संशोधन हुआ है और आज के सन्दर्भों में उसने एक नया स्वरूप ले लिया है, लेकिन वे अपनी पुरानी पहचान की स्मृतियों को आज भी कन्धे पर लादे हुए हैं।

खासकर मंडल आयोग की रिपोर्ट के लागू होने और बहुजन समाज पार्टी की राजनीति के उद्भव के बाद हर जाति अपनी व्यक्तिगत पहचान को लेकर ज्यादा जागरूक और मुखर हो गई है। उत्तर प्रदेश के कानपुर, लखनऊ और इलाहाबाद जैसे कई शहरों में आयोजित किए जाने वाले अम्बेडकर और रविदास मेलों में हर जाति के अलग-अलग शिविर देखे जा सकते हैं। ऐसी स्थिति में आर्यसमाज द्वारा और उपनिवेशीय शोधों और पौराणिक स्मृतियों की पुनर्व्याख्या के माध्यम से गढ़े गए उनके जातीय-इतिहास और ज्यादा मजबूत हो गए हैं। इससे एक हिन्दूकृत दलित पहचान की सम्भावना कितनी ज्यादा बढ़ जाती है यह इसी तथ्य से स्पष्ट है कि रिपब्लिकन पार्टी ऑफ इंडिया (आरपीआई) के एक महत्त्वपूर्ण नेता बी.पी. मौर्य भाजपा में शामिल हो गए हैं, और महाराष्ट्र में दलित चेतना की लहर पैदा करने वाली कई क्रान्तिकारी कविताओं के रचयिता और जाने-माने दलित कवि नामदेव ढसाल ने अपने-आपको शिवसेना से जोड़ लिया है।

ग्रामीण स्तर पर सामाजिक यथार्थ का अध्ययन करने वाले समाजशास्त्री के रूप में इस तथ्य को उद्घाटित करना मेरा कर्तव्य है कि उत्तर प्रदेश और बिहार के कई अंचलों की लोक-संस्कृति न केवल मानवीय भावनाओं से ओतप्रोत है, बल्कि उसमें साम्प्रदायिकता का भी कुछ रंग है। इस तथ्य को स्वीकार न करके हम एक ऐतिहासिक भूल करेंगे। इस बात को समझना जरूरी है कि लोक-संस्कृति में यह बहुस्वरता और विषमता ग्रामीण समाज पर बहुत से बाहरी प्रभावों के कारण निरन्तरता और बदलाव की एक लम्बी प्रक्रिया का परिणाम है। लेकिन इसका यह अर्थ नहीं है कि गाँवों के लोग साम्प्रदायिक हैं। लोक-संस्कृति में साम्प्रदायिक अंशों की उपस्थिति के बावजूद ये सभी समुदाय सद्भावपूर्वक साथ-साथ रहते हैं और परस्पर निर्भरता के सूत्रों में बँधे हुए हैं। मैं सिर्फ इस तथ्य की तरफ ध्यान दिलाने की कोशिश कर रहा हूँ कि विविध ऐतिहासिक अनुभवों की स्मृतियों ने लोगों की चेतना में दोनों तरह की भावनाओं को जन्म दिया है, मानवीय भी और साम्प्रदायिक भी और साम्प्रदायिक शक्तियाँ इस तथ्य का लाभ उठाने में अकसर सफल रहती हैं और इन साम्प्रदायिक गुंजाइशों को भुनाकर लोगों को साम्प्रदायिक राजनीति की तरफ ले जाती हैं। इसका एक प्रमाण कानपुर की वाल्मीकि बस्ती में देखा जा सकता है, जहाँ रहने वाले दलितों ने भाजपा की साम्प्रदायिक राजनीति के बहकावे में आकर पिछले चुनावों में उसका साथ देने का फैसला किया, हालाँकि इससे पहले के पाँच वर्षों में वे बहुजन समाज पार्टी के साथ थे।[1] इस तथ्य की तरफ इशारा करने के पीछे मेरा उद्देश्य यह है कि लोगों को सामान्य तौर पर जारी उन विविध प्रयासों के प्रति जागरूक किया जाए, जिनके अन्तर्गत उनकी लोक-संस्कृति में मौजूद साम्प्रदायिक गुंजाइशों को भुनाने का काम किया जा रहा है। इस तरह की जागरूकता साम्प्रदायिक शक्तियों द्वारा इन गुंजाइशों के दुरुपयोग और विस्तार के प्रयासों को विफल बना सकती है।

यह अध्ययन सामान्य तौर पर हो रहे उन बदलावों के विश्लेषण का प्रयास था जो हिन्दुत्ववादी शक्तियों के सक्रिय प्रयासों का परिणाम हैं। लेकिन किसी अन्तिम वक्तव्य की बजाय इसे एक ऐसे अध्ययन के रूप में देखा जाना चाहिए जिससे कई मुद्दे सामने आते हैं, और सामान्य तौर पर हो रही हलचलों को गहराई से समझने के लिए जिनका अध्ययन करना बहुत जरूरी है। सबसे पहला और अहम मसला यह है कि निचली जातियों की लोक–संस्कृतियों में रचनात्मक और विध्वंसक प्रभावों की उपस्थिति के सतत समालोचनात्मक और बौद्धिक अध्ययनों की जरूरत है। इसके साथ ही लोक–संस्कृति के बढ़ते राजनीतीकरण के भी निरन्तर आकलन की जरूरत है, और एक प्रजातांत्रिक समाज के विकास के सन्दर्भ में इसका विश्लेषण करने की भी। इसका कारण यह है कि निर्धनों और दमितों के राजनीतीकरण में वर्चस्ववादी मेटा–नेरेटिव के बढ़ते प्रभाव के खतरों को देखते हुए इन समुदायों की मुक्ति और विकास के आधारों का अध्ययन एक बौद्धिक आवश्यकता बनता जा रहा है। उदाहरण के लिए, दलित द्वारा बौद्ध और ईसाई धर्म अपनाने का बढ़ता चलन क्या सचमुच उन्हें उनके परम्परागत बन्धनों

नमोबुद्धाय नमोबुद्धाय नमोबुद्धाय

वन्दनीय स्वजन,

भगवान बुद्ध की असीम अनुकम्पा से

आयुष्मती कु0 रंजीता

(सुपौत्री - स्व0 बिसुनी राम)

सुपुत्री - श्रीमती एवं श्री पृथ्वी राम , [illegible] नई दिल्ली

ग्राम - सकरा, पो0 - कीरत सराँय, जिला-मऊ

एवम्

चि0 सहदेव

सुपुत्र - श्री राम सरन जी

ग्राम व पोस्ट - नरहरिपुर, जिला - अम्बेडकरनगर

के

परिणय सूत्र बन्धन

की माँगलिक बेला पर पधार कर वर-वधू को अपने स्नेहिल आशीर्वचनों से अभिसिंचित कर हमें अनुग्रहीत करें।

।। दर्शनोत्सुक ।।
विदेशी, श्रीनाथ, मनोज, प्रशान्त
संजय, आशीष, अमित एवं
समस्त परिवार व मित्रगण

।। विनीत ।।
श्रीमती सावित्री देवी
श्री पृथ्वी राम
719, राजरूपपुर, इलाहाबाद
फोन : 0532-2430541 मो0 : 9415876698, 9451052438

चित्र 8.1 | स्रोत : बृजेन्द्र गौतम

से मुक्त कर रहा है और उन्हें अधिक धर्मनिरपेक्ष या यथार्थवादी बना रहा है? यह एक दिलचस्प तथ्य है कि बौद्ध धर्म अपनाने वाले दलितों के घरों में उनके परम्परागत रीति-रिवाजों के साथ अब बौद्ध रीति-रिवाज भी जुड़ गए हैं और एक नए तरह का धार्मिक पूजा-पाठ विकसित हो रहा है। दलितों के वैवाहिक निमंत्रण-पत्रों पर बुद्ध और अम्बेडकर के चित्रों के साथ गणेश का चित्र भी दिखाई देता है (चित्र 8.1 और 8.2)।[2]

// नमोः बुद्धाय //

नमो तस्स भगवतो अरहतो सम्मा सम्बुद्धतस्य
नमो तस्स भगवतो अरहतो सम्मा सम्बुद्धतस्य
नमो तस्स भगवतो अरहतो सम्मा सम्बुद्धतस्य

चि० महेन्द्र
सुपुत्र : श्रीमती तेतरी देवी
श्री श्यामनाथ राम
एस-ए. 10/303 गंज
सारनाथ, वाराणसी

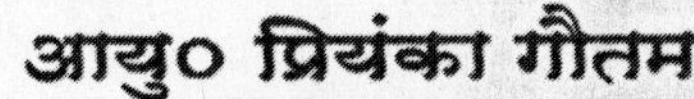

आयु० प्रियंका गौतम
सुपुत्री : श्रीमती उर्मिला देवी
एवें विरोधी राम
133, संजयनगर रमदत्तपुर
पहड़िया, वाराणसी

के

 परिणय सूत्र-बन्धन 

प्रिय आत्मीयजन,

भगवान बुद्ध ने हमें आपसे निवेदन का सौभाग्य प्रदान किया है कि, हम सब मिलकर मंगलमय मन्त्रोच्चारण एवं वाद्यों के सुमधुर स्वरों के बीच चि० महेन्द्र एवं सौभाग्यवती प्रियंक गौतम को परिणीत करें। हर्ष एंव मिलन की इस पावन बेला पर आप सभी का शुभागमन एव आशीष नव दम्पत्ति को सम्बल प्रदान करेगा। इस मांगलिक अवसर पर आप सादरपूर्वक आमंत्रित है। कृपया पधार कर नव-दम्पत्ति को अपने स्नेहिल मन से अभिसिंचित करें। आपकी उपस्थिति हमारे द्वार का सम्मान बढ़ायेगा।

स्वागतोत्सुक
सुमन्त कुमार, श्रीमती दुर्गावती देवी, सुभाष चन्द्र एवं श्रीमती सरिता कुमारी, सुमन, अवधेश राम अक्षय लाल द्वारिका प्रसाद, सरेन्द्र कुमार, भरत कुमार, विद्यासागर उमेश कुमार एवं समस्त परिवार व मित्रगण

विनीत
श्रीमती तेतरी देवी
श्री श्याम नाथ राम

चित्र 8.2 | स्रोत : बृजेन्द्र गौतम

अपने परम्परागत धार्मिक रीति–रिवाजों को लेकर दलित चेतना में जो गर्वानुभूति दिखाई देती है, वह सचमुच ही एक अध्ययन का विषय है। राजनीतिक गुटबन्दी के माध्यम से इसका और ज्यादा विस्तार हो रहा है। उत्तर प्रदेश के कई पासी, भंगी और खटीक गाँवों/खेड़ों में कमल के प्रतीक वाले भाजपा के झंडे लहराते देखे जा सकते हैं।[3] ऐसा प्रतीत होता है कि हिन्दुत्ववादी शक्तियाँ धीरे–धीरे लेकिन निश्चित रूप से वहाँ अपने पाँव जमा रही हैं। लेकिन इनसे भी ज्यादा बड़ा खतरा लोक–संस्कृतियों और लोक–स्मृतियों के सम्प्रदायीकरण से है, जिससे रोजमर्रा के सांस्कृतिक जीवन में घृणा की राजनीति का जहर घुलता जा रहा है। इसके साथ बहुत भयानक सम्भावनाएँ जुड़ी हुई हैं।

टिप्पणियाँ

1. फील्ड डायरी, बद्री नारायण, कानपुर, 14 अगस्त, 2007
2. फील्ड डायरी, ब्रजेन्द्र गौतम, कानपुर, 14 अगस्त, 2007
3. फील्ड डायरी, ब्रजेन्द्र नारायण, कानपुर, 14 अगस्त, 2007

सन्दर्भ-ग्रन्थ सूची

- आचार्य, एच. 2002 'दलितों के देवपुरुष', प्रफुल्ल कुमार मौन तथा रामप्रताप नीरज द्वारा संपादित 'राजा सल्हेस : साहित्य और संस्कृति' में, पृष्ठ 55-58, मुजफ्फरपुर, नमिता प्रकाशन।
- एजाज, अहमद, 1996, 'लाइनेज ऑफ द प्रेजेंट : पॉलिटिकल एस्सेज', नई दिल्ली, तूलिका।
- अकेला, रामसिंह, 1993, फूलों की कजरी, मिर्जापुर, संसार प्रेस।

  अमर उजाला, 2007, 13 सितम्बर

  —2004 ए, इलाहाबाद, 11 मार्च

  —2004 बी, इलाहाबाद, 13 मार्च

  —2004 सी, इलाहाबाद, 2 अप्रैल

  —2004 डी, लखनऊ, 3 अप्रैल

  —2004 ई, इलाहाबाद, 15 अप्रैल

  —2004 एफ, इलाहाबाद, 19 अप्रैल

  —2004 जी, 'निषाद समाज सबका कर्ज उतारे' अमर उजाला, लखनऊ, 24 अप्रैल

  —2004 एच, इलाहाबाद, 26 अप्रैल

  —2004 आई, लखनऊ, 6 मई
- अम्बेडकर, बी.आर. 2004, 'गाँव' हिन्दी में कंवल भारती की पुस्तक 'अम्बेडकर की कविताएँ' में अनूदित; बद्री नारायण और ए.आर. मिश्र (संपादित), मल्टीपल मार्जिनलिटीज, नई दिल्ली, मनोहर में अंग्रेजी में अनूदित
- अप्पादुरै, ए, 1996, मॉडर्निटी एट लार्ज : कल्चरल डायमेंशंस ऑफ ग्लोबलाइजेशंस, मिनीपोलिस, यूनिवर्सिटी ऑफ मिनेसोटा प्रेस।
- बनर्जी, एस, 1999, 'अमननामरा संगठन, शक्तिवर्द्धन एंड गांधी विचार', शिमला : भारतीय उच्च अध्ययन संस्थान, राष्ट्रपति निवास।
- बथान, राजाराम, एन.डी. 'बुकलेट', फर्रुखाबाद : भारतीय निषाद मल्लाह समाज बचाओ फ्रंट।
- भान, सूरज, 1994, 'महाराष्ट्र के दो डॉक्टर जिन्होंने सुझाया सामाजिक न्याय का मार्ग', पांचजन्य, सामाजिक न्याय अंक, 23 जनवरी।
- भारत क्रान्ति रक्षक पार्टी, 2004, संसदीय चुनावों के दौरान प्रकाशित पत्रक, लखनऊ।

- भरत, महाराज कृष्ण, 1994, 'चलो मन समरसता के तीर', पांचजन्य, सामाजिक न्याय अंक, 23 जनवरी।
- बिंड, ईएसडी, 2001, 'निषाद वंशीय संख्या बल', निषाद ज्योति, 2(12):25
- बीजेपी, 2004, 'विज़न डॉक्युमेंट 2004 : इलेक्शन मेनिफेस्टो ऑफ द भारतीय जनता पार्टी'।
- बोर्डियू, पी, 1990, 'द लॉजिक ऑफ प्रैक्टिस', स्टैनफोर्ड : स्टैनफोर्ड यूनिवर्सिटी
- कैसिलो, आर. 1988, 'द जीनोलॉजी ऑफ डेमंस : एंटी सेमिटिज्म, फासिज्म एंड मिथ ऑफ एजरा पाउंड,' इवांसटन : नॉर्थवेस्टर्न यूनिवर्सिटी प्रेस।
- चटर्जी, पी, 2004, 'द पॉलिटिक्स ऑफ द गवर्नेड : रिफ्लेक्शन ऑन पॉपुलर पॉलिटिक्स इन मोस्ट ऑफ द वर्ल्ड', न्यूयॉर्क, कोलम्बिया यूनिवर्सिटी प्रेस।
- चौपाल, कामेश्वर, 1994, 'पुनः समरसता का वातावरण बनाना होगा', पांचजन्य, 2 जनवरी
- चौधरी, अविनाश, 1997, 'भारतीय संस्कृति एवं सभ्यता के विकास में निषादों की भूमिका', कालिन्दी, खंड 362, पृष्ठ 2-8
- चौधरी, आर.के., 1997, पासी साम्राज्य, लखनऊ, श्रुति प्रकाशन।
- चौधरी, अविनाश, 1999, 'निषाद वंश के अमरदीप', स्मारिका : महाराजा निषाद राज गुह स्मृति, दारागंज, प्रयाग में संकलित।
- क्रूक, डब्ल्यू, 1896/1975, 'द ट्राइब्स एंड कास्ट्स ऑफ नार्थ-वेस्टर्न प्रोविंसेज ऑफ अवध' नई दिल्ली : कॉस्मॉस पब्लिकेशंस
- दैनिक जागरण, 2004 ए, इलाहाबाद, 14 मार्च

  —2004 बी, लखनऊ, 14 मार्च

  —2004 सी, इलाहाबाद, 29 अप्रैल

  —1997, 28 फरवरी,

  —1990, 'निषादों के सहयोग का संकल्प : आडवाणी का रथ जलमार्ग से अयोध्या पहुँच सकता है' दैनिक जागरण, इलाहाबाद, 19 अक्टूबर।
- दास, वी., 2001, 'क्राइसिस एंड रिप्रेजेंटेशन : रयूमर्स एंड सर्कुलेशन ऑफ हेट', माइकेल एस. रोथ तथा चार्ल्स जी. सलास द्वारा संपादित 'डिस्ट्रीब्यूटिंग रीमेंस : मेमोरी, हिस्ट्री एंड क्राइसिस इन ट्वेंटिएथ सेंचुरी' में संकलित लॉस एंजेल्स, : द गैरी रिसर्च इंस्टीट्यूट।
- देसाई, अनीता, 2006, 'द कम्यूनलाइजेशन एंड डिसइंटीग्रेशन ऑफ उर्दू', एथेर फारूकी द्वारा संपादित 'कस्टडी इन रीडिफाइनिंग उर्दू पॉलिटिक्स इन इंडिया,' नई दिल्ली, ऑक्सफोर्ड यूनिवर्सिटी प्रेस, में संकलित।
- देवी, यशोदा 1965, 'दुसाध जाति, एक समीक्षा', पटना, कनक प्रेस।
- डर्क्स, निकोलस बी, 1997, 'द इंवेंशन ऑफ कास्ट : सिविल सोसायटी इन कोलोनियल इंडिया', एचएल सेनेविरत्ने द्वारा संपादित 'आइडेंटिटी, कांशसनेस एंड द पास्ट', पृ. 120-135, नई दिल्ली, ऑक्सफोर्ड यूनिवर्सिटी प्रेस, में संकलित।
- द्विवेदी, वीरेश्वर, 2003, 'समता के संदेशवाहक महात्मा फुले', लखनऊ, लोकहित प्रकाशन।

- फिशर, एफ.एच., तथा जे.पी. हीवेट, 1884, 'स्टेटिस्टिकल, डिस्क्रिप्टिव एंड हिस्टोरिकल अकाउंट ऑफ द एन डब्ल्यू पी ऑफ इंडिया', खंड-3, भाग-2, इलाहाबाद, पृष्ठ 49, सीडी. स्टील, इलाहाबाद द्वारा संकलित।
- जेंटाइल, ई, 1990, 'फासिज्म एज पॉलिटिकल रिलीजन', जर्नल ऑफ कंटेम्परेरी हिस्ट्री, खंड-25
- घोष, पी.एस. 1999, 'बीजेपी एंड द इवोल्यूशन ऑफ हिन्दू नेशनलिज्म', नई दिल्ली, मनोहर
- भारत सरकार, 2001, सेंसस 2001, ए-10 स्टेट प्रायमरी सेंसस फॉर इंडिविडुअल शेल्ड्यूल कास्ट।

  — 1971, सेंसस ऑफ इंडिया, सीरीज-1— इंडिया मोनोग्राफ पार्ट V, पासी : ए शेड्यूल कास्ट इन उत्तरप्रदेश; नई दिल्ली : ऑफिस ऑफ द रजिस्ट्रार, गवर्नमेंट ऑफ इंडिया, मिनिस्ट्री ऑफ होम अफेयर्स।

  —1961, सेंसस ऑफ इंडिया, खंड-1, मोनोग्राफ सीरीज पार्ट V-B (IV); मल्लाह ऑफ डेल्ही, नई दिल्ली, ऑफिस ऑफ द रजिस्ट्रार जेनरल ऑफ इंडिया, मिनिस्ट्री ऑफ होम अफेयर्स।

  उत्तर प्रदेश सरकार, 1903/1988 बहराइच : ए गजेटियर, खंड XLV ऑफ द डिस्ट्रिक्ट गजेटियर्स ऑफ यूनाइटिड प्रोविंसेज ऑफ आगरा एंड अवध, लखनऊ गवर्नमेंट प्रेस।
- ग्राह्म, बी, 1997, 'जनसंघ एंड सोशल इंटेरेस्ट्स', सुदीप्त कविराज द्वारा संपादित 'पॉलिटिक्स इन इंडिया', पृ. 274-92, नई दिल्ली, ऑक्सफोर्ड यूनिवर्सिटी प्रेस में संकलित।
- गुप्ता, सुचंदना, 2005, 'कोटा मस्ट फॉर दलित्स इन प्राइवेट सेक्टर—बीजेपी', टाइम्स ऑफ इंडिया, लखनऊ, 20 अक्तूबर
- हेंसन कैथरीन, 2006, 'रिचुअल इनेक्टमेंट इन हिन्दी 'मायथोलोजिकल' बेताब्स महाभारत इन पारसी थिएटर', इकॉनॉमिक एंड पॉलिटिकल वीकली, XLI (48) : 4985-4991
- हसन, ज़ेड, 2000, 'रिप्रेजेंटेशन एंड रीडिस्ट्रीटब्यूशन : द न्यू लॉवर कास्ट पोलिटिक्स ऑफ नॉर्थ इंडिया', फ्रेंकाइन आर. फ्रंकेल, जोया हसन, राजीव भार्गव तथा बलवीर अरोड़ा द्वारा संपादित 'ट्रांस्फोर्मिंग इंडिया : सोसल एंड पॉलिटिकल डायनेमिक्स ऑफ डेमोक्रेसी', पृ. 146-75, नई दिल्ली, ऑक्सफोर्ड, यूनि. प्रेस, में संकलित।
- हिन्दुस्तान, 2007, 13 सितम्बर

  —2004 ए, इलाहाबाद, 23 अप्रैल

  —2004 बी, इलाहाबाद, 25 अप्रैल

  —2004 सी, 'वीर एकलव्य के रास्ते पर चलें—डॉ. गौड़' हिन्दुस्तान, लखनऊ, इलाहाबाद, 28 अप्रैल।

  —2001, पटना, 13 फरवरी
- हुसेन, मुजफ्फर, 1994, 'मुसलमान कभी दलितों का समर्थन नहीं करेंगे', पांचजन्य, 23 जनवरी।

- जैफरलोट, सी, 1993, 'द हिन्दू नेशनलिस्ट मूवमेंट एंड इंडियन पोलिटिक्स : 1925 टु द 1990', नई दिल्ली, वाइकिंग।
- झा, एस, 2002, 'सल्हेस का श्रावणी महोत्सव', पी. मौन तथा आर. नीरज द्वारा संपादित 'राजा सल्हेस : साहित्य और संस्कृति', मुजफ्फरपुर : नमिता प्रकाशन, में संकलित।
- कारंथ, जी.के., 2004, 'रेप्लिकेशन ऑर डिसेंट? कल्चर एंड इंस्टीट्यूशंस अमंग ''अनटचेबुल'' शेड्यूल्ड कास्ट्स इन कर्नाटका', डी. गुप्ता द्वारा संपादित 'कास्ट इन क्वेश्चन : आइडेंटिटी ऑर हायरार्की, कंट्रीब्यूशंस टु इंडियन सोश्योलॉजी आकेज़नल स्टडीज 12, नई दिल्ली, सेज पब्लिकेशंस, में संकलित।
- कश्यप, प्रमोद कुमार, 2001, 'अमर शहीद हिम्मत राय धीवर', निषाद ज्योति, 2(12) : 6
- कोल, त्रिलोकीनाथ, 1997, 'हिन्दू समाज का गौरव : पासी वीर महाराज सुहेलदेव की शौर्य गाथा', इलाहाबाद : सामाजिक समरसता अभियान समिति।
- कुमार अरुण, 2007 'स्पेस फोटोज नो प्रूफ फोर राम सेतु : नासा', द हिन्दुस्तान टाइम्स, 14 सितम्बर।
- कुसुमा—सल्हेस नाटक, पटना
- लक्ष्मण, बंगारू, 1994, 'सामाजिक मंथन की आवश्यकता', पांचजन्य, 23 जनवरी
- लडेन, डी. (सं); 2007 'मेकिंग इंडिया हिन्दू : रिलीजन, कम्युनिटी एंड द पॉलिटिक्स ऑफ डेमोक्रेसी इन इंडिया', दूसरा संस्करण, नई दिल्ली, ऑक्सफोर्ड यूनि. प्रेस।
- महाराजा निषादराज गुह स्मारक समिति, 1997, 'पैम्फलेट', निषाद, बिंड, कश्यप, लोध एकता सम्मेलन, 23 जनवरी, 1997, इलाहाबाद में प्रकाशित।
- महाराजा सुहेलदेव स्मृति समिति, 2003 'राष्ट्ररक्षक वीर शिरोमणि महाराज सुहेदलेव', महाराजा सुहेलदेव सेवा समिति बहराइच द्वारा प्रकाशित पैम्फलेट।
- मानव विकास संग्रहालय, 'जिन्दगी नदी किनारे', निषादों के मौखिक इतिहास पर आधारित एक पुस्तिका, इलाहाबाद, मानव विकास संग्रहालय, गोविन्द वल्लभ पंत समाज विज्ञान इंस्टीट्यूट।
- मणिपद्म, श्री, 1973, 'राजा सल्हेस', कोलकाता, मैथिली प्रकाशन।
- मुक्तिबोध, गजानन माधव, 1984, 'अँधेरे में', 'प्रतिनिधि कविताएँ, राजकमल प्रकाशन, में संकलित।
- नागर, अमृत लाल, 1994, 'मुसलमानी राज में डर के मारे' पांचजन्य, 23 जनवरी
- नंदी, ए, 2001, 'टाइम्स वार्प्स : द इनसिस्टेंट पॉलिटिक्स ऑफ साइलेंट एंड इवेसिव पास्ट', नई दिल्ली, पर्मानेंट ब्लैक।
- नारायण, बी, 2007, 'बीजेपी'ज पॉलिटिक्स स्ट्रेटेजीस : डेवलेपमेंट, कास्ट एंड इलेक्टोरल डिस्कोर्सेज' सुधा पई द्वारा संपादित, 'पॉलिटिकल प्रोसेस इन उत्तर प्रदेश : आइडेंटिटी, इकॉनोमिक्स रिफॉर्म्स एंड गवर्नेंस', पृ. 136-56, नई दिल्ली, पियर्सन, में संकलित।
  —2006, 'विमेन हीरोज एंड दलित असर्शन इन नॉर्थ इंडिया, कल्चर, आयडेंटिटी एंड पॉलिटिक्स', न.दि., सेज पब्लिकेशंस।
  —2004, 'इंवेंटिंग कास्ट हिस्ट्री : दलित मोबिलाइजेशन एंड नेशनलिस्ट पास्ट',

कांट्रीब्यूशन टु इंडियन सोश्योलॉजी, 38 (1 व 2) : 193–220
—2001, 'डॉक्यूमेंटिंग डिसेंट : कान्टेस्टिंग फेबल्स, कंटेस्टेड मेमोरीज एंड दलित पॉलिटिकल डिस्कोर्स, शिमला आईआईएएस।
—'मिथ, मेमोरी एंड पॉलिटिक्स : ए स्टडी ऑफ द लैंग्वेज ऑफ मोबिलाइजेशन ऑफ ग्रासरूट दलित्स', आईसीएसएसआर, नई दिल्ली में प्रस्तुत अप्रकाशित परियोजना रपट।

- नरेन्द्र, 1985, 'राजा सल्हेस', पुस्तिका, मोतिहारी, 'चम्पारण न्यूज'।
- नाथ, के, 1999, 'तिरस्कार', कानपुर : बुद्ध उपासक संघ साहित्य प्रकाशन।
- नैसफील्ड, जे.सी., 1988, 'द मुशेरा ऑफ सेंट्रल अपर इंडिया', द कलकत्ता रिव्यू, 171 (जनवरी) : 1–53
- निषाद कल्याण सभा, 1979, तीसरे वार्षिक समारोह (10–11 नवम्बर, उत्तर प्रदेश) में प्रकाशित
- पालीवाल, के.बी., 1994, 'मनुस्मृति पर जाति भेद का लगाया जा रहा है आरोप निराधार,' पांचजन्य, 23 जनवरी।
- पांडेय, कैलाश नारायण (श्रृंखला संपादक), 1988, उत्तर प्रदेश डिस्ट्रिक्ट गैजेटियर, लखनऊ, डिपार्टमेंट ऑफ डिस्ट्रिक्ट गजेटियर्स, उ.प्र.
- पासी, रामलखन, 1997, 'मन की व्यथा कैसे छुपाऊँ', स्मारिका : वीरांगना ऊदा देवी पासी शहीद दिवस, लखनऊ : वीरांगना ऊदादेवी स्मारिका संस्थान।
- पतंगे, आर, 2006, 'पाठ समरसता का', रमेश पतंगे और तरुण विजय द्वारा संपादित 'समरसता के सूत्र' नई दिल्ली : समरसता ग्रंथ प्रकाशन, में संकलित।
- पवन, रामेश्वर, 1992, 'फूलन : दस्यु सुन्दरी अथवा स्वाभिमान की प्रेरणा', बहराइच लक्ष्य संधान।
- पोर्टली, ए, 1997, 'द बैटल ऑफ वैल गियुलिया : ओरल हिस्ट्री एंड द आर्ट ऑफ डायलॉग्स' मेडिसन, विस्कॉन्सिन : द यूनिवर्सिटी ऑफ विस्कान्सिन प्रेस।
- पुरी, राजिन्दर, 2007, 'मायावती पोटेंशियल एंड प्रोस्पेक्ट, टाइम फोर अ रियलिटी चेक', द टाइम्स ऑफ इंडिया, 23 मई।
- राय, कुबेरनाथ, 1983, 'किरत नदी में चद्रमधु', वाराणसी : विश्वविद्यालय प्रकाशन।
  —1982, 'मन पवन की नौका', दिल्ली : प्रभात प्रकाशन।
  —1974, निषाद बांसुरी, दिल्ली : प्रभात प्रकाशन।
- राय, विभूति नारायण, 1998, 'काम्बेटिंग कम्युनल कांफ्लिक्ट्स : परसेप्शन ऑफ पुलिस न्यू-ट्रेलिटी ड्यूरिंग हिन्दु-मुस्लिम रायट्स इन इंडिया, इलाहाबाद, अनामिका प्रकाशन।
- राव, वी. तथा एम. वाल्टन (सं), 2004, 'कल्चर एंड पब्लिक एक्शन', दिल्ली, परमानेंट ब्लैक।
- राष्ट्रीय निषाद संघ, 1992, 'पैम्फलेट', 23 नवम्बर, 1992 को इलाहाबाद में आयोजित रैली के अवसर पर प्रकाशित, शंकर प्रिंटिंग प्रेस।
- रिकूर, पी., 2004, 'मेमोरी हिस्ट्री फोरगेटिंग', अनुवाद कैथलीन ब्लेमी और डेविड पैलोर, शिकागो, यूनिवर्सिटी ऑफ शिकागो प्रेस।
- आरएसएस, 2004, 'पथ संकेत' एक पैम्फलेट, 8 अप्रैल, लखनऊ, आरएसएस।

- सावरकर, एस.एस., और जी.एम. जोशी (संपादक), 1967, 'हिस्टोरिक स्टेटमेंट्स : वी.डी. सावरकर', पॉपुलर प्रकाशन, बम्बई।
- सावरकर, वी.डी. 1949, 'हिन्दुत्व', चौथा संस्करण, पूना : एस.पी. गोखले।
- शर्मा, एम., 2002, 'द अनटचेबुल प्रेजेंट : एवरीडे लाइफ ऑफ द मुसहर्स इन नॉर्थ बिहार', एच. जोशी तथा संजय कुमार संपादित, 'असर्टिंग वायसेज : द चेंजिंग कल्चर, आइडेंटिटी एंड लिवलीहुड ऑफ द मुसहर्स ऑफ द गैंगेटिक प्लेंस, पृ. 19-41' में संकलित, देशकाल प्रकाशन दिल्ली।
- शेषराघवाचार, डी.एस., 2005, 'डॉ. बी.आर. अम्बेडकर, भारत-भारती बाल पुस्तक माला', पृ. 28, नागपुर : श्रीभारती प्रकाशन, डॉ. हेडगेवार भवन।
- शुक्ला, गोपाल, 2003, 'ऐतिहासिक कालखंड के पृष्ठ', अप्रकाशित पांडुलिपि।
- सिंह, कमला, 1991, 'पूर्वांचल के श्रम लोकगीत', पृ. 38-39, इलाहाबाद परिमल प्रकाशन।
- सिंह, राजेन्द्र, 1994, 'जिन्होंने इस्लाम कबूलने से मना किया, उनसे मैला धुलवाया गया', पांचजन्य, 23 जनवरी।
- सिंह, एस.पी., 2004, राष्ट्रीय स्वयंसेवक संघ के स्थानीय प्रचारक, चौक बाजार, बहराइच, 25 अप्रैल।
- सिंहल अशोक, 1994, 'हिन्दू समाज में दलित या अस्पृश्य कहे जानेवाले वर्ग का निर्माता कौन,' इलाहाबाद, सामाजिक समरसता अभियान समिति।
- स्नेह, आर, 2004, 54 वर्ष, हॉस्पिटल रोड, बहराइच, 26 अप्रैल।
- सोनकर, आर.डी., 1993, 'विषारद जी का संघर्षमय जीवन', विशारद स्मारिका, कानपुर, शिवशंकर लाल विशारद समिति।
- संडे टाइम्स, 2007, ' 'डिवाइन' राजे फ्युएल्स फ्रेश रॉ इन बीजेपी', 27 मई।
- स्वार्ट्ज, डी. 2000, 'कल्चर एंड पावर : द सोश्योलॉजी ऑफ पिएरे बोर्द्यू', शिकागो, यूनिवर्सिटी ऑफ शिकागो प्रेस।
- ठाकुर, उपेन्द्र, 1980, 'मिथिला का इतिहास', पटना : मैथिली प्रकाशन।
- थेंगड़ी, दत्तोपंत, 2003, 'श्री गुरुजी और समता और समरसता', पांचजन्य, 6 अप्रैल।
- द टाइम्स ऑफ इंडिया, 2006 ए, 'टेंशन आफ्टर अलीग्ड कनवर्जन', लखनऊ, 25 जनवरी।
  —2006 बी, 'प्रोपेगेटिंग सोशल हारमनी', द टाइम्स ऑफ इंडिया, लखनऊ, 16 अक्टूबर।
  —2006 सी, 29 नवम्बर।
  —2004 ए, इलाहाबाद, 3 अप्रैल।
  —2004 बी, लखनऊ, 3 अप्रैल।
- तिवारी, बी.एन., 1998, 'सीमियोलॉजी ऑफ दलित कांशसनेस', द ईस्टर्न एंथ्रोपोलोजिस्ट, 51 (2) : 169-82
- उपाध्याय, वी., 1997, लोकगीतों में क्रान्तिकारी चेतना, नई दिल्ली : प्रकाशन विभाग, सूचना एवं प्रसारण मंत्रालय।
- वाल्मीकि, ओमप्रकाश, 1999, 'जूठन', राधाकृष्ण प्रकाशन, नई दिल्ली।

❑❑❑